제일 처음 굴을 먹은
사람은 누구일까

제일 처음
굴을 먹은 사람은
누구일까

WHO ATE THE FIRST OYSTER?

인류 역사상 가장 기발하고
위대한 처음을 찾아서

코디 캐시디 지음 | 신유희 옮김

현암사

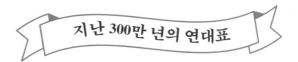

지난 300만 년의 연대표

300만 년 전
최초의 발명

30만 년 전
해부학상 현생인류인 호모 사피엔스의 등장

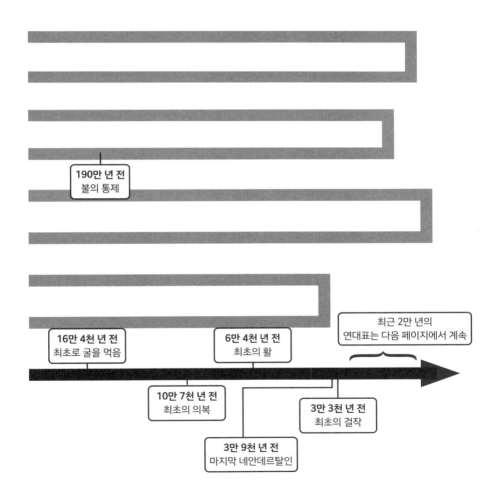

선행인류

해부학상 현생인류 호모 사피엔스

190만 년 전
불의 통제

16만 4천 년 전
최초로 굴을 먹음

10만 7천 년 전
최초의 의복

6만 4천 년 전
최초의 활

3만 9천 년 전
마지막 네안데르탈인

3만 3천 년 전
최초의 걸작

최근 2만 년의
연대표는 다음 페이지에서 계속

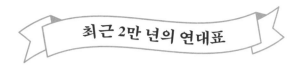

최근 2만 년의 연대표

2만 년 전

1만 6천 년 전
아메리카 대륙에 최초 상륙

1만 5천 년 전
최초의 맥주 양조

7천 년 전
최초의 외과수술

5천 6백 년 전
최초로 말을 타기 시작함

3천 3백 년 전
투탕카멘의 탄생

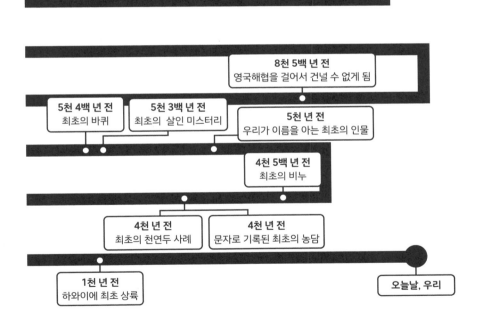

8천 5백 년 전
영국해협을 걸어서 건널 수 없게 됨

5천 4백 년 전
최초의 바퀴

5천 3백 년 전
최초의 살인 미스터리

5천 년 전
우리가 이름을 아는 최초의 인물

4천 5백 년 전
최초의 비누

4천 년 전
최초의 천연두 사례

4천 년 전
문자로 기록된 최초의 농담

1천 년 전
하와이에 최초 상륙

오늘날, 우리

1만 6천 년 전
아메리카 대륙에 최초 상륙

1천 년 전
하와이에 최초 상륙

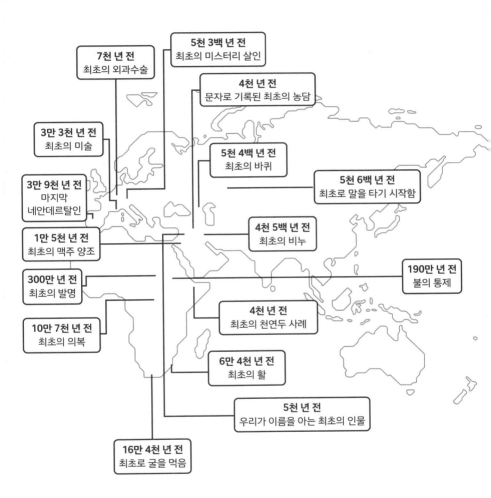

7천 년 전
최초의 외과수술

5천 3백 년 전
최초의 미스터리 살인

4천 년 전
문자로 기록된 최초의 농담

3만 3천 년 전
최초의 미술

5천 4백 년 전
최초의 바퀴

5천 6백 년 전
최초로 말을 타기 시작함

3만 9천 년 전
마지막
네안데르탈인

1만 5천 년 전
최초의 맥주 양조

4천 5백 년 전
최초의 비누

300만 년 전
최초의 발명

190만 년 전
불의 통제

10만 7천 년 전
최초의 의복

4천 년 전
최초의 천연두 사례

6만 4천 년 전
최초의 활

5천 년 전
우리가 이름을 아는 최초의 인물

16만 4천 년 전
최초로 굴을 먹음

들어가는 글

그는 인류 최초로 굴을 먹은 대담한 사람이었다.

– 조나단 스위프트 Jonathan Swift

1991년, 세계에서 가장 흥미로운 살인 사건의 희생자가 오스트리아 국경에서 불과 4.5m 떨어진 북부 이탈리아의 외츠탈 알프스 해발 3,200m지점에서 발견됐다. 이후 '외치'라는 이름이 붙은 이 남자는 약 5,300년 전 등에 화살을 맞아 사망한 것으로 밝혀졌다. 그리고 그의 몸은 인류 역사상 가장 조심스럽게 다뤄지는 시체가 되었다.

2017년 가을 나는 사건 현장에 직접 방문해보기로 했다. 범죄 수사는 처음이었지만 능력 있는 탐정이라면 누구나 희생자의 마지막 발자취를 추적했을 것이므로, 나 또한 그렇게 하기로 했다.

이집트의 기자 피라미드가 지어진 것보다도 거의 1천 년 전에 발생한 사건이었지만 놀랍게도 그의 발자취를 좇는 일은 불가능하지 않았다. 과학자들이 희생자의 소화기관에서 발견한 꽃가루를 분석한 덕분에, 외치가 사망 전 마지막 12시간 동안 한 일을 우리는 그 어떤 사냥개보다도 정확하게 알 수 있었다.

외치가 마지막으로 걸었던 곳은 1차 세계대전 이후 오스트리아에서 떨어져 나와 지금은 북부 이탈리아가 된 지역이었다. 하지만 내가 방문했을 때는 그 땅이 이탈리아가 되었다는 사실이 아무에게도 알려지지 않은 건가 의심스러울 정도로 오스트리아 방식 그대로였다. 건물, 음식, 문화, 표지판, 심지어 인사말까지도 전부 오스트리아 방식이 남아 있어서 실수로 국경을 넘은 것은 아닌지 지도를 확인하기까지 했다.

아침 일찍 등반을 시작한 나는 사망 당시 외치가 얼마나 건강하고 체력이 좋았는지를 체감했다. 외츠탈 알프스는 내게 익숙한 시에라네바다 산맥Sierra Nevada Mountains의 작은 언덕과 달리 경사가 매우 급했다. 하곡에서부터 엄청나게 가파른 경사가 나를 반겼다. 외치가 걸어간 길은 그나마 원만한 편이었지만 날카로운 각도로 지그재그를 그리며 눈과 안개 속으로 이어지는 길이었다.

전문가들은 외치가 산 정상에서 여유롭게 점심 식사를 즐긴 후 얼마 지나지 않아 사망했다고 설명했다. 이는 체력뿐만 아니라 기상 예측 측면에서도 외치가 나보다 훨씬 뛰어났음을 보여준다. 내가 도착했을 때 산 정상에서는 눈이 내리기 시작했고 짙은 안개가 산길을 자욱하게 덮었다. 정상에서 외치의 마지막 사망 장소까지 가는 길이 얼마나 까다로울지 생각하던 중, 나는 몇몇 등산객들이(그날 만난 등산객은 이들이 처음이었다) 신발에 아이젠을 채우고 있는 것을 보았다. 말이 통하진 않았지만 내 테니스 신발을 가리키며 무엇인가를 설명하는 그들의 손짓을 보니 이렇게 산행을 계속하다가는 외치의 사망 장소가 곧 내 인생의 마지막 장소가 될 거라는 것을 알 수 있었다. 집에서 수천 킬로미터를 날아온 여정이었기에 사건 현장에서 겨우 400m도 채 떨어지지 않은 곳에서 발걸음을 돌리기엔 너무나도 아쉬웠지만, 이번에는 현장을 직접 조사했던 고고학자들과 이야기를 나눈 것만으로 충분하다는 결론을 내렸다.

외치의 사망 장소를 찾아갔던 그 여행은 이 책을 쓰기 위한 3년에 걸친 광범위한 연구와 조사의 일부였다. 처음에 나는 인류 역사상 가장 위대한 '최초'를 찾는 것으로 시작했다. 하지만 얼마 지나지 않아 그 최초를 만든 '사람들'에 관한 이야기를 담는 것으로 바뀌었다. 선사 시대에 일어난 여러 가지 발견과 발명을 알아갈수록, 나는 그것을 만든 사람들이 점점 더 궁금해졌다. 그러나 지금까지 선사 시대의 재구성은 대부분 개인의 개성을 완전히 무시한 채 각각의 사람들이 아닌, '그 시대의 인류'로서만 다뤄졌다.

그래서 나는 인류 역사의 깊숙한 곳에 묻혀 있는 놀라운 사람들을 찾아 나서기로 했다. 100명이 넘는 전문가를 만났고 수십 권의 책과 수백 편의 논문을 읽었다. 인터넷에서 흑요석을 주문해서 직접 면도도 해보고, 인류 최초의 예술 작품이 남겨진 장소에도 방문했다. 부싯돌과 황철석으로 불을 피우고, 고대 활을 따라서 만든 모형으로 화살을 쏴보기도 했다. 죽을 썩혀서 맥주도 만들었다. 그리고 외치의 사망 장소에서는 거의 외치를 따라갈 뻔하기도 했다.

마침내 나는 문자가 존재하기 전, 또는 문자 없이 살았던 고대의 인물 17명을 파악할 수 있었다. 이들은 학자들에게 그 존재를 인정받은 사람들이며, 이들의 비범하고 운명적인 발견은 현대 생활의 기반이 되었다. 나는 고고학자, 엔지니어, 유전학자, 변호사, 점성술사, 양조기술자 등 여러 분야의 전문가들에게 이 익명의 사람들이 누구였으며, 어떤 생각을 했는지, 어디에서 태어났는지, 어떤 언어를 사용했는지(말을 했다면!), 무엇을 입었는지, 어떤 믿음을 가졌는지, 어디에 살았는지, 어떻게 죽었는지, 어쩌다가 그런 발견을 할 수 있었는지, 그리고 무엇보다도 그 발견이 왜 그렇게 중요했는지를 물었다.

수천 년의 역사를 멀리 떨어져서 바라보면 문화적, 기술적, 진화적 변화가 매끄럽고 자연스럽게 이어진 것처럼 보인다. 석기가 서서히 철기에게 자리를 주고, 털가죽이 자연스레 직물로 넘어갔으며, 식물 채집에서 농작물 경작으로 이어지는 변화 또한 점진적인 것처럼 느껴진다. 이처럼 일련의 변화들은 아주 더디고 단계적으로 일어났으며, 인류 역사가 진행됨에 따라 당연히 일어났어야 할 일이었다는 인상마저 든다. 그렇기 때문에 우리는 인류 진화에서 어느 한 개인이 중요한 역할을 했을 거라는 생각을 쉽게 떠올리지 못한다.

그러나 이는 우리가 보는 관점이 준 착각이다. 기술 발달과 진화는 사람들의 개입에 따라 일어났다 멈추기를 반복해왔다. 통나무 굴리기에서 마차로 넘어간 것이 반드시 필연적인 변화는 아니다. 그것은 많은 학자들이 역사상 가장 훌륭한 기계의 발명으로 인정하는 바퀴와 차축을 누군가가 발명했기 때문에 일어난 것이다. 마찬가지로 누군가가 처음으로 활과 화살을 쐈기 때문에 이전까지는 듣지도 보지도 못한 위협적인 무기 체계가 발달할 수 있었다. 기록된 역사가 다루는 범위의 한계 때문에 우리는 비록 그들의 이름을 알지는 못한다. 하지만 이름은 그저 하나의 세부사항일 뿐이며, 지금 현대 과학은 선사 시대의 천재들에 대해 그보다 더 많은 사실을 밝혀내고 있다.

만화영화나 캐리커처에서 선사 시대 사람들을 희화화하여 다룬 탓에, 그리고 도구와 기술을 지능과 동일시하는 잘못된 선입견 탓에, '선사인'과 '천재'라는 두 단어가 한 자리에 나오는 경우는 거의 없다. '선사인'은 단지 문자가 존재하기 이전에 살았던 사람들을 가리키는 단어일 뿐인데도 그와 관련되어 제일 먼저 떠오르는 동의어는 '원시인'이다. 이 단어는 현대인들이 생각하기에 선사인이 '기록된 역사가 동트기 전에' 살았던 사람들, 문맹에 바보 천치 야만인, 캄캄한 동굴에서 툴툴대며 매머드 버거나 우적대는 짐승과 크게 다르지 않은 존재였음을 의미한다.

그러나 선입견이 대부분 그렇듯, 선사인에 대한 선입견 역시 아주 약간만 조사해봐도 틀린 생각이라는 사실을 알 수 있다. 소위 말하는 동굴 거주민은 사실 대부분 동굴에 살지도 않았다. 게다가 지금처럼 식품이 대량생산되고 자기 직업에 특화된 일만 잘하면 되는 시대를 살아가는 현대인에 비교해서 훨씬 다양한 지식을 갖추고 있었다. 그들은 생존을 위해 주변 환경을 백과사전 수준으로 이해해야 했다. 개개인 모두가 사실상 모든 음식과 집과 생활용품을 스스로 채집하고, 사냥하고, 만들고, 마련했다. 그러려면 먹어도 되는 식물과 먹으면 안 되는 식물을 구분하고, 각각의 식물이 어떤 계절에 어디에서 자라는지 알아야 했으며, 먹거리가 될 수 있는 동물들이 계절마다 어떻게 이동하는지도 파악하고 있어야 했다. 내가 만나본 학자들에 따르면 오늘날에 비해 고대에 천재가 드물었다는 증거는 없으며, 오히려 더 많았다는 증거가 발견된다고도 한다.

선사 시대에도 천재가 살았다는 주장이 의아하게 느껴질지도 모르겠다. 어쩌면 너무 황당한 추측이라는 생각이 들 수도 있겠다. 선사인이 천재라니, 그럴 리 없어!

그러나 선사 시대에도 바보, 얼간이, 어릿광대, 배신자, 겁쟁이, 말썽꾸러기, 사악한 사이코패스가 살았던 것처럼(몇몇은 이 책에서도 살펴볼 것이다) 다빈치와 뉴턴에 견줄 만한 천재들 또한 존재했다. 이는 단순한 추측이 아니다. 이미 확실하게 입증된 부인할 수 없이 명백한 사실이다. 프랑스의 동굴에 그려진 그림에서, 중동의 점토판에 새겨진 기호에서, 남태평양의 섬들에서, 러시아에서 발견된 네 개의 바퀴 위에서 그 증거를 찾을 수 있다. 뉴턴이 미적분을 발명한 것으로 존경받고 있다면 수학 그 자체를 발명한 사람은 얼마나 위대한가? 콜럼버스가 '실수로' 아메리카 대륙을 발견한 것보다 500년 앞서서, 세계에서 가장 고립되어 떨어진 군도를 '일부러' 찾아 나서서 발견한 사람들은 또 얼마나 대단한가?

'선사인'은 단순히 그들의 이름과 이야기가 문자로 기록되어 있지 않을 뿐이다. 그들의 삶이 그 이후의 사람들보다 훌륭하지 않았을 것이라는 생각은 잘못된 것이며, 사실 어떤 경우에는 오히려 더 뛰어나기도 했다.

이 사실은 이미 오래전에 상식이 되어야 마땅했다. 그럼에도 현재까지도 선사인을 주제로 한 글은 쉽게 찾아보기 어렵다. 왜냐하면 그들에 대해 말할 수 있는 것이 별로 없기 때문이다. 초기 고고학자들이 선사인의 뼈와 도구를 발견하긴 했지만, 그 뼈와 도구의 주인이 지녔던 인간성이나 개성, 동기를 말하기에는 그것만으로 부족했다.

그러나 지난 몇 십 년간 현대 과학은 오랜 과거의 일을 놀라울 정도로 선명하게 밝히기 시작했다. DNA를 복구하고 분석하는 기술 덕분에 우리는 혹독한 환경에서 살아남은 사람들의 이야기, 전염병의 기원, 의복의 발명 등 고대의 뼈가 담고 있는 흥미로운 이야기에 새롭게 귀 기울일 수 있게 됐다. 고대 언어를 연구하는 학자들은 당시 언어를 재구성하여 그 시기에 있었던 인구 이동, 생활 습관, 그리고 바퀴와 같은 발명품이 탄생한 지역의 위치까지도 추적했다.

낡은 방식의 고고학 또한 지난 20년간 극적인 변화를 맞았다. 수많은 발견이 폭발적으로 일어났고, 선사 시대를 다룬 작가들은 원고를 넘긴 후 책이 출판되기까지 기다리는 동안 새로운 사실이 밝혀지는 바람에, 출간 후에 오류를 정정하고 양해를 구하는 것이 거의 통과의례가 될 정도였다. 선사 시대에 관한 글쓰기는 마치 두더지 잡기 게임처럼 하나를 고치면 또 다른 사실이 튀어나오곤 했다. 단지 새로운 뼈나 도구가 발견되었기 때문만이 아니라, 이전에 발견된 유물에 새로운 기술을 적용함으로써 이전에는 미처 알지 못했던 이야기가 새롭게 드러나는 경우도 많았다.

심지어 최근 인류학 연구는 고대 사람들의 사고방식까지 연구하기 시작했다. 산타바바라 대학교의 도널드 브라운Donald Brown과 같은 학자들은 파푸아뉴기니의 산악지대에 사는 사람들과 맨해튼의 월가 사람들처럼 전혀 다르게 보이는 수백 가지 문화를 연구해서 그것들을 관통하는 일관성을 연구해왔다. 이들은 모든 문화에서 똑같이 나타나는 구체적인 특성을 찾아서 나열했으며, 인류학자들은 이러한 특성을 두고 '문화적 보편성human universals'이라고 불렀다.

13세기 마르코 폴로Marco Polo는 오랜 기간 동방을 여행하고 돌아온 뒤, 미얀마의 파다웅족padaung이 목에 링을 차서 길게 늘이는 관습이 있다는 이야기로 유럽 사람들을 충격에 빠뜨렸다. 이러한 목을 늘이는 관습과 서양의 나비넥타이는 겉보기에는 전혀 다른 사고방식의 산물처럼 보이지만, 실제로는 개인의 개성을 강조하거나 몸치장을 하는 인간의 공통적인 욕구에서 나온 것이다. 만약 폴로가 누구도 몸치장에 관심이 없는 문화를 발견했다면 그것이야말로 진짜 놀라운 일이었겠지만, 현재까지 그 어떤 인류학자도 그런 문화를 찾지는 못했다. 몸치장은 도널드 브라운과 같은 인류학자들이 발견한 수백 가지 문화적 보편성 중 하나이며, 고고학적 흔적이 남지 않은 고대 문화를 이해할 때는 이러한 보편성을 토대로 살펴보는 것이 크게 도움이 될 것이라고 많은 연구원이 믿고 있다. 문화적 보편성만으로 각 개인의 이야기를 알 수는 없지만, 인간으로서의 그들이 어떤 모습이었을지를 짐작하는 데에는 꽤 유용하게 쓸 수 있기 때문이다.

이처럼 오랜 과거를 파헤치기 위한 도구가 한층 다양하고 강력해졌음에도 불구하고 아직도 여러 기본적인 질문이 해결되지 못한 채 남아있다. 나는 세계 최고로 알려진 고고학자 두 사람에게 호모 사피엔스가 완전한 언어를 사용하고 현대인처럼 사고하기 시작한 것이 언제부터인지 물었다. 두 사람의 대답은 무려 10만 년 이상 차이가 났다. 이렇게 우리 과거에는 아직도 불투명한 부분이 많다.

그래도 점점 더 발전하는 기술과 도구 덕분에 오늘날 학자들은 인류 역사의 최초를 기록한 위대한 사람들과 그 순간들에 대해, 그 어느 때보다 근거 있는 추측이 가능해졌다.

나는 꽤 오래전부터 인류의 특이한 최초에 호기심을 느꼈다. 하지만 무언가 새롭고 엉뚱한 것을 시도하려는 사람들이 그랬던 것처럼 나 역시 결정적인 계기가 있기 전까지는 막상 행동으로 옮기지 못했다. 나는 어느 고대의 이집트인 의사가 가슴에서 종양이 발견된 환자를 관찰하고 남긴 안타까운 메모를 읽기 전까지는 내 머릿속에 떠오르는 질문을 그다지 깊이 받아들이지 않았었다. 역사가들은 이 이집트인 의사의 메모가 기록으로 남겨진 최초의 암 사례라고 보고 있다. 의사는 그 종양이 퍼지는 모습을 길고 상세하게 묘사한 뒤 마지막으로 간단하게 덧붙였다. "치료법이 없다."

아마도 오랜 병으로 고통받았을 이 고대 여성의 이야기는 왠지 모르게 내 마음을 건드렸다. 한 개인이 지닌 고유한 이야기와 개별성은 '그 시대의 인류'를 설명하는 글에서 언제나 빠져있었다. 그래서 나는 인류의 최초뿐만 아니라, 그것을 만든 사람들에 대해서도 알아보기로 했다.

이 책은 그 사람들에 관한 것이다. 그들이 어떤 삶을 살았는지, 그리고 그것이 왜 중요했는지.

　나와 당신은 물론 학자들까지도 아주 아주 큰 숫자로 표현되는 시간 개념을 제대로 이해할 수 없다. 2만 년 전, 3만 년 전, 30만 년 전의 차이는 우리에게 다 똑같은 '아주 옛날'로만 느껴진다. 이처럼 지나치게 큰 숫자로 표현되는 정보는 너무 비현실적이고 추상적이어서 제대로 된 시간 개념을 이해하는 데에 전혀 도움이 되지 않는다. 이는 우주의 광활함이나 백색왜성의 무게를 말할 때 우주비행사들이 느끼는 막막함과 같다. 인간의 사고방식은 그 정도로 추상적인 개념을 처리할 수 없다. 상상하기 어려울 만큼 큰 숫자를 마주한 사람들은 대개 '정말로 큰', '진짜 멀리', '아주 완전 옛날에' 등과 같은 단어로 대충 이해하고 마는 경향이 있다.

　문제는 우리한테는 마냥 다 똑같은 옛날로 느껴지는 시간 개념이 실제로는 그렇지 않다는 것에 있다. 그리고 인류 역사에 있어 그 차이는 엄청나게 큰 의미를 지닌다. 예를 들어 최근 발견한 고고학적 증거에 의하면, 호모 사피엔스와 네안데르탈인은 무려 5천 년 이상 같은 지역을 공유했다고 한다. 5천 년이면 전체 역사시대written history[3]에 해당하는 시간이다. 1천 년과 5천 년의 차이를 정확하게 인지해야 똑똑한 호모 사피엔스가

3　문자로 쓰인 기록을 통해 그 내용을 알 수 있는 역사를 뜻한다.

야만적인 네안데르탈인을 완전히 몰아냈다는 일반적인 상식에 오류가 있음을 알고, 우리 조상의 사촌이 가진 지적 능력이 얼마나 저평가됐는지를 살펴볼 수 있다.

서로 다른 종과 문화, 그리고 인류 진화의 본성, 이 세 가지의 관계를 제대로 이해하려면 이처럼 큰 숫자로 표현되는 시간 개념의 차이를 느낄 수 있어야 한다. 처음에 나는 숫자 앞에 달러 표시를 붙이려고 했다. 1,000을 $1,000으로 표현하면 좀 더 실재적으로 와닿지 않을까 하는 생각이었다. 그러나 오랜 고민 끝에 하루의 시간을 거꾸로 세면서 표현하는 방법을 선택했다. 해부학적 현생인류인 호모 사피엔스가 진화한 이후의 30만 년을 24시간으로 보면, 기록된 역사는 그 하루가 끝나기 30분 전에야 시작된다. 나머지 23시간 30분은 약 15억 명의 이름 모를 사람들이 살았던 선사 시대에 해당한다.

지나치게 큰 숫자가 주는 혼란을 피하기 위해서 나는 꼭 필요한 때를 제외하고는 숫자 대신 당시 사람들이 살았던 맥락을 이야기하는 방식으로 설명하려 했다. 그러나 때로는 큰 숫자를 언급하는 것이 불가피했다. 그런 경우에는 내가 그랬듯이, 화폐나 연대표, 하루 24시간 등에 빗대어 생각하면 훨씬 도움이 될 것이다.

WHO ATE THE FIRST OYSTER?

차례

1장
인류 최초의 발명가는 누구였을까?

최초의 발명은 인류가 호모 사피엔스로 진화하기도 전인
300만 년 전에 나타났다.

300만 년 전 / 최초의 발명

1960년 10월 어느 날, 당시 26세였던 제인 구달Jane Goodall은 자신이 데이비드 그레이비어드David Greybeard라고 이름 붙인 침팬지 한 마리가 나뭇가지에 붙은 잎사귀를 벗겨낸 후 그것으로 흰개미 언덕을 쑤셔서 거기에 붙은 벌레를 핥아먹는 모습을 목격했다. 그레이비어드 입장에서는 그저 좋아하는 간식을 먹었을 뿐이었겠지만 '도구 사용'으로 호모 사피엔스를 정의했던 당시 과학자들에게 그 모습은 충격적이었다. 구달은 즉시 고인류학자 루이스 리키Louise Leakey에게 전보를 보냈다. 그 소식을 들은 리키는 "이제 우리는 '도구'와 '인간'을 다시 정의하거나 아니면 침팬지를 인간으로 받아들여야 할 것이다."라는 유명한 말을 남겼다.

인류학자들 간에 얼마간 논쟁이 이어진 끝에 그들은 우리 종의 고유한 특성을 '도구를 사용해서 다른 도구를 만드는 능력'으로 재정의하는 것에 합의했다. 데이비드 그레이비어드가 나뭇가지를 벗겨서 흰개미를 찍어 먹는 도구로 쓸 수 있을지는 몰라도, 그 나뭇가지를 벗기기 위한 도구를 만들 수 있는 것은 오직 호미닌hominin[4]뿐이라는 것이다. 내가 만난 고고학자 중에는 계획을 수립하고 복잡한 도구를 활용해서 문제를 해결하는 능력이 단순히 우리 종의 특징을 정의하는 것에 그치는 것이 아니라, 어떤 경우에는 우리 종을 지금에 이르도록 만들었다고 생각하는 이들도 많았다. 그들은 인류의 발명품이 진화로 인한 결과가 아니라 인류가 걸어온 진화의 발자취를 보여주는 설명서라고 믿었다. 오늘날 우리에게 발명이라고 하면 대개 새로운 생활 방식이나 경제적 가능성을 가능하게 하는 기술, 혹은 물건을 떠올린다. 그러나 고대 발명 중에는 그것이 인류를 진화할 수 있게 한 사례도 있었다는 뜻이다.

---

4 호모 사피엔스를 비롯해서, 인류가 영장류에서 갈라져 나온 이후로 나타난 인류의 조상들을 광범위하게 아우르는 말.

어찌 됐든 고대 인류가 만든 최초의 발명품이 호모 사피엔스가 진화하기 한참 전에 이미 만들어졌다는 사실은 확실하다.

그렇다면 인류 최초의 발명가는 누구였을까?

그는 어린 나이에 아기를 낳은 젊은 엄마였다. 필요는 발명의 어머니라는 말처럼 그녀 역시 해결해야 할 문제를 안고 있었다. 이름은 알 수 없으므로 '엄마'의 끝 글자를 따서 '마Ma'라고 부르기로 한다.

약 300만 년 전에 태어난 마는 오스트랄로피테쿠스라는 고대 인류종에 속했다. 그녀는 아프리카, 그중에서도 1974년 처음 발굴되어 유명해진 '루시Lucy'를 비롯한 오스트랄로피테쿠스의 화석이 집중적으로 발견된 아프리카 동부 지역에서 태어났다. 300만 년 전이면 인류가 침팬지와 보노보류에서 분리된 시점과 현재 사이의 대략 절반에 해당하는 때이므로, 마의 외형과 행동 역시 호모 사피엔스와 침팬지의 중간 단계에 머물러 있었다.

마는 신장 약 120cm, 몸무게 약 29.5kg으로 작고 유연한 체구를 가졌으며, 얼굴을 제외한 몸 전체가 두껍고 짙은 색의 털로 덮여 있었다. 현대 침팬지보다는 많은 양의 고기를 섭취했지만 직접 사냥하기보다는 주로 죽은 고기를 주워 먹었다. 또한 식물의 뿌리, 덩이줄기, 견과류, 과일 등으로 식사를 보충했다. 현대인 관찰자가 봤다면 유난히 잘 걷는 침팬지로 오해할 만큼 침팬지와 닮은 면이 많지만, 두드러지게 손재주가 좋고 독창적으로 돌을 사용했다는 점이 달랐다. 마는 동물 사체를 쉽게 먹기 위해 돌을 날카롭게 다듬어 뼈를 잘랐다. 그 결과 다른 동물들은 손도 대지 못하는 부위인 골수까지 얻을 수 있었다.

이처럼 똑똑한 유인원이었음에도 불구하고 아프리카의 여러 대형 고양잇과 동물에게 마는 여전히 그럴싸한 점심거리일 뿐이었다. 따라서 낮에는 직립보행으로 먹거리를 찾아 돌아다니다가 어두워지면 나무 둥지 위에 올라가서 야행성 포식자의 공격을 피했다. 고고학자들은 종종 오래된 동굴에서 온전히 형태를 갖춘 포식자의 뼈와 함께 오스트랄로피테쿠스의 대퇴골과 팔뼈를 발견했는데, 안타깝지만 누가 누구를 잡아먹었는지는 불 보듯 뻔했다.

마를 노리는 포식자들은 다양했다. 마는 불을 갖지 못했기 때문에 오늘날의 흑표범과 비슷한 사냥꾼에게 특히 취약했지만, 가끔은 독수리조차 오스트랄로피테쿠스를 먹이로 삼을 만큼 먹이사슬의 하단에 있었다. 마가 불을 지피거나 통제하지 못했다는 점은 좀 더 중요한 사실, 즉 그녀가 음식을 날것으로 먹었다는 것을 의미하기도 한다.

동물의 소화기관은 익힌 음식과 달리 날음식에서는 많은 열량을 추출하지 못한다. 또한 날음식은 씹기도 어려우므로 마는 음식을 채집해서 씹어 삼키는 데에 현대 호모 사피엔스보다 훨씬 많은 시간을 소비했을 것이다. 커다란 치아와 강한 턱을 가진 침팬지조차도 날음식을 씹는 데에 하루 6시간을 쓴다. 반면 조리한 음식을 먹는 현대인의 한 끼 식사 시간은 평균 45분밖에 되지 않는다. 따라서 날음식을 먹었던 마는 독수리와 흑표범을 피해서 나무를 오르내리고, 동물 사체와 과일을 찾아 여기저기를 배회하며 먹거리를 채집해서 먹는 것에 하루를 거의 다 써버렸을 것이다.

게다가 겨우 10대 초반의 나이에 시끄럽게 울기만 하고, 혼자서는 아무것도 못하고, 움직이지도 못하는 젖먹이 아기를 출산하면서 마의 생활은 더욱더 고달파진다.

진화적 관점에서 봤을 때, 호모 사피엔스의 영유아는 매우 특이하다. 포유동물의 새끼는 대부분 태어나자마자 걷거나 뛸 수 있으며, 그게 안 되면 적어도 엄마한테 매달려 있을 힘이라도 갖는다. 이유는 당연하다. 새끼가 홀로 서지 못하면 엄마와 새끼 모두의 생명이 위협받기 때문이다. 꼬리 감는 원숭이의 새끼는 태어나자마자 거의 바로 엄마 털을 붙잡고 매달려 있을 수 있으며, 그보다 좀 더 뇌가 큰 침팬지의 경우에는 엄마가 한동안 갓 태어난 새끼를 안고 다니긴 하지만 그래 봤자 한두 달이면 충분히 성장한다. 그러나 호모 사피엔스의 아기는 걷지도, 기어 다니지도, 심지어 자기 몸조차 제대로 가누지 못하며 1년이 넘도록 혼자서는 아무것도 못하는 상태로 자란다.

이는 진화적 관점에서 보면 재난 수준으로 치명적인 단점이지만, 인간의 가장 큰 장점인 거대한 뇌용량을 얻으려면 어쩔 수 없이 안고 가야 할 숙제이기도 하다. 인간의 아기가 지나치게 장기간 무력한 상태를 지속하는 이유 중 하나는 그 시간 동안 아기의 뇌 속에서 수없이 많은 시냅스 연결이 일어나기 때문이다. 모든 영장류는 대용량 뇌와 영아 사망률이라는 두 가지 요소 사이에서 흔들린 끝에 각각의 종마다 그에 맞는 평형 상태에 이르렀다. 이에 대해 고고학자들은 왜 인간만 이렇게 비정상적으로 대용량 뇌에 치우친 평형 상태를 갖게 되었는지 오랫동안 연구해왔다.

짐작건대 호미닌이 처음으로 침팬지에서 갈라져 나온 직후에는 호미닌의 아기들도 금세 엄마에게 매달릴 힘을 갖췄을 것이다. 그러나 어느 시점부터 이것이 변하기 시작했다. 나는 시애틀 퍼시픽 대학교의 생물학자 카라 월셰플러Cara WallScheffler에게 젊은 호미닌 엄마가 혼자서는 아무것도 못 하는 아기 때문에 견디기 어려울 만큼 육아 부담이 커지기 시작한 것이 언제부터인지를 물었다. 월셰플러는 약 300만 년 전 고대 인류가 직립보행으로 전환하면서 엄마와 아기 모두가 위험에 처하는 문제가 발생했을 것이라고 답변했다.

그녀의 논리는 단순했다. 인류가 두 발로 걷기 시작하면서 아기는 엄마에게 매달려 있기가 더욱 어려워졌다. 또한 직립보행을 하려면 고관절이 좁아져야 했고, 그로 인해 산도가 좁아졌다. 그 결과 태아는 좁은 산도를 통과하기 위해 머리 크기가 작아져야 했다. 그러나 호미닌의 아기는 머리 크기가 작아지고 태어나자마자 엄마한테 매달릴 힘을 갖는 것이 아니라 그와는 완전히 반대되는 방향으로 진화했다. 머리는 오히려 더 커졌고, 아기는 점점 더 연약한 상태로 태어난 것이다. 오늘날 호모 사피엔스는 직립보행하는 특성에도 불구하고 몸통 대비 머리 크기의 비율이 가장 큰 동물 중 하나에 해당한다. 인간의 이러한 특이성을 두고 생물학자들은 '똑똑한 두 발 동물의 역설smart biped paradox'이라고 부른다.

이 같은 역설을 설명할 수 있는 진화적 관점은 마와 같은 호미닌 엄마들이 임신 기간을 줄여서 아기를 더 일찍 출산했기 때문이라는 것이다. 다시 말해서 그 시대의 아기는 좁은 산도를 통과하기 어려울 만큼 머리가 커지기 전에 두세 달가량 덜 성숙한 채로 세상에 태어났다. 이러한 변화는 마 이후로 점점 더 확연해졌다. 만약 호모 사피엔스가 갓 태어난 침팬지 새끼와 똑같은 발달 단계에 해당하는 아기를 낳으려면 임신 기간을 무려 20개월간이나 지속해야 한다. 그러면 태아가 너무 커져서 산도를 빠져나올 수 없을 뿐만 아니라, 그때까지 임산부가 부담해야 하는 신체적 압박 또한 엄청나게 클 것이다. 따라서 인간의 아기는 그보다 일찍 세상에 태어나서, 여전히 자궁

속에 있는 태아처럼 혼자서는 아무것도 하지 못한 채 온전히 엄마한테만 의존하는 상태로 성장한다. 그동안 아기의 뇌 속에서는 분당 10억 개가 넘는 시냅스가 발달한다.

먹거리를 채집하러 다녀야 하는 마에게 아무것도 할 줄 모르는 아기는 꽤 골치 아픈 문제였을 것이다. 현대 영장류 중에서 우리 종을 제외한 그 어떤 동물도 육아 의무를 나눠 갖지 않으므로 마가 남편의 도움을 받았을 가능성은 희박하다. 또한 야생에서 사는 영장류 중에서 자신의 새끼를 떼어놓고 다니는 동물은 없다. 그녀 역시 아주 짧은 순간 외에는 대부분 아기를 안고 있었을 것이다. 만약 마가 아기를 한곳에 내려놓고 먹거리를 찾으러 갔다면, 아기는 오늘날의 신생아가 그와 같은 상황에 놓였을 때와 거의 똑같은 반응을 보였을 것이다. 그리고 마가 돌아왔을 때 아기는 아마 그 자리에 살아있지 않을 것이다.

현재까지 누적된 증거를 보면 마는 깨어있는 시간 중 대부분을 먹거리를 채집하는 데에 썼고, 적어도 6개월 동안은 계속해서 아기를 안고 다녔다. 그로 인한 에너지 소비만 해도 삶을 위협할 정도로 고되었을 것이다. 마와 같은 오스트랄로피테쿠스 엄마가 아기를 안고 다니면서 견뎠을 부담을 인체공학적 관점에서 연구한 월셰플러는 그들이 평상시보다 25% 이상의 에너지를 더 소비했을 것이라는 결론을 내렸다. 육아만 해도 힘든데 그것을 훨씬 뛰어넘는 에너지 소비가 추가로 또 발생하는 셈이었다. 아기를 안고 다니는 행위가 주는 부담이 너무 컸기 때문에, 호미닌은 직립보행을 계속하기 위해서라도 무언가 대책 마련이 필요했을 것이라고 월셰플러는 추측했다.

이에 마는 놀라울 정도로 혁신적이며 종 전체의 진화 방향을 바꿔놓을 만큼 기발한 아이디어를 고안했다. 그녀가 만든 것은 단순한 발명품이 아니었다. 아마도 태초 이래 가장 영향력 있는 발명이라고 해도 과언이 아닐 만큼 의미 있는 도구였다.

바로 아기띠 슬링을 발명한 것이다.

그녀가 만든 슬링의 재료는 주변에서 쉽게 구할 수 있었으며, 그 구조 또한 덩굴 식물을 묶어서 고리를 만들거나 매듭을 짓는 식으로 아주 단순했을 것이다. 마와 같은 오스트랄로피테쿠스에게 매듭짓기가 너무 고급기술일 것이라고 생각할 수도 있다. 하지만 모든 유인원은 매듭을 묶을 수 있으므로 "오스트랄로피테쿠스가 간단한 고리를 만드는 것은 충분히 가능한 일"이라고 월셰플러는 내게 말했다.

따라서 아기띠 슬링은 아이디어를 처음 떠올리기가 어려워서 그렇지, 그것을 기술적으로 구현하는 데에는 큰 어려움이 없었을 것이다. 도구를 사용해서 또 다른 도구를 만들 수 있으려면, 정보를 머릿속에 유지하고, 조작하고, 활용할 수 있는 능력, 심리학 용어로 '작업기억working memory'이라고 불리는 능력이 뒷받침되어야 한다.

우리는 일상생활에서 항상 작업기억을 사용한다. 예를 들어 마트에서 장을 볼 때는 내가 만들려는 요리를 머릿속에서 시각화함으로써 필요한 식재료를 구한다. 퍼즐을 맞출 때는 완성된 퍼즐의 모습을 시각화해서 각각의 조각이 어느 위치로 가야 할지를 알아맞힌다. 단계가 많고 복잡한 작업일수록 더 많은 작업기억이 요구된다. 수천 개의 다른 부품과 밀접하게 상호작용해야 하는 로켓 파트를 만드는 것은 저녁 식사거리를 사는 것보다 훨씬 고도의 지적 능력이 필요하지만, 원리는 같다. 물론 마는 로켓을 만들 수는 없었지만, 아기가 너무 무거울 때 도움이 될만한 해결책을 시각화할 수는 있었다. 이로써 그때 당시에 이미 작업기억이라는 정교한 심리적 과정이 시작됐음을 입증했다.

슬링을 만든 이후 마의 삶이 극적으로 수월해지진 않았겠지만, 그것이 가져온 진화적 결과만큼은 아무리 과장해도 지나치지 않는다. 단순한 형태의 슬링 덕분에 호미닌 아기들은 그 기간 동안 마음껏 무력한 상태로 머무를 수 있었다. 『인공적인 유인원The Artificial Ape』의 저자 티모시 테일러Timothy Taylor에 따르면 이는 똑똑한 두 발 동물의 역설을 그냥 바꿔놓은 정도가 아니라 완전히 없애버렸다. 슬링이 발명되었고 그 덕분에 아직 충분히 발달하기 전의 태아가 세상에 나와 존재할 수 있었던 것이라면, 그것은 더 이상 역설이 아니게 된다. 이처럼 슬링은 단순히 마의 육아 부담을 덜어준 것이 아니라, 우리 뇌가 성장할 수 있는 진화적 한계를 제거했다. 즉 슬링은 인류의 진화 그 자체를 바꿔놓았다.

비약처럼 들릴 수도 있다. 그러나 이는 사실이다. 아기를 쉽게 안을 수 있는 도구가 없었다면, 호미닌 엄마는 결국 완전히 지쳐서 아기를 내려놓았을 것이고 그때마다 흑표범이 나타나 아기를 물어갔을 것이다. 제인 구달의 말에 따르면, 경험이 부족한 엄마 침팬지는 새끼가 혼자 힘으로 엄마한테 매달리지 못하는 기간 동안 새끼의 반을 잃는다고 한다. 불과 두 달 사이에 일어나는 일이다. 직립보행하는 동물에게 큰 머리는 사실상 진화적 막다른 길과 같다. 인류가 계속해서 진화할 수 있었던 것은 아기띠 슬링과 이를 발명한 마 덕분이었다.

물론 마의 슬링이 아무리 대단했어도 마 혼자서만 슬링을 쓰고 다른 오스트랄로피테쿠스 엄마들은 그녀의 발명품에 신기하다는 눈길만 보내는 것으로 끝났다면, 슬링이 인류 진화에 미친 영향력은 0이었을 것이다. 마의 생활이 조금 편해졌을 뿐, 그 이상의 의미는 갖지 못했을 것이다. 그러나 다행히도 현실은 그렇지 않았다.

마의 발명품은 널리 퍼져나갔다. 슬링이 나타나고 얼마 지나지 않아 우리 조상의 뇌는 폭발적으로 성장했고, 엄마들은 점점 더 이른 단계에서 아이를 출산했다. 슬링이 없었다면 이렇게 극적인 변화는 결코 일어날 수 없었을 것이다. 또한 마의 아이디어가 다른 엄마들에게 전파됐다는 것은, 호모 사피엔스가 지닌 가장 훌륭한 기술이라고도 말할 수 있는 '모방 능력'을 오스트랄로피테쿠스도 이미 어느 정도 갖고 있었음을 보여준다.

인류학자들은 이러한 능력을 '사회적 학습social learning'이라고 부른다. 호모 사피엔스의 아기와 침팬지를 대상으로 여러 가지 지적 능력을 시험한 결과, 사회적 학습은 인간에게서 훨씬 두드러지게 나타났다. 하버드 대학교 인류진화생물학 교수 조셉 헨리치Joseph Henrich는 호모 사피엔스가 습관적으로 다른 개체를 흉내 낸다고 말했다. 우리는 서로를 지켜보고, 학습하고, 모방한다. 인간은 부끄러움도 없이 남들을 따라 하는, 지적 표절에 능한 종이다. 그러나 이는 프로그램 오류가 아니라 하나의 특성이다.

인간이라는 종은 우리 생각만큼 대단히 독창적이지 않다. 특히 생존에 관한 한은 더욱 그렇다. 헨리치가 저서 『인류의 성공 비결The Secret of Our Success』에서 쓴 것처럼, 오스트레일리아의 찌는 듯한 사막이나 그린란드의 얼어붙은 툰드라 지대에서 조난 당해서 발이 묶인 탐험가들이 남긴 기록을 보면 결말은 둘 중 하나다. 새로운 환경에 혼자 남겨진 탐험가들은 현지인의 도움을 받고 살아남거나, 아니면 기본적인 먹거리조차 구하지 못해서 굶어 죽는다.

이는 지금까지 인류가 자랑한 놀라운 적응력이 사소한 혁신을 학습하고, 모방하고, 조합하는 인간의 능력에서 온 것이라는 사실을 보여준다고 헨리치는 말했다. 만약 유인원처럼 인간도 다른 개체가 제공하는 영감의 순간을 대부분 무시했다면, 생태계 내에서 인간이 차지하는 위치는 계속 똑같았을 것이다. 그러나 뛰어난 모방 능력이 있었기에 우리는 계속해서 변화를 거듭할 수 있었다. 각 개인이 일궈낸 작은 발전을 관찰하고, 학습하고, 적용했다. 작은 혁신과 집단적 표절을 통해 인간은 점점 더 앞으로 나아갔다.

마가 슬링을 발명했을 시기에 이미 호미닌은 이러한 위대한 모방 능력을 갖추고 있었던 것으로 보인다. 오스트랄로피테쿠스들은 그녀가 만든 이상한 물건을 보고 그냥 흘려넘기거나 놀리는 대신, 호미닌이 가장 잘 할 수 있는 행동을 했다. 그들은 마를 따라 했다.

슬링은 더 이른 출산을 가능하게 하고 뱃속에서 뇌가 커질 수 있는 인류종의 한계를 제거했을 뿐만 아니라, 엄마와 아기 간의 유대감을 더욱 끈끈하게 하는 역할도 했다. 슬링 덕분에 엄마와 아기는 오랜 기간 서로를 바라보고 물리적으로 밀착할 수 있었다. 당시 마는 온전한 언어를 구사하진 못했지만 적어도 침팬지 수준의 간단한 의사소통은 가능했을 것이다.

구달이 침팬지 엄마와 새끼 간의 의사소통을 녹음해봤더니, 새끼가 엄마한테 업히고 싶다고 표현하거나 엄마가 새끼한테 등에 업히라고 지시할 때, 그들은 대부분 음성화된 '후-후-' 소리로 의사를 전달했다. 물론 이는 호모 사피엔스 엄마가 아기와 꾸준하게 나누는 대화와는 매우 다른 형태였다. 어쨌든 마는 아기와 밀착되어 있으면서 더 자주 눈을 맞추고 소리를 냈고, 이것은 좀 더 정교한 의사소통으로 넘어가기 위한 선행 과정이 되었다. "착\하／지~?"와 같이 엄마가 아기한테 쓰는 말, 일명 아기 언어는 문화적 보편성을 띤다. 모든 언어권에서 엄마들은 아기한테 말할 때, 리듬과 억양을 실어서 '높게-낮게-높게' 이야기하는 패턴을 보이는데, 이는 이러한 방식의 의사소통이 아주 오래전부터 시작됐음을 의미한다고 인류학자들은 생각한다. 어떤 언어학자들은 혀의 울림이 아기 언어로 이어진 것이며, 따라서 언어가 발달하기 전부터 아기 언어가 존재했다고 믿는다. 마가 최초의 슬링을 만들어 하루 중 많은 시간을 아기와 눈 맞추며 지내게 되면서, 이는 의도치 않게 엄마와 아기 사이의 중요한 유대관계를 더욱 끈끈하게 강화했을 것이다.

이러한 유대관계는 곧 언어발달로 이어졌고, 인간의 사회화와 지적 능력을 높였으며, 더욱 정교한 발명을 가능하게 했다.

그러나 이러한 발전은 모두 수천 년에 걸쳐 아주 서서히 일어났다. 마의 발명이 엄마의 육아 부담을 줄이고 아기의 생존 가능성을 높였을지는 몰라도, 오스트랄로피테쿠스가 그보다 좀 더 섬세한 사회적 관계를 맺을 수 있었다는 증거는 발견되지 않았다. 죽은 자(그게 친엄마였어도)를 기리거나 추모했다는 증거 또한 없다. 따라서 세계 최초의 발명가가 세상을 떠났을 때도, 마의 명복을 빌어주거나 시체를 땅에 묻어준 호미닌은 하나도 없었다. 대신 마의 자녀가 그녀의 시체를 치워버렸을 것이다.

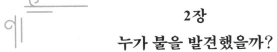

2장
누가 불을 발견했을까?

불의 사용은 인류가 진화를 시작하기도 전인
190만 년 전에 나타났다.

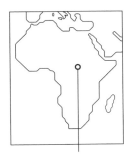

190만 년 전 / 불의 통제

　의사에서 고인류학자로 전향한 네덜란드인 외젠 뒤부아
Eugène Dubois는 1891년과 1892년 사이, 인도네시아 자바섬에서
인간과 비슷하지만 인간은 아닌 정체 모를 개체의 대퇴골, 어
금니, 두개골을 발견했다. 뒤부아는 '자바인'이라는 명칭을 붙
인 이 개체가 바로 인간과 유인원 사이의 '잃어버린 연결고리'
라는 주장을 펼쳤다.

　학계는 이에 상당히 부정적인 반응을 보였다. 그들은 뒤부

아의 이론을 즉각 거부했고 그 주장이 얼마나 우스꽝스러운지를 두고 논쟁을 펼쳤다. 동식물 연구가 리처드 라이데커Richard Lydekker는 그 두개골이 기형인 인간의 것이라고 했고, 독일인 해부학자 빌헬름 크라우제Wilhelm Krause는 뒤부아가 놀라운 발견을 한 것은 사실이지만 그것은 인간이 아니라 새로운 긴팔원숭이 종을 발견했기 때문이라고 지적했다.

1921년 고고학자 요한 안데르손Johan Andersson과 월터 그레인저Walter Granger가 베이징 교외에 있는 동굴에서 그와 거의 똑같은 형태의 유골을 40구 정도 발견한 후에야, 과학계는 뒤부아의 발견을 있는 그대로 인정했다. 그것은 찰스 다윈의 진화론을 확인할 수 있는 아주 중요한 증거였다.

학자들은 이 새로운 종을 직립하는 사람이라는 뜻의 호모 에렉투스Homo erectus라고 불렀으며, 한동안은 자바인이 호모 사피엔스와 유인원을 잇는 유일한 연결고리라고 생각했다. 그러나 40년 후 아프리카 동부에서 영국의 인류학자 루이스 리키Louis Leakey가 그와는 다른, 그러나 더 오래된 영장류의 증거를 발견했다. 새로운 영장류 근처에서는 돌을 쪼아서 만든 여러 가지 석기 도구가 함께 발견됐으므로 이 새로운 종에게 손재주 있는 사람, 즉 호모 하빌리스Homo habilis라는 명칭을 붙였다. 이제 문제는 호모 에렉투스와 호모 하빌리스가 서로 어떤 관계에 있는지를 찾는 것이었다.

그러나 두 종의 차이가 워낙 극명해서 처음에는 둘 사이에 관계가 있긴 한 것인지조차 확실하지 않았다. 자바인은 사냥을 했고, 땅에서 잤으며, 몸에 털이 별로 없었고, 호모 하빌리스에 비해 두개골은 크고 턱과 흉부는 작았다. 반면 호모 하빌리스는 죽은 고기를 주워 먹었고, 낮에는 땅 위를 다녔지만 밤에는 나무 둥지에서 잠을 잤으며, 몸은 온통 털로 뒤덮여있었다. 많은 생물학자가 호모 하빌리스를 아예 호모 속에서 제외하기를 원했던 반면, 호모 에렉투스는 라이데커가 기형인 인간으로 오해할 만큼 인류와 비슷했다.

　그런 차이에도 불구하고 하나의 종이 다른 종으로 진화하기에는 놀라울 정도로 짧은 시간이기는 하지만 어쩌면 호모 하빌리스가 호모 에렉투스로 진화한 것이 아닌지 의문을 갖는 학자들이 하나둘 생겨나기 시작했다.

　그렇다면 이처럼 급진적인 변화가 일어날 수 있었던 이유는 무엇이었을까? 하버드대 영장류 동물학자 리처드 랭엄Richard Wrangham은 사소하지만 종 전체를 바꿔놓을 정도로 영향력이 큰 사건 하나가 이 모든 형태학상 변화를 가져왔다고 설명했다. 그것은 바로 누군가가 불을 통제하는 방법을 터득한 것이다.

　호모 하빌리스와 호모 에렉투스는 서로 크게 달랐지만 유일한 공통점이 하나 있었다. 그들은 무언가를 자르는 도구를 만들기 위해 돌을 날카롭게 깎았다. 이는 도구의 제작 방법 중에서도 가장 오래된 것에 해당한다. 이것이 곧 칼과 화살촉이 되었고 마침내는 새턴V 로켓[3]으로 이어진 것이다. 이 모든 것은 불의 발견이라는 엄청나게 중대한 순간과도 깊은 관련이 있다.

찰스 다윈은 우리 종의 역사에서 언어를 제외하고는, 불의 통제가 가장 위대한 단 하나의 발견이라고 말했다. 그러나 이것은 불을 과소평가한 발언이다. 불은 우리 종에 의해 통제된 것이 아니다. 불이 있었기에 우리 종이 존재할 수 있었다. 불은 단순히 우리 삶을 더 쉽게 만든 정도가 아니라 우리 종이 먹고 사는 문제에 가장 극적으로, 가장 근본적으로 영향을 미쳤다.

가장 기본적인 것부터 살펴보면, 먼저 불은 음식물에 열을 가함으로써 몸의 저작 운동과 소화 활동을 훨씬 수월하게 만들었다. 음식을 부드럽게 만들었을 뿐만 아니라 음식의 화학적 결합을 끊었다. 별것 아닌 편의처럼 들릴지 모르겠지만, 전혀 그렇지 않다. 음식물 안에 들어있는 근육, 지방, 힘줄, 섬유질 조각이 더 작고 부드러워질수록, 화학적 결합이 더 많이 끊어질수록, 우리 소화기관은 같은 양의 음식에서 더 많은 에너지를 흡수할 수 있다. 그 음식이 식물이든 동물이든, 어쨌든 날것으로 먹을 때보다 익혀서 먹을 때 대략 25~50%까지 더 많은

---

3 미국 NASA에서 달 탐사를 위해 개발한 로켓으로 아폴로 계획에 사용되었다.

열량을 얻을 수 있다.

그 결과 불의 통제 이후로 인체는 많은 양의 열량을 추출하는 것에 적응하게 됐다. 기린이 높은 곳에 난 풀을 먹는 쪽으로 진화한 것과 마찬가지로, 호모 사피엔스는 익힌 음식을 먹는 쪽으로 진화했다. 오늘날 인간은 다시 불이 없던 시절로 돌아가기에는 턱도 약하고, 치아도 작고, 위도 작고, 소장도 짧으며, 무엇보다 인간의 뇌는 매우 많은 양의 에너지를 소모한다. 현대 호모 사피엔스가 야생에서 가공되지 않은 날음식만 먹으면서 몇 주 이상 생존하는 데에 성공한 사례는 알려진 바가 없다. 익힌 음식이 없으면 우리 종은 멸종하고 말 것이다.

불의 통제는 유인원에 조금 더 가까웠던 호모 하빌리스가 호모 에렉투스로 진화하면서 발생한 신체적, 행태적 변화가 낳은 결과물이 아니다. 반대로 불의 통제가 인류의 진화라는 결과를 가져온 것이다. 지금까지 일어난, 그리고 미래에 일어날지도 모를 그 어떠한 발명도, 발견도, 통찰도, '불로 익힌 음식'처럼 우리 종의 골격을 바꿔놓을 만큼 큰 영향력을 행사하지는 못할 것이다. 그리고 언어의 발달과 달리 불의 통제는 진화가 아니었다. 그것은 발견이었다.

그렇다면 누가 불을 통제하는 법을 발견했을까?

나는 그녀를 17세기 프랑스인 지질학자 마르틴 베르테로 Martine Bertereau의 이름을 따서 마르틴이라고 부르겠다. 여기에는 두 가지 이유가 있다. 첫째는 불의 통제가 기본적으로 지질학적 발견에 해당하기 때문이며, 둘째는 마르틴 베르테로가 마녀로 몰려서 감옥에 갇혔던 인물이기 때문이다. 우리의 선사시대의 마르틴 또한 처음으로 불을 붙였을 때 그와 비슷한 수준의 취급을 받지 않았을까 상상해본다.

마르틴은 해부학상 현생인류가 출현하기 한참 전인 약 190만 년 전, 아프리카 동부에서 태어난 호모 하빌리스였다. 그녀는 신장 약 122cm, 몸무게 약 32kg에, 두개골 크기는 현대 호모 사피엔스의 40% 정도였다. 이마는 턱까지 완만한 경사를 이루었으며, 턱은 호모 사피엔스보다 씹는 힘이 훨씬 센 커다란 치아가 자리할 수 있도록 돌출되어 있었다. 골격은 그녀가 나무에 사는 호미닌과 땅에서 직립보행하는 호미닌 사이의 중간 지점에 있는 종이었음을 보여준다. 다리와 엉덩이는 걷기에 적합하도록 변화했지만, 긴 팔과 어깨는 나무타기에 알맞은 구조를 유지하고 있었다. 고고학자들은 마르틴이 주로 직립보행하면서 견과류, 베리류, 그리고 죽은 고기를 찾아서 아프리카 대초원을 다녔을 것으로 생각한다. 그러나 밤에는 아마도 야행성 포식자를 피하려고 나무 위에서 잠을 잤을 것이다.

마르틴은 먹이사슬의 중간 지점에 있었기 때문에, 고고학자들이 발견한 호모 하빌리스 화석 중에는 뼈에 할퀴거나 물린

자국이 남은 것들이 종종 있었다. 호모 에렉투스처럼 효율적으로 걷기에는 마르틴의 다리와 아킬레스건이 짧았기에 그녀는 아직 호모 에렉투스만큼 참을성 있게 목표물을 쫓는 사냥꾼은 아니었다. 게다가 그녀는 털로 뒤덮여있어서 오래 달리면 금세 더워졌다.

오랫동안 끈기 있게 사냥했던 호모 에렉투스와 달리 마르틴은 과일이나 식물을 채집하거나 죽은 고기를 주워 먹었고 혹은 우연히 사냥에 성공해서 얻은 것들을 먹고 살았다. 그 증거는 그녀의 골격에서뿐만 아니라 기생충의 하나인 조충 Taenia tapeworm의 DNA를 분석한 결과에서도 찾을 수 있다. DNA 분석에 따르면, 조충은 원래 하이에나에 기생했으나 약 200만 년 전, 즉 마르틴이 살았던 때와 비슷한 시기에 운이 나쁜 호미닌 하나가 조충에 감염된 하이에나가 먹다 남긴 영양 사체를 먹는 바람에 우리 조상에게 옮겨온 것으로 보인다.

살을 찢을 수 있는 치아나 부리, 발톱 등 고기를 먹고 사는 동물들이 주로 가진 신체적 특징이 마르틴에게는 없었으므로, 대신 그녀는 날카롭게 만든 돌을 사용했다. 지금 우리 생각에는 그것이 대단히 지적인 기술처럼 느껴지지 않지만, 스탠퍼드 대학교의 고고학 교수 존 릭John Rick은 마르틴이 돌을 어떻게 잡고, 어디를, 어떻게 내리쳐야 원하는 형태로 깨질지를 정확히 알고 있었던 것이라고 설명했다. 나 역시도 다른 사람이 돌을 깨는 모습을 직접 보기 전까지는 그것이 누구나 할 수 있는 쉬운 일이라고 생각했다. 하지만 자신이 원하는 대로 돌을 부수는 것은 생각보다 훨씬 어렵다.

또한 고기 자르는 도구를 만들기 위해 돌을 깨는 과정에서 마르틴은 불을 피우는 것과 관련하여 그보다 더 중요한 능력을 갖추고 있었음을 입증했다. 그것은 바로 여러 가지 돌의 종류를 구분하는 능력이었다. 그녀는 부싯돌이나 흑요석처럼 딱딱하지만 잘 부러지는 돌을 고른 후, 그보다 경도가 강한 돌로 내려쳐서 석기를 만들었다. 오랜 시간에 걸쳐 수없이 많은 석기를 쪼개는 중에 마르틴과 같은 호모 하빌리스는 가끔 불꽃을 일으키기도 했을 것이라고 랭엄은 적었다. 따라서 그 자체가 엄청나게 획기적인 일은 아니었다.

아프리카 대초원에 사는 침팬지에게 불이 익숙한 현상인 것처럼, 마르틴 역시 불이 가진 압도적인 파괴력과 유용성을 이미 알고 있었을 것이다. 세네갈의 침팬지는 서식지 주변에서 종종 발생하는 야생 산불을 능숙하게 다루는 것으로 알려져 있다. 이들은 불의 경로를 예측할 수 있을 뿐만 아니라, 때로는 불에 타버린 초원에서 익은 먹이를 구하려고 일부러 불을 찾아다니기도 한다. 이는 침팬지를 포함한 모든 포유류가 익힌 음식을 더 선호한다는 사실을 보여주는 예다.

익힌 음식에 대한 선호는 다분히 본능적이다. 생감자보다 구운 감자가 더 맛있게 느껴지는 이유는 혀의 맛봉오리가 더 많은 열량을 제공하는 음식을 선호하는 방향으로 자연선택이 일어났기 때문이다. 감자를 굽는다고 해서 거기에 새로운 열량이 추가되는 것은 아니지만, 우리 소화기관은 생감자보다 구운 감자에서 더 많은 에너지를 흡수할 수 있기에 우리가 구운 감자를 더 맛있다고 느끼는 것이다.

이는 단지 호모 사피엔스한테만 해당하는 것이 아니다. 모든 포유동물의 소화체계는 익힌 음식에서 더 많은 열량을 추출할 수 있다. 인간뿐만 아니라 침팬지, 심지어 생쥐조차도 가능하면 구운 감자를 더 좋아하는 이유가 바로 이 때문이다. 어떤 학자들은 익은 먹이를 찾기 위해 인간이 버린 쓰레기 더미를 뒤지던 늑대가 진화해서 지금의 개가 된 것이라 설명하기도 한다. 그러다가 마침내 개의 소화기관도 인간처럼 이 새로운 식사에 맞춰서 진화했다는 것이다. 이와 같은 익힌 음식에 대한 공통적인 선호도는 초기 호미닌도 세네갈의 침팬지처럼 야생 산불을 찾아다녔으며, 아마도 가끔은 불을 보관하기도 했을 것을 시사한다.

그러나 이처럼 우연히 얻는 불은 필요할 때마다 언제든지 쓸 수 있는 것이 아님에도 불구하고, 아프리카 동부에서 인도네시아로 이동한 호모 에렉투스는 이미 익힌 음식에 적응한 소화체계를 갖추고 있었다. 이는 호모 에렉투스가 불을 보관만 한 것이 아니라, 이전에 쓰던 불이 꺼졌을 때 다시 불을 피우는 법도 알고 있었음을 뜻한다. 누군가가 불을 통제하는 방법을 터득한 것이다.

마르틴의 천재성이 드러나는 대목은 그녀가 불꽃을 일으킨 순간이 아니다. 돌을 쪼개다가 불을 붙이는 경우는 물론 흔한 일은 아니었지만 그렇다고 대단히 놀라운 일도 아니었다. 그녀가 남다른 이유는, 돌끼리 서로 부딪혔을 때 대부분은 아무일도 일어나지 않다가 가끔 불꽃이 생기는 일이 왜 그런지 고민했다는 것에 있다. 그리고 그녀는 그 해답을 돌의 종류에서 찾았다. 돌을 쳐서 불을 만드는 것은 어떤 돌을 쓰느냐에 따라 매우 간단한 일일 수도, 아니면 아예 불가능한 일일 수도 있다. 그 열쇠는 황철석이다.

황철석은 황화철을 주성분으로 하며 여러 가지 형태로 존재한다. 금과 비슷하게 생겨서 바보의 금이라고 불리기도 한다. 바보의 금 자체는 불을 피우기에 좋은 재료가 아니지만, 그중 백철광이라고 하는 특정 종류의 황철석을 사용해서 직접 시도해보니 한번도 돌로 불을 피워본 경험이 없는 나조차도 몇 분안에 성공할 수 있었다.

호미닌은 고고학적 증거를 확인할 수 있는 가장 오래전부터 이미 황철석을 사용하고 있었다. 5천 년 전에 살았던 외치도 황철석 조각, 부싯돌, 부싯깃[4]으로 이루어진 불 피우기 키트를 소지하고 있었다. 벨기에에서 발견된 1만 3천 년 된 황철석 조각에는 작은 홈이 파여 있었는데, 그것은 이 황철석 조각이 불 피우기에 사용됐음을 뜻한다. 또한 2018년에는 레이든 대학교 고고학자 앤드류 소렌슨Andrew Sorensen이 5만 년 전 네안데르탈인이 썼던 손도끼에서 황철석 잔여물을 발견함으로써, 네안데르탈인이 황철석을 석기 옆면에 내리쳐서 불을 피웠음을 짐작할 수 있다.

황철석은 아프리카 동부를 포함해서 전 세계적으로 흔한 광물이다. 현대 에티오피아 북부에 있는 황철석과 금, 은 광산은 케냐의 쿠비 포라Koobi Fora 지역에서 발견된 가장 오래된 호모 에렉투스 뼈로부터 약 650km밖에 떨어져 있지 않다. 불을 피우려면 황철석(나중에는 철이 주로 쓰였다)이 꼭 필요하다. 다른 광물에는 '공기 중에 노출되지 않은 철'이라는 필수 재료가 빠져 있기 때문이다.

철은 산소에 노출되면 산화한다. 산화 반응이 대량으로 서서히 일어날 때는 그냥 녹이 스는 현상으로 나타난다. 그러나 작은 조각의 경우에는 부피가 작고 표면적은 크기 때문에, 황철석 조각 안에 든 철은 빠른 속도로 산화하면서 부싯깃에 불을 붙일 만큼 충분한 열을 발생시키는 것이다.

---

4 부싯돌에서 튄 불꽃을 받아내서 크게 일으키는 역할을 하는 것.

짙은 색에 부서지기 쉬운 광물인 백철광은 평범한 돌로 오해하기 쉽지만, 일단 쪼개지면 그 안에서 공기 중에 노출되지 않고 있었던 황화철이 금처럼 빛난다. 만약 마르틴이 우연히 백철광으로 부싯돌이나 흑요석 석기를 날카롭게 다듬었다면, 그동안 노출되지 않았던 작은 철 조각이 우수수 떨어졌을 것이다. 게다가 혹시라도 그 작업을 마른 풀 위에서 했다면, 그녀는 우연한 기회에 불을 피우는 데에 성공했을 것이다. 물론 이 같은 우연이 대단히 특별한 것은 아니었다. 오히려 수없이 많은 석기를 쪼개다 보면 당연히 일어날 수밖에 없는 필연적인 일에 가까웠다. 그러나 짙은 색에, 잘 부서지며, 빛나는 조각이 박혀 있는 돌이 불 피우기의 핵심 열쇠라는 사실을 파악한 마르틴의 통찰력이 호미닌 역사에서 가장 영향력 있는 관찰이었음은 반박할 여지가 없다.

당시 호미닌의 지적 능력이 지금 우리가 가진 뇌 용량의 절반도 안 됐다는 점을 생각하면 마르틴의 이 같은 지질학적 통찰을 믿기 어려울 수도 있겠지만, 사실 그녀는 이미 자신이 어떤 도구를 만들 것인지에 따라 돌의 종류를 구분해서 사용하고 있었다. 한편, 마르틴이 불을 피우고, 유지하고, 그리고 무엇보다도, 왜 그러한 일이 일어났는지를 이해하고 있었다는 사실 또한 우리의 먼 조상이 가진 능력치를 넘어서는 일처럼 느껴질 수도 있겠다. 그러나 2005년 영장류 동물학자 수 새비지-럼보Sue Savage-Rumbaugh는 훈련받은 수컷 보노보 칸지Kanzi에게 성냥과 마시멜로만 줬는데도 칸지가 불쏘시개를 모아서 불을 피운 후 마시멜로를 구워 먹는 모습을 확인했다. 당시 마르틴의 뇌 용량은 칸지보다 두 배는 컸다.

불은 호미닌의 삶에서 사실상 모든 면을 바꿔놓았다. 대형 포식자가 많은 아프리카에서 불 없이 땅에서 자는 행위는 현대의 수렵 채집인에게도 대단히 위험하다. 그러나 아프리카에서 발굴된 뼈는 호모 에렉투스가 밤에도 땅에서 잠을 잤음을 보여준다. 이는 불 없이는 불가능한 일이다. 불이 있었기에 마르틴은 나무 위의 둥지를 떠날 수 있었고, 그 결과 호미닌은 나무타기에 필요한 신체적 능력을 서서히 잃었다.

또한 불 옆에서 자는 것은 털의 주요 목적, 즉 자는 동안 몸을 따뜻하게 유지해주는 역할을 대신하기도 했다. 그렇게 두꺼운 털이 필요 없어진 호미닌은 털이 점점 더 가늘어졌고(호모 사피엔스의 피부 단위 면적당 모낭 수는 침팬지와 같다. 단지 인간의 털이 더 가늘 뿐이다) 더 능률적인 사냥꾼이 되었다. 호모 에렉투스는 사냥감보다 훨씬 효율적으로 몸을 식힐 수 있었고, 밤이 되어 기온이 낮아지면 그저 불 가까이에 있으면 됐다.

매일 밤 불을 둘러싸고 모이다 보니 사람들 간의 관계도 더욱 돈독해졌다. 마르틴이 동료 호모 하빌리스와 어느 정도 의사소통이 가능했는지는 아무도 알지 못하지만, 어쨌든 불이 그들의 의사소통 능력을 강화하는 계기가 되었음은 거의 확실하다. 모닥불을 피워놓고 옹기종기 앉아서 음식을 익히거나 따뜻함을 즐기다 보면 마르틴과 그녀의 동료들은 자연스레 더 협력하게 됐을 것이다. 폭력적이거나 비협조적이고 불안정한 개체는 불이 있는 자리에서 추방될 위험을 각오해야 했다. 이는 사실상 사형 선고나 다름없었다. 서서히 이런 과정을 거치면서 신뢰할 수 있고 예측할 수 있는 개체가 생존 및 번식에 유리해졌고, 모닥불을 중심으로 생겨난 사회적 관계를 잘 다루는 뇌가 자연선택을 받기 시작했다. 즉 불의 사용은 더 크고 똑똑한 뇌의 편을 들어주었다.

용량이 큰 뇌는 열량을 많이 소모한다. 실제로 인간의 뇌는 우리가 사용하는 전체 에너지의 20%를 소비한다. 그러나 이번에도 역시 불이 도움을 주었다. 불은 마르틴이 음식에서 추출할 수 있는 열량을 증가시켰을 뿐만 아니라, 강한 턱, 커다란 위, 긴 소장의 필요성을 제거함으로써 한정된 신체 자원을 획기적으로 재분배하는 결과를 가져왔다.

고인류학자 레슬리 아이엘로Leslie Aiello와 피터 휠러Peter Wheeler가 제시한 '비싼 조직 가설The Expensive-Tissue Hypothesis'에 의하면, 호모 에렉투스는 30% 더 커진 뇌의 에너지 소비량을 감당하기 위해 이전에는 왕성하게 활동했지만 이제는 불필요해진 소화기관 일부를 없애버렸다. 이처럼 급진적인 변화가 일어난 이유로는 호모 에렉투스의 식사가 익힌 음식으로 완전히 바뀌었다는 것 말고는 설명하기가 어렵다.

음식을 익혀서 먹는 것은 시간 절약의 효과도 가져왔다. 요리를 하게 되면서 시간을 아끼게 되었다는 말이 다소 모순적으로 들릴 수는 있겠지만 이는 사실이다. 음식을 익히는 데 걸리는 시간보다 날음식을 씹어서 소화하는 데 걸리는 시간이 훨씬 길기 때문이다. 앞서 말했듯이 침팬지가 먹이를 먹는 데 쓰는 시간은 현대 인류보다 6배나 길다. 그 이유는 첫째, 날음식이 질기기 때문이고, 둘째, 추출할 수 있는 열량이 적기 때문이다. 호모 에렉투스는 심지어 현대 침팬지보다 몸집이 크기 때문에, 만약 호모 에렉투스가 날음식을 먹었다면 매일 8시간은 먹는 일에 써야 체중을 유지할 수 있었을 것이라고 아이엘로와 휠러는 추측했다. 그러나 음식을 익혀 먹기 시작하면서 호모 에렉투스는 좀 더 자기만의 시간을 갖게 되었다. 학자들이 발견한 증거에 따르면, 그들은 그렇게 아낀 시간을 자기가 좋아하는 음식을 찾는 것에 썼다고 한다.

익힌 음식이 가져온 여러 변화 중 하나는 호모 에렉투스가 사냥에 집중할 수 있는 시간이 대폭 늘었다는 것이다. 랭엄의 말에 따르면, 침팬지들은 우연히 먹이를 마주쳤을 때만 고기를 먹기 위한 사냥을 하고 그외에는 일부러 사냥에 뛰어들지는 않는다고 한다. 사냥은 성공 확률이 낮아서 거기에 의존하다가는 굶어 죽기 십상이기 때문이다. 마르틴 역시 사냥꾼보다는 사냥감의 처지에 놓일 때가 더 많았다.

그에 반해 호모 에렉투스는 사냥꾼이었다. 호모 에렉투스의 거주지에서는 그들이 먹고 남긴 뼈가 여기저기서 발견됐다. 호모 에렉투스가 이처럼 사냥에 시간을 투자할 수 있었던 이유는, 설령 그들이 사냥에 성공하지 못하더라도 집에 돌아오면 익힌 음식을 바로 먹을 수 있기 때문이었다고 랭엄은 말했다.

물론 마르틴은 자신의 발견이 수천 년에 걸쳐 이러한 진화적 변화를 가져올 것이라는 사실을 깨닫지 못했을 것이다. 마르틴은 평생 호모 하빌리스로 살았지만, 그녀의 다채로운 식사를 생각하면 아마도 그녀의 삶은 제법 행복하고 풍요로웠을 것 같다. 불에 익힌 음식을 먹고, 불의 보호를 받으면서, 이전보다 더 길어진 수명을 누렸을 것이다.

지금 우리가 생각하기에는, 불을 발견한 마르틴이 마침내 세상을 떠났을 때 공동체 전체가 그녀의 죽음을 깊이 슬퍼하고 축복했음이 마땅할 것 같다. 어쩌면 그녀의 업적에 걸맞게 화장을 했을지도 모른다. 그러나 안타깝게도 호모 하빌리스에게는 죽은 사람을 기리는 관습이 없었다. 그녀의 동료들이 역사상 가장 위대한 호미닌을 위해 한 일이라고는 시체를 치워서 죽은 고기를 찾아 모닥불 근처를 서성이는 동물이 없도록 하는 것뿐이었다.

3장
누가 처음으로 굴을 먹었을까?

이 장과 이후에 다뤄지는 사건은 모두 인류가 진화한 후에 발생했다.
만약 우리 종이 지구에 있었던 시간을 24시간으로 본다면,
이는 오전 10시 53분에 일어난 일이다(16만 4천년 전).

16만 4천 년 전 / 최초로 굴을 먹음

2007년 여름, 애리조나 주립대학교의 커티스 마린Curtis Marean 이 이끄는 고고학팀이 남아프리카 남쪽 곶에 있는 여러 동굴을 연구하던 중에 16만 4천년 전 호모 사피엔스 거주지의 화석 증거를 발견했다. 그들은 모닥불을 피우고 남은 숯, 석기, 붉은 안료, 그리고 가장 중요하게도, 굴 껍데기를 발견했다. 이는 그 옛날 누군가가 용감하게도, 미끄덩거리는 굴을 먹기 시작했다는 가장 오래된 증거이다. 마린은 이 껍데기가 단지 모험심 넘

치는 미식가의 존재 그 이상을 의미한다고 말했다. 적어도 10만 년 전 이전에 살았던 고대의 한 인간이 당시로서는 쉽게 이해하기 어려웠을 천문학적 현상을 관찰한 덕분에 당시 호모 사피엔스가 이러한 조개류를 먹을 수 있게 된 것이라고 마린은 설명했다.

그렇다면 세계 최초로 용감하게 굴을 먹음으로써 과학계와 요리계 모두에 큰 획을 그은 이 사람은 과연 누구였을까?

그녀의 이름을 나는 석화라고 부르겠다. 우스꽝스럽게 들릴지 모르겠지만 사실 역사의 대부분 기간에 이름은, 그저 좋은 뜻을 가진 예쁜 말보다는 실제 그 사람의 특징을 설명하는 말(예를 들어 존슨은 존의 아들, 스미스는 대장장이(blacksmith), 베이커는 빵 굽는 사람이라는 뜻이다)로 불렸으므로, 어쩌면 그녀의 이름은 진짜로 석화였을지도 모른다. 조수가 있는 웅덩이에서 찾은 돌 같이 생긴 물체를 쪼개서 그 안에 들어있는 희끄무레하고 흐물거리는 생물체를 세계 최초로 먹은 사람을 석화가 아니면 대체 뭐라고 부르겠는가?

조나단 스위프트는 그 유명한 "그는 세계 최초로 굴을 먹은 대담한 남자였다"라는 문장을 남겼다. 창백한 귓불처럼 생긴 조개류를 먹은 것이 대단히 용기 있는 선택이었다는 점에 대해서는 아마도 스위프트가 옳았을 것이다. 그러나 틀린 부분도 있다. 증거에 따르면, 세계 최초로 굴은 먹은 담대한 사람은 남자가 아니라 여자였다.

　현대 인류학자들이 연구한 수렵 채집을 하는 모든 부족은 음식을 구하는 일에 있어서 남녀 역할이 엄격하게 구분되어 있다. 그들의 주식이 수렵으로 이루어지는지, 채집으로 이루어지는지는 중요하지 않다. 여자들은 주로 견과류, 베리류, 뿌리, 조개류 등 좀 더 안정적이고 확실하게 얻을 수 있는 음식을 채집했고, 남자들은 주로 달려서, 날아서, 헤엄쳐서 도망가는 사냥감을 쫓았다. 오스트레일리아 북부의 열대 섬에서는 채집할 수 있는 음식이 워낙 풍부해서 굳이 사냥을 하지 않아도 되었지만 남자들은 채집에 거의 참여하지 않았다. 반면 남아프리카 남단에 있는 티에라델푸에고Tierra del Fuego의 사람들은 대부분의 열량을 대형 바다 포유류에서 얻었음에도 여자들은 사냥하지 않았다.

　수렵과 채집 간에 성 역할이 이렇게 엄격하게 구분된 이유에 대해서는 인류학자들 사이에서도 아직 의견 합치가 이루어지지 않았다. 그러나 몇 가지 학설은 있다. 리처드 랭엄은 그 이유를 불의 통제에서, 특히 불로 음식을 익혀서 먹으려면 시간이 필요하다는 것에서 찾았다. 침팬지는 먹이를 구하면 자기보다 덩치가 큰 침팬지에게 뺏기지 않기 위해 가능한 한 빨리 먹이를 먹어 치운다. 초기 호미닌의 행동 양상이 침팬지와 크게 다르지 않았다고 가정하면, 음식을 익히는 동안 덩치가 작은 호미닌은 자기 몫의 음식을 지키기 힘들었을 것이다. 그래서 마치 영주가 기사의 보호를 받고 봉급을 주듯이 덩치가 작은 여자들은 천천히 음식을 익혀서 먹을 수 있도록 덩치가 큰 남자들의 보호를 받았고, 그 대가로 남자들에게 음식을 나누어주었다는 것이 랭엄의 주장이다. 이로써 저녁 식사를 보장받은 남자들은 만약 사냥에 실패하면 쫄쫄 굶어야 한다는 부담감 없이 마음껏 양질의 먹거리를 좇을 수 있게 됐다는 것이다. 이는 증명할 길이 거의 없는 여러 학설 중 하나일 뿐이지만, 어쨌든 다른 영장류는 그렇지 않은데 어째서 호모 사피엔스만 남녀가 분업해서 먹거리를 구하는지에 대한 이유를 설명한다. 또한, 처음으로 굴을 채취해서 먹은 사람이 왜 여성일 확률이 높은지도 여기서 알 수 있다.

석화는 호모 사피엔스였다. 만약 그녀가 오늘 당신이 탄 버스 옆자리에 앉는다 해도 당신은 즉각 알아차리지 못할 것이다. 그녀의 키, 몸, 얼굴, 털은 우리와 크게 다르지 않았으며, 두개골, 턱, 치아, 골반, 발, 손의 크기도 우리와 같았다. 현대인의 평균 신장보다는 조금 작았겠지만, 자세와 걸음걸이는 완전히 지금 현대의 인간과 같은 모습이었을 것이다. 피부에는 털이 나지 않았고, 아프리카의 뜨거운 태양에 적응하기 위해 피부색은 짙었다. 머리카락 또한 짙은 색에, 짧고 곱슬곱슬했다.

그러나 그녀가 입은 옷은 평범한 차림에서 다소 벗어났을 것이다. 그녀는 아무것도, 적어도 우리가 옷이라고 인정할 만한 것은 아무것도 걸치지 않았다. 아직 바느질이라는 것이 생기기 전이었다. 뼈로 만든 바늘은 이후 10만 년 후에나 나타났다. 인류가 처음으로 옷과 신발을 착용하기 시작한 것은 인류 진화에서 비교적 최근에 일어난 일이라고 연구원들은 추측하고 있다. 고대 호모 사피엔스의 발가락뼈를 연구해온 인류학자 에릭 트링카우스Erik Trinkaus에 따르면 석화의 발가락은 우리보다 훨씬 튼튼했는데, 이는 아마도 그녀가 맨발로 걸어 다녔기 때문일 것이다. 트링카우스는 고대인들의 발가락뼈가 지금보다 훨씬 컸지만 신발이 등장하면서부터 호모 사피엔스의 발가락뼈가 쇠퇴했다고 말했다. 뼈바늘이 생겨난 이후에야 호모 사피엔스의 발가락 모양이 '현대식'으로 바뀌었으며, 이 말인즉슨 호모 사피엔스가 신발을 발명한 것은 석화가 살았던 시기보다 한참 더 지난 후였음을 뜻한다고 그는 설명했다.

성인이 된 석화는 아마 아이를 낳긴 했지만 자녀 수가 많지는 않았을 것이다. 아프리카 칼라하리 사막의 수렵 채집인인 쿵산족!Kung San을 연구한 인류학자 리처드 보르셰이 리Richard Borshay Lee는 쿵산족 여성들이 적어도 4살 터울을 두고 아이를 낳았다는 사실을 발견했다. 그러나 그들이 정식으로 피임을 한 것은 아니었기 때문에 바로 임신이 되지 않은 이유가 무엇인지는 명확하지 않다. 이에 대해 로즈 프리쉬Rose Frisch와 자넷 맥아서Janet McArthur는 쿵산족 여성들이 건강상의 문제는 없었지만 육아와 생리를 동시에 하기에는 체지방이 충분하지 않았기 때문이라는 가설을 제시했다. 만약 이들의 가설이 옳다면, 석화 역시 육아 기간에는 임신이 잘되지 않았을 것이다.

그녀가 자신의 아이와 동료들과 의사소통을 했었다는 것은 꽤 분명한 사실이지만, 그들의 의사소통이 어느 정도 수준이었는지에 관해서는 고고학자들 간에 의견이 분분하다. 스탠퍼드대 고고학 교수이자 『인류 문화의 여명The Dawn of Human Culture』의 저자 리처드 클레인Richard Klein은 석화가 살았던 시대의 호모 사피엔스 거주지에서는 정교한 문화나 기술이 발견되지 않은 것을 근거로, 그들이 현대적인 의미의 언어를 구사하지는 못했을 것이라고 내게 말했다. 그는 호모 사피엔스의 거주지에서 문화적 공예품이 폭발적으로 증가하기 시작한 약 4만 5천 년 전, 그러니까 석화가 살았던 시기보다 한참 후에야 현대 언어가 시작됐다고 추정했다. 4만 5천 년 전 무렵의 거주지에서는 예술, 음악, 초자연적인 힘을 향한 믿음 등 현대적 행동 양식을 보여주는 명백한 증거가 다수 발견되었다.

반면 애리조나 대학교 고고학팀의 마린은, 석화가 우리처럼 꿈도 꾸고, 웃고, 유창하고 온전하게 의사소통했다고 주장했다. "이 시기의 언어는 지금 우리의 언어만큼이나 풍부했습니다." 그 근거로 마린은 남아프리카 피너클 포인트Pinnacle Point에서 발견한 조개껍데기 장식과 자연 안료 등이 고대 문화가 현대적 인지 능력을 갖췄는지를 판단할 때 기준이 되는 일종의 '상징적 사고'를 뒷받침하는 증거라고 말했다. 또한 마린은 석화가 만든 도구 중 상당수가 매우 복잡해서 언어가 없이는 그러한 기술을 남에게 가르치거나 배우는 것이 불가능하다고 생각했다.

최근까지도 마린의 관점을 지지하는 사람들은 소수였고 대부분은 클레인의 의견에 동의했다. 석화가 살았던 시대의 호모 사피엔스와 현대 호모 사피엔스의 인지 방식에 무언가 중대한 차이가 있을 것으로 생각한 것이다. 그러나 오늘날, 피너클 포인트 동굴에서 발굴된 공예품과 그 밖에도 고대의 상징적 사고를 보여주는 사례가 곳곳에서 발견되면서 당시 석화가 세계를 어떻게 인지했는지, 또 그녀의 언어가 어떤 방식으로 작용했는지에 대해 학자들의 의견은 더욱 크게 나뉘는 추세다.

이처럼 그녀는 분명히 다른 사람들과 의사소통을 했지만, 그 수준에 대한 논쟁은 여전히 진행 중이다. 그러나 그녀와 당시 사람들에게, 그 이후의 호모 사피엔스가 보여준 상당한 정도의 기술 혁신이 부족했다는 점에 대해서는 의문의 여지가 없다. 예를 들어 그녀가 낚싯대나 그물, 배를 사용했다는 증거가 전혀 발견되지 않고 있다. 석화가 살았던 시대의 호모 사피엔스가 해변에서는 거의 생활하지 않았던 이유가 여기에 있다. 석화에게 바다는 사막이나 다를 바 없이 식량을 구하기 어려운 환경이었다. 따라서 해변에 거주하는 것은 먹거리를 수렵 또는 채집할 수 있는 영역을 쓸데없이 반으로 줄이는 것과 같았다. 석화 이전 시대의 호미닌이 해산물이나 껍데기를 벗긴 조개를 먹은 흔적이 거의 나타나지 이유도 이 때문이라고 마린은 설명했다. 마린의 의견에 따르면, 그들이 바다에서 먹거리를 구하지 못한 가장 큰 이유는 조류 때문이었다. 특히 굴은 바닷물이 가장 많이 빠졌을 때만 모습을 드러내므로 95%의 경우에는 접근조차 할 수가 없다. 예측할 수 없이 드물게 나타나는 특성 때문에 초기 호미닌은 굴 채집에 관심을 두지 않았다. "수렵 채집인은 자신이 미리 계획하거나 이해할 수 없는 채집 방식에 생계를 걸지 않았다"고 마린은 이야기했다.

그러나 피너클 포인트 동굴에서는 상당한 양의 굴 껍데기가 발견됐다. 이를 통해 아마도 석화가 굴이 나타날 것을 예측할 수 있는 징조를 파악하면서, 굴도 주식의 한 부분이 된 것으로 추측할 수 있다.

처음에 석화는 잠자는 거북이나 거북 알, 또는 해변으로 쓸려온 고래나 쉬고 있는 바다사자 등 무언가 다른 먹거리를 찾아서 바다 근처를 뒤지다가 굴을 발견했을 것이다. 고고학자들은 동굴 속 공예품 중에서 혹등고래의 피부에서만 사는 코로눌라 디아데마Coronula diadema, 즉 일종의 따개비를 찾았는데, 바다에서 약 4.8km나 떨어진 동굴이었다는 점을 고려하면 꽤 신기한 일이었다. 어쨌든 이렇게 바다를 다니다가 어느 날, 우연히 조류가 제일 낮을 때 바다에 도착한 석화는 마침내 모습을 드러낸 굴을 발견했을 것이다. 그리고 굴 껍데기를 쪼개서 용감하게도 그 안에 든 것을 맛보았을 것이다.

조나단 스위프트에게는 미안하지만, 사실 이것은 그 정도로 대담한 일은 아니다.

현대의 개코원숭이 등의 동물들도 굴을 먹는다. 다른 동물들이 굴을 먹는 모습을 본 석화는 그게 먹어도 괜찮은 음식임을 꽤 확신했을 것이다. 그러나 개코원숭이는 사람과 달리 꽃도 먹고 짖기도 하는 동물이므로, 석화처럼 경험이 풍부한 채집인은 다른 동물이 먹는다고 무작정 따라서 먹지는 않았다. 돌이킬 수 없는 결과를 가져올 수도 있기 때문이다. 만약 석화가 아트로파 벨라돈나Atropa belladonna[5] 열매를 먹는 토끼를 보고 따라 했다면, 그녀는 24시간 이내에 죽었을 것이다.

그러나 만약 다른 동물이 굴을 먹는 모습을 봤다면 어쨌든 이는 한번쯤 용기를 내볼 만한 일이었을 것이다. 게다가 익혀서 먹는다면 더더욱 시도해볼 만했다. 익힌 음식은 날음식보다 안전했고, 점액질에 흐물흐물한 생굴의 모양새는 없던 조심성도 생기게 했을 것이었다.

그러나 석화의 진짜 능력은 새로운 음식에 도전하는 용기가

---

5 치명적인 독성 성분이 있는 식물로, 지금은 일부 추출해 감기약 등의 약 성분으로 사용하기도 한다.

아니었다. 피너클 포인트 동굴에서 발견된 수많은 굴 껍데기는 그녀가 언제 바다에 가야 굴을 채취할 수 있는지를 이해하고 있었다는 증거라고 마린은 설명했다.

다시 말해서 그녀는 바다의 조류를 예상하는 법을 배운 것이다.

아프리카 남단에서는 매달 며칠만, 그것도 하루에 몇 시간 동안만 조류가 아주 낮아진다. 이는 자주 일어나지도 않을 뿐더러 일정하지도 않다. 조수 간만의 차와 시기는 한 달 내내 급격하게 변해서 어떤 때는 조수 간만의 차가 별로 크지 않지만, 또 어떤 때는 그보다 훨씬 크게 나타난다. 이처럼 무작위로 나타나는 조류의 패턴은 호미닌에게 오랫동안 수수께끼로 남았을 것이다. 그러나 호미닌이 조류의 패턴을 쉽게 이해하지 못한 것은 어찌 보면 당연한 일이었다. 왜냐하면, 그에 대한 해답이 누가 봐도 전혀 상관없어 보이는 '밤하늘'에 있기 때문이다.

조류는 대체로 태양과 달의 인력에 의해 일어난다. 태양과 달이 지구의 같은 편에서든 아니면 지구를 사이에 두고서든, 어쨌든 일직선을 이루면, 둘이서 같이 지구의 중심을 끌어당겨서 조수 간만의 차가 큰 조류를 만들어낸다. 따라서 조류의 패턴은 얼핏 보면 제멋대로인 것 같지만, 사실 이는 보름달이나 초승달을 보면 충분히 예측할 수 있는 현상이다. 즉 석화는 단순히 용감하게 새로운 음식을 시도한 사람이 아니라, 하늘을 주의 깊게 관찰한 고대의 천문학자였다.

매일 밤 다양한 형태로 밤하늘을 찾아오는, 신비롭게 크고 하얗고 둥근 물체와 바다의 움직임 간의 연결고리는 오늘날에도 이를 알지 못하는 사람들이 많을 정도로 쉽게 파악하기가 어렵다. 그러나 석화는 이를 해냈다. 그것만으로도 그녀는 세계 최초의 실용 천문학자로 불릴 자격이 충분하다. 일단 조류를 예측하게 된 석화는 언제 바다에 가야 하는지 계획할 수 있었고, 이로써 굴은 안정적으로 구할 수 있는 주식의 한 부분이 되었다.

그녀의 동료들이 달과 조류의 관계를 파악한 그녀의 발견을 얼마나 칭송했는지는 알 수 없지만, 행여 그랬다 한들 석화는 자신의 명성을 그리 오래 즐기지 못했을 것이다. 센트럴 미시간 대학교의 인류학자 레이첼 카스파리Rachel Caspari가 치아 마모를 분석한 바에 따르면, 석화가 살았던 시대에는 유년기를 넘겨서 생존한 호모 사피엔스 중 3분의 2가 20대에 사망했으며, 35세 이상까지 사는 경우는 극히 드물었다고 한다. 석화의 사망 원인을 정확히 아는 것은 불가능하지만 그녀가 적어도 다음 두 가지 사유로 죽지 않았음은 확실히 말할 수 있다. 첫째, 오늘날 가장 주된 사망 원인인 노화로 인한 질병(암, 심장질환, 뇌졸중 등), 그리고 둘째, 많은 인구가 집중적으로 살아야 발생할 수 있는 질병(콜레라, 장티푸스, 독감 등)은 선사 시대에는 전혀 알려지지 않았다. 두 가지 모두 석화가 살았던 환경에서는 존재할 수 없는 질병이기 때문이었다.

반면 출산, 말라리아, 사고, 살인, 박테리아 감염 등으로 인한 사망은 훨씬 가능성 있는 추측이다. 혹은 먹거리를 찾다가 포식자에게 공격을 당했을 수도 있고, 그녀의 모험심 강한 미각이 결국에는 그녀를 죽게 했을 수도 있다.

그녀가 세상을 떠난 후에는 다른 사람들이 그녀를 땅에 묻어주었을 것이다. 그러나 그것이 그녀의 죽음을 기리기 위함이었는지, 아니면 죽은 고기를 찾는 동물들이 거주지 근처에 모이는 것을 막기 위해서였는지는 이번에도 역시 학자들 간에 의견이 분분하다. 고고학자들이 발견한 시체 중에는 석화보다 더 오래된 것도 있지만, 이들 무덤에서는 죽은 자를 위한 선물이나 보살핌의 흔적이 전혀 나타나지 않았다.

장례 의식이 치러졌다는 최초의 증거는 이스라엘의 무덤에서 발견됐다. 석화가 살았던 때보다 6만 년 후로 추정되는 시대에 한 남자가 묻혀 있었고 그의 가슴 위에 수퇘지의 턱뼈가 올려져 있었다. 어쨌든 당시 호미닌에게 가장 수수께끼 같았던 문제 중 하나를 푼 천재 과학자를 위해 추모 의식이 치러졌는지는 앞으로도 영원히 알 수 없을 것이다. 그러나 만약 그랬다면, 그녀의 가슴 위에 굴 껍데기가 놓인 모습을 상상해본다. 그리고 그것이 초승달 모양의 굴 껍데기라면 더 바랄 것이 없겠다.

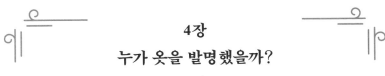

4장
누가 옷을 발명했을까?

만약 우리 종이 지구에 있었던 시간을 24시간으로 본다면,
이는 오후 2시 34분에 일어났다(10만 7천 년 전).

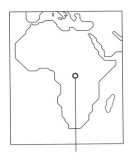

아프리카 어딘가 / 10만 7천 년 전 / 최초의 옷

　우리의 호미닌 조상이 처음으로 침팬지와 보노보에서 분기
했을 때, 그들은 털에 살면서 피를 빨아먹는 페디큘러스 휴마
너스 캐피티스Pediculus humanus capitis, 흔히 머릿니라고 불리는 기
생충의 숙주였다. 머릿니는 이후 최소 600만 년간 호미닌의 몸
에 기생했으며, 지금도 인간의 머리카락에서 그 존재를 찾아
볼 수 있다. 그러나 머릿니 외에도 인간의 몸에 기생하는 이가
또 있다. 지난 600만 년 동안 우리 인간은 다른 동물에게서 피

를 빨아먹고 사는 기생충 두 종을 더 옮겨왔는데, 그것은 바로 사면발니와 몸니다.

약 300만 년 전, 우리 조상은(아마도 같은 시간대는 아니었겠지만) 고릴라와 잠자는 공간을 공유했고 그로 인해 우리 몸에 사면발니가 옮겨왔다. 이후에는 털이 아닌 몸에 붙어서 사는 몸니까지 등장하면서, 인간은 다른 영장류들보다 세 배나 많은 종의 이가 기생하는 숙주가 됐다.

마냥 불결하게만 느껴지는 내용이지만 여기에도 긍정적인 측면은 있다. 이들 기생충 덕분에 생물학자들은 절대 해결할 수 없을 것만 같았던 질문의 답을 찾을 수 있었다. 언제, 어디서, 어떻게 인류가 옷을 입기 시작했을까?

옷은 유기물을 재료로 만들어지기 때문에, 돌이나 뼈와 달리 화석 증거를 남기지 않는다. 그래서 옷의 기원은 오랫동안 미결 문제로 남아왔다. 최근까지도 고고학자들은 옷이 먼저 발명됐고 그로 인해 털이 필요 없어지면서 호미닌의 몸에서도 털이 사라진 것이리라 추측했다. 어찌 보면 옷은 벗을 수 있는 털과 다름없으므로, 시도 때도 없이 항상 따뜻하게 있기보다는 필요할 때만 온기를 얻는 방식으로 업그레이드했을 것이라는 추측이었다. 그럴듯한 의견이지만, 최근 유전학자들은 이 생각이 완전히 잘못됐다는 사실을 밝혀냈다.

플로리다 자연사 박물관에서 포유동물 큐레이터로 있는 데이비드 리드David Reed는 2002년 머릿니와 몸니의 DNA를 분석하다가 이 둘이 공통의 조상에서 동시에 분기한 것이 아니라, 머릿니가 몸니의 직속 조상임을 확인했다. 아마도 호모 사피엔스가 옷을 입기 시작하면서 (의도하지는 않았겠지만) 머릿니에게 새로운 서식지를 제공하게 됐고 이에 몸니가 진화한 것 같다고 그는 기록했다. 몸니의 분기 시점을 추정한 결과, 리드는 우리 조상이 다소 충격적일 만큼 오랫동안 발가벗은 채로 생활했다는 결론에 도달했다.

리드의 연구에 따르면, 사람들이 처음으로 옷을 입기 시작한 것은 약 10만 7천 년 전부터였다. 한편, 유전학자 알랜 로저스는 호미닌의 피부색이 처음에는 침팬지처럼 옅은 분홍색을 띠었지만 약 120만 년 전부터 자외선 차단에 좀 더 효율적인 짙은 색으로 바뀌었고, 대략 이때부터 호미닌의 몸에 난 털이 거의 발가벗은 수준으로 가늘어졌다고 말했다.

그렇다면 호미닌은 약 120만 년 전부터 10만 7천 년 전까지, 거의 100만 년 동안 도대체 어떻게 털이나 옷 없이 생존할 수 있었던 것일까? 그리고 그토록 오랫동안 이어진 나체 생활을 마침내 끝낸 것은 과연 누구였을까?

나는 디자이너 랄프 로렌Ralph Rauren의 이름을 따서 그를 랄프라고 부르겠다. 우리의 랄프가 처음 옷을 만들었을 때, 옷의 기능만큼이나 패션에도 깊은 관심을 가졌다는 증거가 있기 때문이다. (그리고 이 책에서는 랄프가 남자였던 것으로 가정하고 있는데, 사실 특별한 이유는 없다. 그저 동전 던지기로 성별을 정했을 뿐이다.)

랄프는 약 10만 7천 년 전 아프리카, 아마도 남아프리카에서 태어난 현대 호모 사피엔스였다. 만약 랄프가 타임머신을 타고 현재로 올 수 있다면, 우리가 랄프의 언어를 배우고, 랄프도 우리의 언어를 배우는 것이 충분히 가능할 것이라고 연구원들은 말한다. 이처럼 랄프는 현대적인 뇌를 갖고 있어서 상징적 사고가 가능했으며 인지적으로도 현대인과 크게 다를 바가 없었다. 만약 그가 지금 시대에 성장했다면 그는 아무런 문제 없이 은행가, 종업원, 변호사 등이 될 수 있었을 것이다.

랄프는 외관상 현대 호모 사피엔스로 분류되지만 지금 우리가 보기에는 다소 흔치 않은 얼굴을 가졌다. 듀크 대학교의 고고학자 스티븐 처칠Steven Churchill에게 랄프가 지금 길거리를 지나간다면 사람들이 그를 쳐다봤을지 묻자, 그는 랄프가 현대인보다 "다소 남자다운 얼굴"을 가졌을 것이라고 대답했다. 가장 큰 차이는 아마도 오늘날에는 거의 볼 수 없을 정도로 돌출된 눈썹뼈였을 것이다. 눈썹뼈는 지금도 사람마다 크기가 다르긴 하지만, 현대인 중에서 아무리 눈썹뼈가 크다는 사람도 눈썹이 코보다 돌출되어 있지는 않다. 그러나 랄프의 눈썹뼈는 코를 넘겼을 뿐만 아니라, 옆으로도 얼굴 너비 끝까지 뻗어 있었다. 내분비학자들은 이처럼 강한 인상의 원인이 일반적인 현대인보다 테스토스테론의 분비가 많았기 때문일 것으로 생각한다. 따라서 눈썹뼈는 공격성의 표시로 해석할 수 있다. 그러다가 약 8만 년 전, 우리 조상이 상황과 상관없이 언제나 강하게만 보이는 인상보다는 필요에 따라 눈썹을 움직여서 여러 감정을 표현하는 것을 더 중시하면서부터 눈썹뼈가 약해지기 시작했다는 것이 최근의 연구 결과이다. 어쨌든 랄프가 유난히 위협적인 외모를 가지긴 했지만 "그 외에는 현대인과 크게 다른 점이 없었을 것"이라고 처칠은 내게 말했다.

랄프가 위대한 발명품을 탄생시킬 즈음, 그는 아마 나이도 많고 무리 내에서도 제법 영향력을 행사하는 사람이었을 것이다. 온종일 창과 투창기, 투석기로 사냥감을 쫓지만, 대개는 아무런 소득 없이 집으로 돌아갔다. 가죽 다듬는 도구, 손도끼, 창 촉과 같은 석기를 사용하는 한편, 덩굴로 밧줄을 만들거나 동물 가죽으로 잠자리를 만드는 등 유기물 재료도 다루었다. 먹거리나 자원을 차지하기 위해서, 또는 단지 공포심에서 다른 무리의 호모 사피엔스나 다른 고대 호미닌과 싸움을 벌이기도 했다.

사냥 중에 혹멧돼지나 사슴을 잡는 데에 성공하면 그는 먼저 자기 가족에게, 다음으로 자신의 무리에게 고기를 나누어주었다. 아무도 고기를 구해오지 못하면 아쉬운 대로 덩이줄기와 뿌리를, 아마도 투덜대면서 먹었을 것이다. 저녁 시간에는 모닥불 주변에 앉아 수다를 떨고, 밤에는 별에 관한 이야기도 나눴다. 미소를 짓거나 웃을 줄 알았으며, 아이들과 함께 놀기도 했다. 그리고 이 모든 것을 그는 발가벗은 채로 했지만, 춥지는 않았다.

추위가 호모 사피엔스에게 힘든 이유는 이와 같다. 추울 때 나타나는 인체의 생리적 반응, 즉 몸이 떨리거나 혈액 공급의 경로가 바뀌는 것이 고고학자 이안 길리건Iam Gilligan의 표현에 따르면, 움직임을 "둔하고 비효율적"으로 만들기 때문이다. 그래서 포유동물은 대부분 털로 뒤덮여있다. 예를 들어 토끼는 원래 영하 45도에서도 살아남을 수 있지만, 털을 깎아버리면 0도까지밖에 버티지 못한다. 호모 사피엔스의 몸에서 털이 없어진 시기와 옷을 입기 시작한 시기가 100만 년이나 차이 나는 것이 그토록 놀라운 일인 이유 역시 이 때문이다. 털이 없는 육지 동물은 땅속에 살거나 아니면 코끼리처럼 체중 대비 표면적이 적어서 체온을 유지한다. 인간처럼 털이 적은 영장류는 하나도 없다. 따뜻한 피가 흐르는 호모 사피엔스는 도대체 어떻게 털도 없이 발가벗은 채로 생존할 수 있었을까? 그 대답은 애초에 호미닌한테서 털이 사라진 이유와 일치한다. 바로 불이다.

호미닌은 거의 100만 년에 가까운 기간 동안 따뜻한 불 옆에서 털도 없이, 옷도 없이 생존했다. 불이 있으면, 극도로 추운 환경을 제외한 대부분 지역에서는 옷이 꼭 필요하지 않다. 실제로 몇몇 수렵 채집인들의 문화를 관찰한 결과가 이를 증명한다.

포르투갈 탐험가 페르디난드 마젤란Ferdinand Magellan이 처음 남아메리카 남쪽 해안을 항해했을 때, 산 위에는 만년설이 쌓였고 바다에는 빙하가 흘러들어왔지만, 그곳에 사는 야가족과 알라쿠엘프족은 옷 없이도 아무런 불편함을 느끼지 않은 채 살고 있었다. 체온 유지를 위해 그들은 몸에 동물 기름을 발랐고 모닥불을 아주 많이 피웠다. 마젤란의 선원들이 '불의 땅'이라는 뜻으로 티에라델푸에고라는 이름을 붙여줄 정도였다. 그들은 옷을 입고 생활하는 이웃 오나족 사람들과 자주 전쟁을 벌였으므로, 야가족과 알라쿠엘프족이 옷의 존재 자체를 몰랐던 것은 아니었다. 그저 옷의 필요성을 느끼지 못하는 듯했다. 이들뿐만 아니라 태즈메이니아Tasmania의 어보리진도 랄프가 살았던 지역보다 훨씬 추운 기후에서 생활하면서도 옷은 거의 입지 않았다.

옷은 인류학자들이 '문화적 보편성'이라고 부르는 것에 속하지 않는다. 불의 통제와 달리 옷은 모든 인류 문화에서 공통으로 나타나는 특성이 아니다. 그러나 몸에 색을 칠하거나, 문신을 새기거나, 귀걸이를 하거나, 그 밖에 몸을 꾸미는 행위는 문화적 보편성에 해당한다. 파푸아뉴기니의 원시 부족부터 월스트리트 은행가에 이르기까지, 현재까지 관찰된 모든 인류 문화의 구성원들은 어떤 방식으로든 자신을 치장한다. 그리고 인류학자들은 오늘날의 인간에게서 나타나는 이러한 보편적 특성이 그간 지구상에 존재했던 모든 호모 사피엔스의 문화에서도 똑같이 나타났을 것이라고 가정한다. 앞서 예로 살펴봤던 야가족 역시 옷 자체는 불필요하게 여겼지만, 정교하게 만든 망토나 팔찌, 목걸이를 착용했고, 얼굴과 몸에는 색을 칠했다. 자신을 남과 다르게 표현하려는 욕구는 인간에게 음식이나 주거지만큼이나 기본적인 본능이라고 인류학자들은 입을 모은다.

개별화에 대한 인류의 문화적 보편성을 고려하면, 아마 랄프가 처음 옷에 대해 영감을 떠올린 것도 몸을 따뜻하게 하려는 목적이나, 또는 현대 서양에서 중시하는 품위 유지를 위한 목적은 아니었을 가능성이 크다. 그보다는 목걸이, 문신, 귀걸이와 마찬가지로 자신을 꾸미려는 욕구에서 탄생했을 것이다. 즉 랄프의 옷은 단순히 패션 아이템이었다.

때때로 허영은 기술 혁신을 가져오는 강력한 동기가 된다. 처음에는 아무런 실용성 없이, 그저 자기만족을 위해 무언가를 발명한 사람은 랄프뿐만이 아니었다. 인류학자들은 이러한 성격의 발명품들을 '프레스티지 테크놀로지prestige technology'라고 부른다. 사용자의 사회적 지위를 드러내는 기능을 수행하는 경우가 많기 때문이다. 금속, 도자기, 천과 같은 위대한 발명품 중 상당수가 처음에는 다른 대체품보다 실용성은 부족하면서 생산하기도 어려운 물건에서 출발했다. 만들기가 어려우니 희소성과 가치가 높아졌고, 그런 이유로 수요가 발생한 것이다. 구리나 청동이 실용성을 얻게 된 것도 제조 과정의 개선으로 생산성이 높아진 후였다. 짐작건대 랄프의 옷도 그랬을 것이다.

랄프의 발명품은 아마도 넥타이와 같이 전혀 실용적이지 않은 패션 아이템으로 시작했을 것이다. 그것은 마음속 깊은 곳에 있는 인간의 욕구를 충족시켜 주었고, 오랜 시간에 걸쳐 옷은 마침내 북쪽의 몹시 추운 지방에 사는 호모 사피엔스들에게 생존을 위해 꼭 필요한 물건으로 발전했다. 5만 년 전 호모 사피엔스가 유럽에 진출했을 때, 그들은 아마도 정교하게 만든 털옷과 외투를 입고 있었을 확률이 높다. 고대 호모 사피엔스 거주지에서 나온 뼈를 보면 그들이 울버린을 많이 사냥했다는 사실을 알 수 있는데, 울버린은 먹을 수 있는 고기는 별로 나오지 않는 대신 단열이 잘 되는 생가죽을 제공하는 동물이었다. 당시 옷의 생김새를 짐작할 수 있는 가장 오래된 증거는 2만 4천 년 전 어느 남자의 조각상으로, 그 남자는 모자가 달려 있는 매우 실용적인 파카를 입고 있었다.

이처럼 실용성이 있는 옷은 처음 발명되고 한참 후에야 나타났다. 따라서 랄프가 처음 만든 옷은, 그게 무엇이었든지 간에, 셔츠보다는 나비넥타이의 기능에 가까웠을 것이다. 호모 사피엔스는 종종 상대방에게 좀 더 위협적인 모습으로 보이길 원하므로, 어쩌면 랄프도 전쟁에 입고 나갈 무언가가 필요했을지도 모른다. 또는 어떤 의식을 주도해야 해서 남들보다 많이 돋보여야 했을 수도 있다. 아마도 랄프의 옷은 야가족이 가끔 입던 것처럼, 어깨를 덮는 망토와 같이 아주 단순한 형태였을 것이다. 혹은 그보다 더 비실용적이고 사치스러운 것이었을 수도 있다. 가발, 나비넥타이, 남근 보호대 등, 인간이 우스꽝스러울 정도로 비실용적인 옷을 착용하는 사례를 보여주는 민족지학적 기록은 차고 넘친다. 따라서 랄프가 그중에서도 어떤 아이템을 선택했을지 추측하는 것은 거의 불가능에 가깝다.

그가 어떤 선택을 했든지 랄프의 옷은 마침내 널리 유행했다. 때로는 필수품이 되기도 했다. 그리고 인간의 머리카락에 붙어서 살던 기생충은 인간에게 새로운 종류의 털이, 입고 벗을 수 있는 털이 생겼음을 알아차렸다. 그중 일부 머릿니가 호미닌의 온몸에 난 털에서 살았던 시절의 영광을 되찾기 위해 용감하게도 새로운 섬유 조직에 정착을 시도했고, 거기서 그들은 그 어느 때보다 왕성하게 번성했다.

5장

누가 처음으로 활을 쐈을까?

만약 우리 종이 지구에 있었던 시간을 24시간으로 본다면,
이는 저녁 6시 48분에 일어났다(6만 4천 년 전).

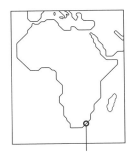

6만 4천 년 전 / 활의 발명

약 4만 년 전 지금의 이라크 북동쪽 자그로스 산맥Zagros Mountains
에서 나이가 제법 지긋한 네안데르탈인 남자가 정체를 알 수
없는 누군가에서 치명상을 입은 후, 관절염에 걸린 발을 절뚝
거리며 샤니다르Shanidar 동굴로 돌아왔다. 작은 석기 무기는 그
의 가슴을 뚫고 들어가서 9번째 갈비뼈를 깔끔하게 관통한 후
폐에서 약간 떨어진 지점에서 진행을 멈추었다. 동굴에서 발
견된 그의 유골에는 상처가 나은 흔적이 남아 있던 걸로 보아

아마도 그는 공격을 받은 후 얼마간은 생존한 듯하다. 그러나 결국은 몇 주내에 사망한 것으로 봤을 때, 그날의 공격으로 폐 활동에 이상이 생겼거나 감염이 되었던 것 같다.

네안데르탈인의 유골에서 부상 흔적이 발견되는 경우는 사실 전혀 특별한 일이 아니다. 그들은 빙하기의 대형 포유동물을 사냥했고, 주요 무기는 창이었다. 사상자가 나오는 것이 당연했다. 한 연구에 따르면, 네안데르탈인 유골 중 80%가 심각한 부상 흔적을 갖고 있다고 한다.

그러나 이 상처는 뭔가 달랐다. 샤니다르 3으로 불리는 이 남자의 갈비뼈에 난 상처는 마치 칼로 자른 듯이 깔끔하고 정확했다. 이 때문에 고고학자들은 그의 사망 원인에서 매머드의 공격이나 추락을 배제했다. 그들은 샤니다르 3이 칼이나 창에 찔려서 죽었을 가능성이 가장 크다고 생각했다.

그러나 유난히도 정교한 그의 상처에 듀크 대학교 연구원들은 의아한 생각을 지울 수가 없었다. 창과 칼은 많은 양의 운동 에너지를 전달하기 때문에 대체로 상처 부위가 넓고 삐뚤빼뚤한 흔적을 남긴다. 그러나 이 불운한 네안데르탈인의 상처는 지나치게 깔끔하고 정교했다. 석기 시대 칼이나 창이 그런 상처를 남길 수 있는지 확인하기 위해 듀크 대학교 연구팀은 돼지 사체를 여럿 준비한 후, 석기로 만든 칼로 찔러도 보고, 베어도 보고, 창도 던져보았다. 그러나 아무리 여러 각도에서 칼을 찔러봐도, 아무리 부드럽게 창을 던져봐도, 샤니다르 3의 상처와 같은 궤적이나 정밀함을 구현할 수는 없었다. 마침내 연구팀은 그것이 '질량과 운동에너지가 낮은' 무기가 탄도처럼 날아와서 낸 상처라는 결론을 내렸다. 그리고 샤니다르 3은 칼이나 창에 맞아서, 혹은 추락해서 죽은 것이 아니라 활과 화살에 의해 희생된 것이라는 의견을 제안했다. 즉 그는 현재까지 발견된 유골 중에서 최초로 활과 화살을 맞아 사망한 사람이었다.

샤니다르 3은 네안데르탈인이었지만, 그를 죽인 사람은 네안데르탈인이 아니었다. 네안데르탈인이 창이 아닌, 발사식 무기를 만들거나 사용했다는 증거는 전혀 발견되지 않았다. 아마도 그 정도의 지능이 안 됐거나, 그들이 주로 노리는 대형 사냥감을 잡기에는 활이 별로 유용하지 않기 때문이었을 것이다. 이유야 어쨌든 이러한 종류의 상처를 낼 수 있는 종은 단하나, 호모 사피엔스뿐이었다.

샤니다르 3을 공격한 사람이 썼던 활은 기발하게 설계되어 신중하게 제작된, 많은 부품으로 이루어진 복잡한 무기였을 것이다. 나무로 만든 일종의 투석기로, 동물의 힘줄을 묶어서 화살을 걸 수 있도록 했다. 일자로 쭉 뻗은 화살은 가벼웠고, 끝에는 엄지손톱만한 돌이 달려 있었다. 창은 목표물의 근육과 뼈를 으스러뜨려서 움직이지 못하게 만들지만, 화살은 내

장기관과 동맥을 겨냥한다. 따라서 힘이 센 대형 동물을 상대할 때에는 창이 유리하지만, 인간처럼 작은 목표물을 노릴 때는 9세기에 화약이 등장하기 전까지는 활이 최고의 무기였다.

활은 창보다 만들기가 훨씬 까다로웠다. 창은 살짝 빗나가더라도 치명적인 상처를 입히지만 활은 반드시 완벽하게 명중해야 하는 무기다. 샤니다르 3을 겨냥한 활 역시 단단한 나무로 정성 들여 만들었을 것이다. 유의미한 결함이 하나라도 있으면 활은 제대로 휘어지지 않아서 부러지거나 무용지물이 된다. 아마도 말린 힘줄로 만들었을 활시위는 가늘고 매끄러우면서도 높은 장력을 버틸 수 있어야 했다.

화살은 심지어 그보다 더 복잡했다. 선사 시대의 활로 쏜 화살조차도 22.7kg 이상의 힘을 전달하고, 시속 161km를 초과하는 속도를 기록했다. 화살이 너무 뻣뻣하거나 반대로 너무 낭창하면 화살이 제대로 당겨지지 않으며, 한 치의 오차도 없이 곧아야 궁수가 겨냥한 대로 날아갔다. 중심에서 1.5cm만 빗겨도 화살은 크게 휘어서 날아가 버렸다.

화살촉은 화살의 균형을 무너뜨리지 않을 정도로 작으면서도, 목표물의 피부나 뼈를 뚫을 수 있을 정도로 날카로워야 했다. 나무로 된 화살대에 돌로 만든 작은 화살촉을 고정하기 위해 고대 궁수는 나무 수액을 녹였다가 경화해서 만든, 일종의 초강력 접착제 같은 것을 사용했다.

활을 제대로 쏘려면 연습도 많이 해야 했다. 활을 겨누고 각도를 조정하는 과정에서 작은 실수라도 하거나 호흡이 무너져서는 안 되었다. 그랬다가는 샤니다르 3을 향해 쏜 화살이 날아가서 치명상을 입히는 대신 순식간에 궁수의 위치만 광고하는 꼴이 될 수 있기 때문이다.

샤니다르 3을 저격한 사람의 정체는 알 수 없지만, 어쨌든 그는 그 옛날에 이 모든 것이 가능했다는 사실이 놀라울만큼 완벽하게 준비된 무기 체계로 그를 공격했다. 이는 샤니다르 3을 죽인 사람이 활의 최초 발명가는 아니라는 뜻이다. 새로운 발명품이 늘 그렇듯, 최초의 활과 화살도 매우 조악했을 것이다. 가볍고, 부정확하며, 공격력도 약했다. 그리고 그의 발명품만큼이나 그것을 만든 사람도 아마 꽤 자그마한 몸짓을 가졌을 것으로 추측된다.

나는 그를 아치Archie[6]라고 부르겠다.

아치는 약 6만 4천 년 전 남아프리카 동부, 오늘날의 더반Durban에서 약간 떨어진 곳에 있는 시부두 동굴Sibudu Cave에서 살았다. 최근 요하네스버그 대학교의 고고학 교수 말라이즈 롬바드Marlize Lombard는 바로 이곳에서 6만 4천 년 된 화살촉을 발견했는데, 이는 호미닌이 활과 화살을 썼다는 가장 오래된 증

---

6 영어로 archer는 궁수, 즉 활 쏘는 사람을 뜻한다.

거이다.

아치는 고고학자들이 호위슨의 산길Howiesons Poort이라고 부르는 문화 시대를 살았던 이들에 속했다. 이들은 남아프리카 해안을 따라 살면서 구슬, 조개껍데기 목걸이, 작은 판화 등, 지금까지 발견된 것 중 가장 오래된 상징적 예술품을 만든 수렵 채집인 무리였다.

아치는 현대 호모 사피엔스였다. 만약 아치에게 현대식 의상을 입혀서 교실에 앉혀 놓으면 전혀 튀지 않고 자연스럽게 다른 학생들과 섞일 것이다. 또한, 아치는 지금의 우리가 배울 수 있을 정도로 완전한 언어를 사용했고, 이 책에 적혀 있는 단어를 배울 수도 있었다. 피부색은 짙었고 곱슬곱슬한 머리카락은 머리에 바짝 붙어 있었다. 몸을 꾸미려는 목적뿐만 아니라 보온을 위해서도 가벼운 동물 가죽을 입었지만, 신발은 신지 않았다.

아치는 주로 덩이줄기와 고기로 이루어진 식사를 했다. 고기는 대부분 덫으로 잡은 작은 동물이었지만 가끔은 버펄로처럼 대형 동물을 먹기도 했다. 또한 그는 그림도 그렸다. 시부두 동굴에는 붉은색 황토가 많았는데, 황토를 으깨서 물과 섞은 후 그것으로 그림을 그렸다. 동굴 그림이 실제로 발견된 것은 없으나, 그림 그리는 용도 외에 황토가 쓰이는 경우는 거의 없었다. 만약 그가 황토로 벽에 그림을 그리지 않았다면 아마도 몸을 치장하는 데에 썼을 것이다.

그는 조개껍데기와 구슬에 구멍을 뚫어서 목걸이를 꿰거나 나무막대기에 붙이기도 했다. 이처럼 간단한 형태의 예술품은 장식이나 장난감으로 쓰였는데, 어쩌면 이것이 고고학 분야에서 가장 어려운 문제 중 하나에 대한 해답을 제공할지도 모른다. 고대의 발명가는 도대체 어쩌다가 활을 만들게 됐을까?

활의 발명이 이해하기 어려운 이유는 그 독창성 때문이다. 초기 호미닌의 발명품은 거의 전부 자연에서 본 것을 흉내낸 것이었다. 굴러가는 통나무를 보고 바퀴를 떠올렸으며, 물 위를 떠가는 물체를 보고 배를 생각했다. 나뭇가지가 창이 됐고, 덩굴 식물이 밧줄로, 바위가 손도끼로, 새가 비행기로 변했다. 이처럼 자연은 종종 아이디어를 제공했고, 인간은 거기에 착안해서 새로운 발명품을 설계했다.

그러나 활과 화살은 도무지 유래를 알 수가 없었다. 나뭇가지를 휘어서 생긴 에너지로 발사체를 쏜다는 생각은 자연에서 온 것이 아니라 인간이 독창적으로 떠올린 것이었다. 그렇다면 호모 사피엔스의 가장 기발한 발명품들이 대개 그렇듯이, 활과 화살도 아마 '우연히' 탄생했을 가능성이 크다.

독일 튀빙겐 대학교의 고인류학과 교수이자, 호위슨의 산길에서 발견된 화살과 관련해서 가장 권위 있는 전문가인 미리엄 헤이들Miriam Haidle은 이렇게 말했다. "제 생각에는, 누군가가 뭔가 다른 것을 시도하다가 우연히 활과 화살을 발명했을 거예요."

이는 헤이들만의 의견이 아니다. 누군가가 이런저런 생각을 하다가 떠올렸다거나 갑자기 영감을 얻었다고 보기에, 화살은 지나치게 새롭고 혁신적이라는 것에 많은 학자들이 동의한다.

그렇다면 활이 어쩌다가 발명됐다고 생각하는지 묻자 헤이들은 호위슨의 산길에서 발견된 나뭇가지, 힘줄, 구슬의 존재를 지적했다. 그러면서 아치와 같은 누군가가 나뭇가지에 구슬을 묶으려고 여러 가지 방법을 시도하다가, 우연히 나뭇가지 양쪽 끝을 묶으면서 활과 같은 형태에 도달한 것은 아닌지 추측한다고 대답했다. 무기로서는 아무런 쓸모가 없었겠지만, 어쨌든 자연스럽게 휜 나뭇가지의 모습은 완전히 새로운 것이었다. 아치는 자신이 만든 것을 당겼다가 놨다가 하면서 그 팽팽함을 즐기며 갖고 놀다가, 문득 힘줄을 잡아당기면 구슬이나 조개껍데기, 나뭇가지를 쏠 수 있다는 사실을 발견했을 것이다. 이처럼 처음에 '활'은 실질적인 가치는 없이 그저 새로운 재미만을 제공했다.

이렇듯 흥미롭긴 하지만 아무런 쓸모없는 물건이 샤니다르 3을 죽일 만큼 정교한 무기가 되려면, 아치가 만든 장난감 활을 수정하고 보완하는 기나긴 과정이 필요했다. 적절한 나무를 골라서 형태를 잡는 것에서부터, 화살촉을 다듬어서 붙이고, 어떻게 하면 활시위를 잘 겨냥할 수 있는지를 파악하기까지 많은 작업이 요구됐을 것이다. 작지만 꼭 필요한, 각각의 수정과 보완이 이루어지기까지 어마어마하게 긴 세월이 걸렸을 것이다. 그렇다면 과연 무엇 때문에 활은 계속해서 이러한 발전을 거듭할 수 있었을까?

이유는 단순하다. 아치가 어린아이, 아마도 어린 남자아이였기 때문이다. 호모 사피엔스부터 버빗원숭이에 이르기까지, 젊은 수컷 영장류들이 발사체 장난감을 좋아한다는 사실은 이미 여러 연구에서 반복적으로 확인됐다. 그리고 앞서 언급했듯이 최초의 활은 아마도 실용적인 발명품이 아니라 그저 새롭고 재밌는 물건에서 출발했을 것으로 추측된다. 그렇다. 최초의 활은 아이들이 갖고 노는 장난감이었다.

고고학자들은 고대 유적지에 발굴된 물건이 '장난감'이었다고 말하기를 몹시 조심스러워한다. 막스 플랑크 진화인류학 연구Max Planck Institute for the Science of Human History의 패트릭 로버트Patrick Roberts는 이렇게 말했다. "우리가 고대의 장난감에 관해 확고한 증거를 갖고 있는 것은 기원전 3,000년 이집트와 메소포타미아 시대뿐입니다." 즉 문자가 발명되어, 사용자가 장난감을 장난감이라고 구체적으로 언급할 수 있게 된 후에야 고고학자들이 장난감을 특정할 수 있게 됐다는 것이다. 문자가 만들어지기 이전의 시대에는 그것이 인형이었는지 우상이었는지를 구분하기가 어렵다.

그러나 아이들은 전부 놀이를 한다. 이는 인류의 문화적 보편성을 넘어서, 모든 척추동물에게 나타나는 특성이다. 미국 국립놀이연구소National Institute of Play의 창립자인 스튜어트 브라운Stuart Brown은 자신의 경력 대부분을 인간과 동물의 정신 건강에서 놀이가 하는 역할을 연구하는 데 바쳤다. 고대의 아이들도 장난을 치며 놀았을지를 묻는 내게 그는 놀이 활동에 관여하지 않는 문화가 확인된 경우는 극히 적다고 말했다. "문자가 만들어지기 이전의 문화가 지금과 달랐다고 볼 만한 이유도 전혀 없을 뿐더러, 오히려 당시에는 더 많은 놀이 활동을 했음을 시사하는 증거도 있다"고 대답했다.

사람들은 대개 수렵 채집인이 하루하루 근근이 삶을 이어갔던 존재라고 생각한다. 그러나 증거에 따르면, 가장 척박한 환경에서 살았던 수렵 채집인이 농경민이나 목축민보다 오히려 더 많은 여가를 즐겼다. 따라서 호이슨의 산길 문화에 살았던 사람들에게 여유로운 시간과 놀이와 장난감이란 지금 우리에게만큼이나 중요한 역할을 했을 것이다.

당시 아치와 같은 아이들이 오늘날의 전 세계 아이들과 비슷한 행동 패턴으로 놀았으리라는 것 외에도, 최초의 활이 장난감이었음을 뒷받침하는 근거가 또 있다. 『미국 놀이학회 American Journal of Play』의 전 편집자인 스콧 에벌Scott Eberle에게 무기가 장난감에서 시작되는 경우가 흔한지 묻자, 그는 정확히 맞다고 대답했다. 부메랑, 로봇, 로켓 등은 전부 장난감에서 출발해서 이후 전장에서 효과적인 무기가 될 수 있도록 수정하는 과정을 거쳐 지금에 이르렀다는 것이다. 에벌은 이렇게 덧붙였다. "나는 무기의 발명과 제작을 떠올리는 생각의 힘이 놀고 싶은 욕구와 밀접하게 얽혀 있다고 생각합니다."

현대 유아심리학자와 장난감 회사들은 아이들이 특별한 목적 없이 하는 활동을 설명할 때 '놀이 유형play patterns'이라는 용어를 쓴다. 그중에서도 '발사하고 던지기'는 가장 기본적인 활동 중 하나로, 놀이 유형 목록의 상단에 나열되어 있다. 미국에서 가장 인기 있는 장난감 20종 중 6종이 발사체를 발사하는 방식의 장난감이다. 쿵산족의 어린 소년들도 미니어처 활과 화살을 가지고 논다는 사실만 봐도, 이는 시대와 문화를 초월하는 보편적 즐거움임을 알 수 있다.

장난감 활이 처음 무기화됐을 때도 훗날 사람을 죽이는 진짜 무기가 된 활과는 거리가 멀었을 것이다. 작은 영양과 비슷하며 체중이 4~5kg 정도밖에 되지 않는 파란다이커의 뼈가 시부두 동굴 곳곳에 흐트러져 있는 것으로 보아, 시부두 동굴에서 발견된 활은 주로 작은 동물을 사냥하는 데 쓰였을 확률이 높다고 헤이들은 내게 말했다.

그러나 여러 초기 발명품과 달리, 활은 거의 지속적으로 발전을 거듭했다. 6만 년이 넘는 기간 동안 호모 사피엔스는 활의 강도와 정확성을 높여갔다. 6만 4천 년 전 아치가 갖고 놀았던 장난감 활은 4만 년 전 샤니다르 3의 갈비뼈를 공격한 무기로, 나아가 1415년 아쟁쿠르 전투에서 프랑스군을 대량 살상한 무기로까지 발전했다. 활과 화살의 위용은 훗날 그와 마찬가지로 처음에는 비실용적인 호기심에서 시작했다가 나중에는 치명적인 무기가 된 화약이 등장하기 전까지 계속됐다. 그 시간 동안 활은 전쟁에서 가장 지배적인 무기였다.

그리고 이 모든 것은 전부 한낱 장난감에서 시작됐다.

6장

누가 세계 최초로 걸작을 그렸을까?

만약 우리 종이 지구에 있었던 시간을 24시간으로 본다면,
이는 밤 9시를 막 넘긴 시간에 일어났다(3만 3천 년 전).

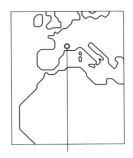

3만 3천 년 전 / 최초의 걸작

　프랑스 남서부, 그 유명한 퐁다르크Pont d'Arc 다리가 있는 아
르데슈강Ardèche River 위에는 동굴이 하나 있다. 지금은 철문으
로 닫혀 있는 동굴 입구 뒤에는 석회암 벽에 붓질한 흔적이 남
아 있다. 이는 선사 시대에도 천재가 살았음을 보여주는 가장
오래되고 실재적인 증거이다.

　그 증거란 바로 그림이다. 고고학자들이 '판넬 오브 홀스Panel
of Horses'라고 부르는 이 그림은 3만 3천 년 전 어느 화가가 등불

에 의지해서 숯 막대기로 그린 것으로, 의심의 여지가 없는 천재가 고대에도 존재했음을 보여주는 사례로 손꼽힌다.

쇼베Chauvet 동굴에 그려진 400여 점의 그림은 5천 년에 걸쳐 조금씩 그려진 것들이었다. 그러다가 약 2만 5천 년 전 산사태로 동굴 입구가 막히면서 그 속에서 조용히 모습을 감추고 있다가, 1994년 장 마리 쇼베Jean-Marie Chauvet와 그의 탐험가 무리의 발견으로 다시 세상에 알려졌다. 바위에 그려진 세계 곳곳의 예술 작품을 연구하고 보존하는 일을 하는 브래드쇼 재단Bradshaw Foundation의 편집자이자 예술가인 피터 로빈슨Peter Robinson은 동굴에 남겨진 그림들이 전부 매우 수준급인 것으로 보아, 어쩌면 그림 실력이 아주 뛰어난 화가들에게만 벽에 그림을 그릴 수 있는 자격이 주어졌던 것 같다고 말했다.

그러나 '판넬 오브 홀스'는 그중에서도 단연 으뜸이었다. 그것은 거의 3만 년 전, 그러니까 최초의 피라미드가 세워지기도 전에 살았던 어느 화가가 오래된 기름 등불에서 나오는 깜빡이는 불빛에 의지해서 숯 막대기로 빠르게 작업하여 탄생시킨 예술 작품이다.

그렇다면 그 화가는 누구였을까?

나는 그의 이름을 장Jean이라고 부르겠다.

그의 손자국이 찍힌 위치로 판단하건대 고고학자들이 키를 확인할 수 있는 유일한 화가의 신장이 약 183cm 정도로 추정되므로, 나는 장도 남자였을 것으로 가정한다.

약 3만 3천 년 전, 그러니까 아주 초기 형태의 문자조차 만들어지기 약 3만 년 전 장은 오늘날의 프랑스 지역에서 태어났다. 고고학자들이 오리냐크 문화기Aurignacian라고 부르는 이 시대의 문화는 상아 구슬, 조각품, 동굴 그림 등의 예술품이 두드러지게 발견됐으며, 현재까지 발견된 가장 오래된 악기 중 몇 가지도 이 시기의 것으로 보인다.

최근 벨기에의 고예트Goyet 동굴에서 발견된 뼈의 DNA를 분석한 결과에 따르면 아마도 장은 짙은 갈색 피부에, 짙은 색 곱슬머리, 그리고 갈색 눈동자를 가졌을 것으로 추정된다.

그의 외모는 완전히 현대인과 다름없었다. 초기 호모 사피엔스의 얼굴에서 두드러졌던 눈썹뼈 역시 이제는 희미해졌으므로, 만약 그가 오늘날 어느 길모퉁이에 서 있으면 해부학적으로는 눈에 띌 이유가 전혀 없었다.

그러나 친숙한 외모와 달리, 장은 현대인이 보기에는 거의 유럽으로 인지하기 어려운 환경에서 태어났다. 스칸디나비아는 얼음으로 뒤덮여 있었고 알프스에 쌓인 빙하는 그 두께가 1.6km가 넘었다. 워낙 많은 양의 바닷물이 빙하에 갇혀서 해수면이 낮아진 탓에, 장은 잉글랜드까지 걸어서 갈 수도 있었을 것이다. 추위를 막기 위해 곰이나 순록의 생가죽에 울버린의 털을 덧대서 바느질한 옷을 입었다. 흔히들 빙하기의 유럽 사냥꾼이라고 하면 매머드 사냥을 떠올리지만, 증거에 따르면 그들이 대형 동물 사냥에 성공하는 일은 극히 드물었다. 오리냐크 거주지에 남은 사냥 흔적 중 4분의 3이 아이벡스[7]의 뼈라는 사실로 짐작했을 때, 그들은 산염소 등과 같이 성미가 난폭하고 재빠른 동물을 주로 먹었던 것으로 보인다.

장은 음악을 즐겼으며 어쩌면 직접 악기를 연주하기도 했던 것 같다. 고고학자들은 현재까지 발견된 것 중 가장 오래된 악기들을 오리냐크 거주지에서 발견했는데, 그중 하나는 상아나 독수리 뼈로 만든 작은 플롯처럼 생긴 악기였다. 그들이 만든 플롯을 복원해봤더니 바람 소리가 섞인 리코더와 비슷한 소리가 났다. 다섯 가지 음을 낼 수 있어서 레드 제플린의 〈Stairway to Heaven〉을 연주할 수 있었다.

서유럽 대륙에는 장 외에도 동굴 곰과 동굴 사자[8], 코뿔소, 순록, 그리고 물론 다른 무리의 호모 사피엔스들이 살고 있었다. 하지만 당시 서유럽은 상상하기 어려울 만큼 인구 밀도가 낮았기 때문에 서로 간에 마주치는 일은 많지 않았다. 그 시대에 유럽 대륙 전체에 살았던 호모 사피엔스의 수보다 지금의 오리건주 포틀랜드에 사는 사람 수가 더 많을 정도였으니 말이다.

---

7 산악지대에 사는 염소와 비슷한 동물.
8 둘 다 구석기 시대에 살았던 동물이다.

모든 현대 호모 사피엔스와 마찬가지로 장도 태어날 때부터 그림 그리는 능력을 갖추고 있었다. 그림에 노출된 적이 없는 어린아이들을 대상으로 한 연구에 따르면, 아이들은 딱히 그림을 배운 적이 없어도 남들이 알아볼 수 있는 수준으로 형체를 표현하고, 또 다른 사람의 그림을 보고 그것이 무엇을 표현한 것인지 알아차릴 수 있다. 그 말인즉슨 그림은 발명이 아니라 인간의 타고난 능력이라는 것이다.

그러나 타고난 능력이 진짜 기술로 성장하려면, 장의 예술적 재능은 어릴 때부터 인지되고 길러져야 했다. 심지어 장이 제대로 된 교육을 받았다고 생각할 만한 근거도 있다. 나는 브래드쇼 재단의 로빈슨에게 당시 정식적인 교육 체계가 있었을 가능성을 물었다. 그는 쇼베 동굴의 그림을 비롯한 오리냐크 문화기의 그림들이 몹시 일관적이고 신중하게 그려진 것으로 보아, 단순히 사물을 보고 따라 그린 것 이상의 무언가가 있었으리라 짐작할만한 여지가 있다고 말했다. 또한 이렇게 오래전 문화에서도 수습공의 형태로 기술을 배우는 시스템이 잘 갖춰져 있었을 것이라고 답변했다. "연구원들은 선사 시대에 '예술 학교'가 존재했을 가능성까지 말하고 있다"고 로빈슨은 말했다. 실제로 고대 동굴 벽에 남겨진 그림을 보면 지금의 우리 생각보다 훨씬 더 정식적인 교육 체계가 있었을지도 모른다는 생각이 든다. 적어도 쇼베 동굴 등의 그림이 그려지던 시기에 그림은 시시한 소일거리가 아니었다. 로빈슨은 이렇게 말했다. "그들에게 예술은 매우 진지한 것이었습니다."

'동굴 거주민'이라고 하면 호랑이 가죽을 입고 먹이를 찾아다니거나 또는 먹이가 되는 이미지를 주로 떠올리는 오늘날의 사람들에게, 유럽이 얼음으로 뒤덮였던 시절의 수렵 채집인들이 예술에 이와 같은 시간과 자원을 투자했었다는 사실은 쉽게 믿기 어려운 이야기일 것이다. 그러나 증거에 따르면, 우리가 그들에게 가진 선입견과 지식은 그냥 틀린 정도가 아니라 완전히 퇴보한 것이다. 장이 천재일 확률이 현대인보다 낮다고 생각할 이유는 전혀 없다. 오히려 장의 시대에 살았던 사람들이 지금보다 평균적으로 더 똑똑했다는 주장을 제안하는 증거도 있다. 예를 들어 장의 뇌 크기는 현대인보다 10%가량 더 컸는데, 이는 초기 호모 사피엔스의 근육량이 현대인보다 많기 때문이거나, 또는 현대인의 뇌가 더 효율적으로 변했기 때문일 것으로 추정된다. 이유야 어떻든 단순하게 봤을 때 장의 지적 엔진이 우리보다 컸다는 사실을 아예 배제할 수는 없다.

생존을 위해 장은 주변 환경을 우리보다 훨씬 더 포괄적으로 이해해야 했다. 먹거리를 쫓고, 사냥하고, 도축하고, 음식을 익히고, 집을 짓고, 전쟁하고, 소통하고, 사회적 관계를 맺고, 생필품을 만들어야 했다. 어떤 식물을 먹으면 살 수 있고, 어떤 것을 먹으면 죽는지 알아야 했고, 별의 움직임으로 계절을 읽

고, 물을 구할 수 있는 위치, 동물의 이동 패턴과 영역을 알아
야 했으며, 필요한 모든 물건을 스스로 만들어야 했다. 그리고
아직 문자가 발명되기 전이었으므로, 이 모든 정보를 머릿속
에 담아 기억해야 했다.

　장이 '판넬 오브 홀스'를 그렸을 때의 나이를 추정해보자.
모차르트가 8세의 나이에 교향곡 1번을 작곡한 것처럼, '천재'
란 자고로 어린 나이에 엄청난 대작을 완성한 사람이어야 할
것 같다. 그러나 네덜란드의 경제학자 필립 한스 프란시스Philip
Hans Franses가 한 연구에 따르면, 그렇지 않은 경우가 더 흔하다.
사람들이 천재에 대해 일반적으로 갖는 환상과 달리, 훌륭한
화가 중에서 자신의 최고 걸작을 20대 후반 이전에 내놓은 사
람은 별로 없다. 훌륭한 예술가들은 주로 40대 초반에 가장 뛰
어난 작품을 완성했다. UN 인구국에서는 장이 살았던 시대의
평균 기대 수명이 겨우 24세였던 것으로 추정하지만, 이는 영
아사망률이 높아서 그런 것이지, 실제로 오리냐크 문화기의
사람이 유아기를 무사히 넘기고 나면 50세나 60세까지 무탈하
게 사는 경우도 그리 드물지 않았다.

　따라서 장이 중년의 나이에 '판넬 오브 홀스'를 그렸을 것이
라고 보는 것이 합리적이다. 그때쯤 장은 자기만의 예술의 경
지에 이르렀을 것이다. 뿐만 아니라 쇼베 동굴에 그림을 그릴
수 있는, 흔치 않은 영광을 얻을 만큼 공동체 내에서도 충분히

인정받고 있었을 것이다.

처음 동굴에 들어간 그는 아마도 매우 특별한 감각을 경험했을 것이다. 한 점의 빛도 들어오지 않는 동굴 속의 완전한 암흑과 비교했을 때 캄캄한 밤은 차라리 환한 대낮에 가까웠다. 일단 동굴 안으로 들어간 장은 완전한 암흑이라는, 이전에는 겪어보지 못한 환경에 던져졌다. 시야를 확보하기 위해 장은 소나무 횃불이나 동물 기름을 태운 등불을 사용했다. 양초 하나가 내는 것과 비슷한 정도의 희미한 빛이었다. 따라서 그는 자신의 그림을 전체적으로 본 적이 한 번도 없을 것이다. 지나가는 불빛에 모습을 드러낸 동물들은 마치 동굴 벽에서 빠져나와 살아 움직이는 것처럼 보였을 것이다.

동굴 속 환경을 그렇게 신비로운 분위기로 만드는 데는 소리도 한몫했다. 동굴 속은 때로는 기묘하리만큼 깊은 침묵에 잠겼고, 물이 흘러내리는 소리, 종유석에서 물이 똑똑 떨어지는 소리 등이 메아리쳐서 동굴 속을 생기로 가득 메우기도 했다.

짙은 암흑과 깜빡이는 불빛과 그림자와 고요 속에서 장은 예술이란 근본적으로 살아있는 것임을, 불가사의하고 신비로운 것임을 이해했을 것이다. 마치 교회와 극장을 합쳐놓은 것 같은 동굴이 어째서 초자연적인 힘을 숭배하는 공간이 됐는지 쉽게 알 수 있는 대목이다. 동굴은 거주지가 아니었다. 인간의 뼈, 공예품, 일상생활의 흔적이 없다는 사실이 이를 뒷받침한다. 쇼베 동굴은 그림을 그리고, 잠시 시간을 보내고, 어쩌면 신을 숭배하는 장소였을지도 모른다. 쇼베 동굴에서 종교적인 의식이 행해졌다는 증거가 발견될 가능성은 거의 없지만, 가장 넓은 공간의 한가운데에 놓여있는 돌과 그 위에 올려진 동굴 곰의 두개골은 전 세계 곳곳에서 나타나는 제단의 모습과 몹시 흡사하다.

장은 여기저기 갈라진 틈이 있는 석회암이 자신의 캔버스며, 그 위에 그림을 그리는 것은 매우 특별한 도전인 동시에 기회라는 사실을 처음부터 고려했을 것이다. 동굴 벽은 여기저기 움푹 파이고 튀어나오기도 해서 그림을 그리기에는 지나치게 울퉁불퉁하고 고르지 않았지만, 장과 같이 재능 있는 화가들은 오히려 그러한 특징을 활용해서 원근감과 움직임을 표현했다. 장은 동굴 벽의 굴곡을 봤을 때 사람이나 장소를 그리기에는 적합하지 않다고 판단했다. 그는 자신의 세계에 살았던 위대한 동물들을 그렸다.

오리냐크 동굴 벽화의 수수께끼 중 하나는 예술가들이 대부분 동물만 그린 이유가 무엇인가 하는 것이다. 쇼베 동굴에 그려진 400여 점의 그림 중에서 부분적으로나마 사람이 등장하는 그림은 단 하나뿐이다. 그밖에 나무, 산, 풍경을 다룬 그림은 하나도 없다. 어쩌면 동굴 입구에서도 보였을. 그렇게 장엄하고 신비로운 퐁다르크 다리도 흔적조차 없다. 오리냐크 예술가들은 동물만, 그중에서도 특정 몇 가지 종의 동물만 그렸다. 장은 아이벡스처럼 평소에 자주 볼 수 있는 동물은 그리지 않았다. 현대 예술이나 신화에서 다람쥐나 비둘기가 등장하지 않듯이, 아이벡스와 토끼 역시 장의 세계에서는 홀대받았다. 대신에 코뿔소, 사자, 동굴 곰, 들소와 같이 강하고 무시무시한 동물을 그렸다. 그는 먹거리가 아니라 수퍼히어로를 그린 것이다.

그림을 그리기 앞서 장은 검은 숯이 하얀 벽에 잘 대비될 수 있도록 석회암 벽에서 방해석 덩어리를 제거했다. 그는 유럽 소나무로 만든 숯을 붓으로 사용했는데, 재능 있는 예술가들을 연구한 하버드대 신경학자 놀먼 게슈윈드Norman Geschwind에 따르면 장은 아마 왼손잡이였을 확률이 높다.

'판넬 오브 홀스'에 그려진 선이 교차하는 방식으로 보건대 장은 제일 먼저 오른쪽 아래에서 서로 뿔을 맞대고 힘겨루기를 하는 코뿔소 두 마리부터 그렸을 것이라고 로빈슨은 말했다. 벽에 남겨진 손가락 흔적을 보면, 장은 주기적으로 자신의 작업을 손으로 훑었던 것 같다. 『동굴 예술Cave Art』의 저자이자 쇼베 동굴에 처음 들어간 현대인 중 하나인 고고학자 장 클로트Jean Clottes는 장과 같은 예술가들이 그림을 만졌던 이유가 그림과 자신의 영혼을 연결하기 위함이었다고 추측했다. 샤머니즘에서는 초자연적인 존재와의 소통이 쌍방향으로 이루어진다고 믿으므로, 오리냐크 예술가들이 동물을 주로 그린 이유에는 동물의 영혼과 대화하고자 하는 마음도 있었을 것이라고 클로트는 생각했다.

장은 빠르게 작업했다. 힘겨루기를 하는 코뿔소 두 마리를 완성한 후, 그는 시계방향으로 그림을 그리면서 왼쪽으로 나아갔다. 먼저 수사슴 한 마리를 그리고, 그다음에는 매머드 두 마리, 그리고 위쪽에는 오록스aurochs[9]들을 그렸다.

그리고 로빈슨의 표현에 따르면, 장이 "마지막을 위해 남겨둔 공간"에 그는 엄청난 걸작을 그렸다. 그것은 바로 네 마리의 말이었다.

그는 왼쪽 위에서부터 시작해서 아래로 내려오면서 그림을 그렸는데, 각각의 말은 오른쪽에서 왼쪽으로 전속력으로 달리고 있는 것처럼 보였다. 세 마리는 입을 벌린 채 숨을 헐떡이고 있고 나머지 한 마리는 히히잉 소리를 내며 크게 울고 있었다.

마무리로 장은 마치 이 네 마리의 말이 특별하다는 사실을 강조라고 하듯이, 말의 윤곽을 새겼다. 전문가들은 그 기교와 작업속도, 그리고 숯과 진흙을 섞어서 표현한 말의 털 색을 근거로, 말 네 마리가 전부 한 사람에 의해 빠르고 연속적으로 그

---

9 소가 가축화되기 이전의 야생 소.

려졌다고 추측했다.

1940년 프랑스 남서부에서 발견된 라스코Lascaux 동굴에서도 엄청나게 훌륭한 벽화가 나왔는데, 이를 본 파블로 피카소는 "현대 미술이 이룬 것은 아무것도 없다"고 감탄했다는 이야기가 전해진다.

장을 비롯한 오리냐크 화가들은 정말로 많은 예술적 혁신을 창조했다. 크기와 각도를 이용하여 2차원의 표면에 3차원을 표현하는 원근법은 아테네의 예술가들에 의해 처음 시작되어 르네상스 시대에 완성된 것으로 흔히 알려져 있지만, 사실 장은 그보다 거의 3만 년 전에 힘 겨루는 코뿔소와 하강하는 말을 그리면서 원근법을 적용했다. 점과 공간을 활용해서 이미지를 표현하는 점묘법 역시 1800년대 후기 프랑스 화가들의 업적으로 알려졌지만, 쇼베 동굴 입구 근처에는 한 예술가가 점묘법을 사용해서 붉은 매머드를 그린 그림이 있다.

쇼베 동굴에서는 스텐실 기법이나 네거티브 이미징 기법도 찾아볼 수 있다. 쇼베의 화가들은 벽에 손바닥을 대고 손가락을 넓게 편 후에, 가늘고 속이 빈 뼈에 황토를 넣고 입으로 불었다. 그러면 손바닥을 대고 있었던 면만 빼고 붉은 황토가 흩뿌려지면서 손자국이 남았는데, 이는 "내가 여기에 있었음"을 남기고 싶었던 고대 예술가의 마음을 반영한 듯하다. 어떤 손자국은 어찌나 선명한지, 그 사진을 본 의사는 사진만으로도 그의 네 번째 또는 다섯 번째 손바닥뼈가 부러져서 그 때문에 새끼손가락이 이상하게 휜 것이라고 진단할 수 있을 정도였다. "낫긴 했지만, 후유증이 남았네요." 의사는 이렇게 말했다.

몇몇 화가들은 심지어 애니메이션 기법을 적용한 것처럼 보이기도 했다. 쇼베 동굴 벽에 그려진 들소 한 마리는 마치 움직이고 있는 것 같은 효과를 내기 위해 여덟 개의 다리가 흐릿하게 그려져 있었다. 이는 그로부터 약 3만 2천 년 후에 아주 새롭고 혁신적인 기법으로 세상을 놀라게 한 아이디어와 똑같은 것이었다.

만약 장이 젊은 시절을 수습 화가로 보냈다면, 나이가 든 후 그는 자신이 받았던 배움을 후대에 고스란히 돌려주었을 것이다. 어쩌면 그는 다음 세대의 젊은 화가들과 함께 동굴을 견학했을지도 모른다. 쇼베 동굴 뒤편, 제단처럼 보이는 돌이 있는 공간으로 가는 길에는 최소 3만 년 전에 어린아이가 발을 디딘 자국이 남아있다. 이는 세계에서 가장 오래된 발자국 중 하나이다.

오리냐크 문화기의 평균 수명을 고려하면 장은 말 그림을 완성하고 얼마 지나지 않아 세상을 떠났을 것이다. 어쩌면 사고나 감염, 폭력의 희생자가 됐을 수도 있다. 그가 살았던 문화는 영혼을 믿었고 죽음을 기렸기 때문에, 그처럼 아름다운 작품을 남긴 예술가를 위해 추모의식이 치러졌기를 바라는 것이 말도 안 되는 희망은 아닐 것이다.

7장
누가 처음으로 아메리카 대륙을 발견했을까?

만약 우리 종이 지구에 있었던 시간을 24시간으로 본다면,
이는 밤 10시 43분에 일어났다(1만 6천 년 전).

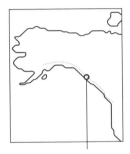

1만 6천 년 전 / 아메리카 대륙에 최초 상륙

1942년 10월 12일, 크리스토퍼 콜럼버스가 신대륙을 발견하여 스페인 왕국의 영토로 선언했을 때, 그곳에는 이미 5천만 명 정도의 인구가 살고 있었다. 확실히 그의 발견은 부연설명이 필요하다. 사실 콜럼버스가 신대륙을 발견한 최초의 유럽인이라고 말해도 되는지조차 애매하다. 그보다 거의 500년 전, 바이킹인 레이프 에릭슨Lief Erikson이 뉴펀들랜드Newfoundland 해안에 상륙했다는 것에 많은 연구원이 동의하고 있기 때문이다.

정확히 말하면 크리스토퍼 콜럼버스는 아메리카를 발견한 마지막 사람일 것이다. 최초의 인물은 따로 있다.

거주하기에 적합한 다른 대륙과 달리, 아메리카는 우리 종의 요람인 아프리카 대륙에서 바다와 얼음으로 가로막혀 있었다. 그로 인해 단 한 명의 호미닌도 아메리카 땅을 밟지 못했다. 그러다 1만 6천 년 전 캐나다의 빙상이 처음으로 녹기 시작하면서 시베리아와 알래스카를 연결하는 땅덩어리에 살았던 놀랍도록 대담한 모험가 무리 중 하나가 신대륙에 첫발을 내디뎠다.

그는 누구였을까?

18세기 위대한 시베리아인 탐험가 데르수 우잘라Dersu Uzala의 이름을 따서 그를 데르수라고 부르겠다.

우리의 데르수는 마지막 빙하기의 끄트머리인 1만 6천 년 전에 태어났다. 이 시기는 지구 반대편에서 농업혁명이 일어나기 5천여 년 전이므로, 그가 태어났을 무렵 지구에 사는 모든 인간은 여전히 사냥과 채집으로 먹고살고 있었다.

고고학자들에 의하면, 데르수가 태어난 베링기아Beringia는 텍사스주 정도의 크기에 시베리아와 알래스카를 연결하는 땅이었으나, 지금은 해수면 아래에 잠겼다. 오늘날 베링기아는 베링 육교라고 불리기도 하지만, 파나마 지협과는 그 규모의 차원이 다르다. 베링기아는 차라리 침몰한 대륙에 가깝다. 데르수가 태어났을 때는 거대한 빙상이 많은 양의 바닷물을 육지에 가둬둔 탓에 해수면이 지금보다 거의 90m가량 낮았으므로, 지금은 베링해의 약 46m 아래에 잠긴 드넓은 땅이 그때는 바깥으로 드러나 있었다. 초기 스페인 탐험가들이 아메리카 원주민을 보고 신화 속에 등장하는 아틀란티스를 걸어서 신대륙에 도착한 사람들일 것이리라 추측했던 것이 의외로 얼추 정확했던 셈이다.

데르수가 살았던 문화에 대해서는 거의 알려진 바가 없다. 그들이 살았던 거주지 대부분이 베링해의 수면 아래로 가라앉았기 때문에 고인류학자들이 모을 수 있는 퍼즐 조각은 대부분 언어 복원, 초기 아메리카 사람들의 DNA, 그리고 그들이 알래스카와 북부 유콘 지역에 남긴 극소수의 흔적에 기초한 것이다. 그러나 데르수의 사람들이 보인 인내심이 인류 역사상 가장 위대한 생존 스토리 중 하나라는 사실만큼은 반론의 여지가 없다.

데르수와 그 무리들은 인간이 살 수 없는 환경에 사방으로 둘러싸여 있었다. 동쪽으로는 고층빌딩 크기의 코딜레란 빙상 Cordilleran ice sheet이 거의 캐나다 서부의 절반을 차지하고 있었고, 북쪽과 남쪽으로는 혹독하게 추운 북극해와 베링해가, 서쪽으로는 얼어붙은 시베리아 사막이 펼쳐져 있었다. 그렇다고 그가 생활했던 땅은 살기에 적합했냐 하면 그것도 아니었다. 베링기아는 인류 역사상 가장 추운 시기 동안 북극권 한계선과 맞닿아 있었다. 평균 기온이 영하였으며, 겨울에는 최고 기온이 영상인 경우도 거의 없을 정도로 추웠다. 나무는 아예 존재하지도 않았고 덤불 같은 관목도 드물었으므로 잔가지와 뼈에 의지해서 불을 피웠을 것이라고 고고학자들은 말한다.

데르수는 완전한 현대 호모 사피엔스여서 나와 당신과 마찬가지로(어쩌면 그보다 더) 지능이 높았다. 고고학자 제임스 채터스James Chatters가 초기 아메리카인들을 복원한 결과에 따르면, 데르수는 아마도 에스키모나 이누이트 족보다는 오스트레일리아의 어보리진과 더 닮았을 것으로 추측된다.

여느 현대 호모 사피엔스와 마찬가지로 데르수도 춤을 추고, 악기를 연주하고, 사람들과 이야기를 나눴다. 자녀들과 시간을 보내고, 음식을 하고, 북태평양 북부에 가득한 켈프kelp[10] 숲을 물색하면서 하루를 보냈다. 물개, 물고기, 조개류를 먹었고 이따금 운이 좋을 때는 야생마를 잡기도 했다. 베링기아가 남긴 몇 안 되는 퍼즐 조각 중 하나는 유콘 북부의 어느 동굴에서 발견된, 돌로 자른 듯한 깊은 홈이 파인 말의 턱뼈였다. 그 턱뼈는 2만 4천 년 전 블루피쉬 동굴Blufish Caves에서 어느 베링기아인이 말의 혀를 잘라서 먹었다는 사실을 보여준다.

---

10 다시마와 비슷한 해초의 일종.

데르수는 물개, 바다코끼리, 토끼, 엘크나 무스를 사냥해서 그 가죽으로 만든 털옷을 입었다. 주요 무기는 부싯돌이나 흑요석으로 만든 창 촉과 창, 그리고 아틀라틀atlatl이라고 불리는 일종의 투창기와 작은 화살이었다. 그는 그물로 물고기를 잡았고 조개를 채집해서 먹었다. 매머드와 같은 땅에서 살긴 했지만, 대중적으로 알려진 것만큼 자주 매머드를 사냥하지는 않았을 것이다.

알래스카의 선강Sun River 근처에서 발견된 1만 2천 년 된 거주지로 짐작건대 데르수는 너덧 가구 정도로 구성된 씨족 사회에서 살았다. 그러나 이웃 공동체와 소통하고, 거래하고, 사냥했으며, 심지어 짝을 짓는 일도 심심치 않게 일어났다. 최근까지도 고인류학자 대부분은 고립된 북극의 수렵 채집인들이 적어도 가벼운 근친상간 관계에서 태어난 사람들일 것이라고 가정했다. 그러나 3만 4천 년 전 모스크바 근교에 묻힌 어린아이 두 명의 DNA 검사를 했더니 그 둘은 가까운 친인척 관계가 아니었다. 이를 통해 데르수를 비롯한 북극의 부족들도 오늘날의 우리와 마찬가지로 근친상간을 금기시했음을 알 수 있으며, 따라서 멀리 떨어진 부족과 혼인 관계를 이루었을 가능성이 큰 것으로 보인다.

데르수는 무리 내에서 어떤 정치적 권한을 갖는 위치에 있었음이 틀림없다. 이는 북극의 수렵 채집인 문화에서 주로 나이가 많은 남자가 맡는 역할이었다. 중년의 나이에 이르기까지 데르수는 온갖 산전수전을 다 겪고 극복해왔을 것이다. 고대 수렵 채집인 사회가 대체로 높은 영아사망률을 보이긴 했지만, 그중에서도 북극 지방은 암울할 정도였다. 상대적으로 기술이 발달한 축에 속하는 사회의 영유아 사망률조차도 40%를 기록했다. 베링기아에서 태어난 아이가 열 번째 생일을 맞이할 확률은 동전 던지기와 같았다. 데르수는 성인이 될 때까지 살아남는 운을 누렸지만, 만약 그에게 자녀가 있었다면 그 아이는 그렇지 못했을 확률이 높다.

고고학자들은 땅속에 묻힌 시체 세 구를 선강 거주지에서 발견했는데, 전부 아이들이었다. 몇몇 가정이 그곳 거주지에서 수년간 생활하다가 아이를 잃은 후, 세 살배기 아이를 오두막 한가운데에 화장하고 그곳을 영원히 떠나버린 것 같다고 고고학자들은 추측했다. 선사 시대에도 자식을 잃는 슬픔은 가슴이 찢어지는 듯한 고통이었을 것이다.

데르수는 베링기아인들이 처음으로 남하하는 것이 가능해진 시대에 살았다. 그동안은, 그러니까 역사시대 전체의 세 배에 달하는 기간인 1만 5천 년 동안은 805m 두께의 코딜레란 빙상이 남쪽으로 가는 길을 막고 있었다. 얼마 전까지만 해도 대다수 학자들은, 약 1만 3천 년 전 코딜레란 빙상과 로렌타이드 Laurentide 빙상 사이의 길이 대륙분수령 Continental Divide에 있는 융

해점을 따라서 녹았을 때, 처음으로 신대륙에 정착한 사람들이 캐나다 중부를 통과해서 도달한 것이라고 믿었다. 그러나 그 이전부터 아메리카에 사람이 살았다는 사실이 최근 발견됨에 따라 기존 이론은 폐기되었다. 지난 10년 이내에 고고학자들은 대륙분수령 길이 열리기 전에도 오리건과 칠레에 사람들이 있었다는 중요한 증거를 찾았다. 따라서 현재 오리건 대학교 고고학 교수 존 얼랜슨John Erlandson을 포함한 많은 고고학자들은 최초의 아메리카 대륙 상륙이 적어도 1만 6천 년 전에 이루어졌음을 확신하고 있다. 그 시기에 가능했던 유일한 경로는 캐나다 서부 해안을 따라 작은 배를 타고 위험천만한 항해를 하는 것뿐이었다. 캐나다 해안의 바위를 조사한 최근 연구에 따르면 몇몇 바위가 약 1만 6천 년 전 빙상에서 나온 것으로 보아, 당시 실제로 바닷길이 존재했었음을 짐작할 수 있다.

나는 얼랜슨에게 해안을 따라 이동하는 것이 가능했을지 물었다. 그는 캐나다 해안의 서쪽 경계를 가득 메운 켈프는 베링기아인의 식량이 됐을 뿐만 아니라 데르수가 남쪽으로 내려갈 수 있는 길을 놓아주기도 했을 것으로 생각한다고 대답했다. 이 같은 '켈프 하이웨이kelp highway'는 베링기아에서 멕시코의 바하 캘리포니아Baja까지 이어져 있어서, 데르수가 항해하는 동안 먹거리는 물론 계속해서 남하할 수 있는 동기 부여까지 제공했을 것이라고 얼랜슨은 말했다.

그러나 데르수에게는 베링기아에서 신대륙까지 한 번에 이동할 수 있을 만큼 큰 배가 없었을 것이다. 기술은 둘째치고 그렇게 큰 배를 만들 수 있는 나무도 베링기아에는 없었다. 따라서 데르수의 배는 아마도 유목이나 고래 뼈에 동물 가죽을 씌워서 오늘날의 카약과 비슷한 형태로 만들었을 것이다. 장거리 항해에는 적합하지 않았지만, 낚시하고, 사냥하고, 아직도 바닷속으로 뻗어있는 해저 고드름 주변을 다니는 것은 충분히 가능했다.

　이처럼 데르수와 사람들이 어떤 방법으로 아메리카에 도달했는지는 그동안 꽤 많은 퍼즐 조각이 맞춰졌지만, 그 이유는 아직도 확실치가 않다. 춥고 척박한 환경에서 살던 사람이 따뜻하고 살기 좋은 곳으로 이동하는 것은 당연한 일 아닌가 싶겠지만, 한 가지 간과한 사실이 있다. 데르수에게는 지도가 없었다. 도중에 통과할 수 없을 만큼 거대한 얼음 덩어리나 바다가 길을 가로막지는 않을지, 기껏 고생해서 도착한 곳이 고향 땅보다 더 살기 나쁜 곳은 아닐지, 그는 알 수 없었다. 그 이후로도 수천 년간 베링기아와 알래스카에서 북극의 수렵 채집인이 계속 번성했던 것으로 보아, 적의 공격이나 심각한 기근 등 데르수가 반드시 고향 땅을 떠났어야 할 이유를 보여주는 증거도 없다.

　데르수를 떠나게 한 명확한 동기가 없다면, 가장 그럴듯한 설명은 어쩌면 복잡한 것이 아니라 단지 미지의 세계를 알고자 하는 단순한 욕망이었을지도 모른다. 탐험에 대한 욕구는 호모 사피엔스의 출현과 동시에, 어쩌면 그 이전부터 존재해 왔다. 데르수와 사람들은 단순히 저 머나먼 지평선 너머에 무엇이 있는지 궁금해서 떠났을지도 모른다.

탐험 욕구는 우리가 사는 세계의 경계를 보고, 찾고, 느끼고, 만들고, 확장할 때 요구되는 진화적 필요조건 중 하나다. 그것은 인간의 본능에 깔려있다. 마젤란이나 닐 암스트롱 같은 사람들이 지금보다 고대에 덜 흔했을 것이라고 생각할 이유는 없다. 오히려 아무도 손대지 않은 섬이나 대륙을 발견했을 때 얻을 수 있는 보상이 지금보다 컸기 때문에 더 많이 탐험했을지도 모른다. 데르수가 한 것처럼 험난한 여정의 증거가 발견됐을 때 고고학자들은 전쟁이나 기근과 같이 피치 못할 사정 때문에 옛 여행자들이 그러한 위험을 받아들인 것은 아닌지 의심하는 경향이 있다. 그러나 바다를 항해했던 다른 위대한 문화들을 재구성해봐도 꼭 그런 경우에만 위험한 여행이 이루어지는 것만은 아니라는 사실을 알 수 있다.

훌륭한 항해 기술을 갖춘 것으로 알려진, 고대 남태평양의 라피타Lapita 사람들의 움직임을 검토한 고고학자들은 그들이 한 세대 동안에도 여러 섬을 발견하고 항해했다는 사실을 발견했다. 라피타인들이 섬을 이동하는 속도가 어찌나 빨랐는지 고고학자들은 그들의 끊임없는, 그리고 믿을 수 없이 위험한 탐색을 이해할 수 있는 가장 좋은 설명은 미지의 것을 탐험하고자 하는 인간의 기본적인 욕구라고 생각하게 되었다.

해안을 따라 내려갔던 데르수의 여정이 얼마나 빠른 속도로 이루어졌는지는 학자들도 알지 못한다. 한 세대 내에 이뤄졌을 수도 있고, 여러 세대에 걸쳐 서서히 이뤄졌을 수도 있다. 첫 출발은 데르수가 했지만, 남쪽의 빙하 장벽을 뚫은 것은 데르수의 자녀나 손주일 수도 있다. 어쨌든 일단 빙상을 넘어선 데르수 또는 그의 후손들은 사자, 낙타, 매머드, 마스토돈, 치타, 말, 자이언트 비버, 자이언트 콘도르 등의 거대동물이 가득하고 누구도 발 디딘 적이 없는 에덴동산을 발견했을 것이다. 베링기아인이 처음 도착했을 때 아메리카 대륙에는 몸무게 45kg이 넘는 거대동물이 90종이나 살고 있었다. 그러나 호미닌과 함께 진화해온 아프리카 거대동물과 달리, 신대륙의 거대동물은 새로운 포식자를 맞이할 준비가 전혀 되지 않았다. 이후 4천 년 이내에 인간은 몇몇 종을 제외한 모든 거대동물을 멸종시켰다.

새로운 아메리카인들은 아주 빠르고 철저하게 대륙 전체로 퍼져나갔다. 그 속도가 어찌나 빨랐는지 일부 언어학자들은 캐나다 이남에서 사용되는 아메리카 원주민의 언어 거의 대부분이 하나의 언어에서 갈라져 나왔다고 주장한다. 언어적 다양성이 두드러지게 나타나긴 하지만, 언어학자 조셉 그린버그 Joseph Greenberg와 메릿 루렌Merritt Ruhlen은 아메리카 대륙을 가로지르며 분포된 여러 언어에서 주목할 만한 유사성을 발견했다. 이러한 유사성을 바탕으로 그 언어들의 상위 언어라고 생각되는, 즉 데르수가 사용했을 것으로 생각되는 언어를 일부 복원했다. 만약 그린버그와 루렌이 옳다면(물론 이들의 의견을 비판하는 사람들도 있지만, 나는 그들이 사용한 방법론이 설득력 있다고 생각한다) 고대인이 사용했던 단어를 우리가 알아낸 최초의 경우일 수도 있다. 만약 그렇다면, 새로운 세계를 발견하기 위해 빙하의 그림자 속에서 위험천만한 북극해를 항해할 때 데르수가 했던 말 중에 적어도 한 단어는 우리가 알고 있는지도 모른다.

루렌의 의견에 따르면, 데르수의 언어로 '죽음'은 '마-키 MA-ki'와 비슷한 발음이었다.

8장
누가 처음으로 맥주를 마셨을까?

만약 우리 종이 지구에 있었던 시간을 24시간으로 본다면,
이는 밤 10시 48분에 일어났다(1만 5천 년 전).

1만 5천 년 전 / 최초의 맥주

1795년 어느 9월 아침, 영국 해군 군함 디파이언스Defiance호 선상에서 반란이 일어났다. 포 74문을 갖춘 전열함은 최근 발트해를 가로지르는 춥고 긴 항해에서 돌아온 직후였다. 한 선원이 남긴 불평 가득한 기록에 따르면, 배가 스코틀랜드 에든버러 근처에 입항했음에도 불구하고 선장 조지 홈George Home 경은 계속해서 선원들에게 "홑이불처럼 얇아서 추위를 쫓는 데에 전혀 도움이 되지 않는" 밍밍한 그로그주[9]만 주었다. 몇 달

간 성에 차지 않는 술만 마신 선원들은 마침내 들고일어나서 선장실을 급습했다.

반란은 이틀간 계속됐고 결국 다른 배의 도움으로 진압할 수 있었다. 반란을 일으킨 선원 다섯 명은 교수형에 처해졌다. 밍밍한 그로그주에 대한 반란은, 호미닌이 처음으로 술에 취해 비이성적인 결정을 내렸을 때보다 한참 후에 일어난 일이다. 유전학자들의 의견에 따르면, 술을 향한 호미닌의 애정은 아주아주 오래전부터 시작됐다.

여러 연구에 따르면 호미닌의 장 속에 살면서 우리 조상의 에탄올 분해를 도왔던 효소들은 지금으로부터 약 1천만 년 전, 아마도 고릴라와 침팬지와 인간의 공통 조상이 땅 위에서 좀 더 많은 시간을 보내기 시작했을 때, 땅에 떨어져서 발효된 과일을 먹으면서 비약적으로 발달했다. 발효된 과일은 취하게 만드는 문제만 빼면 각종 영양소가 풍부했으므로, 자연선택은 에탄올을 분해할 수 있는 유인원의 손을 들어주었을 뿐만 아니라 오히려 그 독특한 향과 맛을 찾아내도록 장려했다.

그러나 이들 유인원이 실제로 취했던 것은 아니다. 발효 과일 속에 든 알코올은 부피 대비 함유량이 적었으므로 그것은 술이라기보다는 그저 음식이었다. 알코올이 진짜로 사람을 취

---

11 럼주에 물을 탄 술.

하게 한 것은 그보다 훨씬 뒤의 일이었다. 즉 호미닌이 발효된 과일즙을 농축해서 과일주를 만들고, 꿀에 물을 첨가해서 벌꿀술을 만드는 방법을 터득한 이후였다. 과일주와 벌꿀술을 담는 방법은 아주 간단해서 이는 호모 사피엔스가 진화하기 전부터도 곧잘 만들어졌다.

그러나 과일주와 벌꿀술은 맥주만큼 인간 사회에 극적인 영향을 미치지는 않았다. 맥주는 곡류로 만든다. 즉 대량으로 저장하는 것이 가능하다는 뜻이다. 맥주의 발견으로 호미닌은 마음만 먹으면 언제든지 술을 마실 수 있게 됐다. 술을 마시려는 욕구가 얼마나 강력한 동기 부여가 되는지는 익히 알고 있을 것이다. 그러므로 맥주의 발견이 인류의 역사에서 큰 획을 그은 순간 중 하나라는 사실이 놀랍지는 않을 것이다. 그러나 맥주의 발견은 그보다 더 큰 의미를 지닌다. 곡물은 술의 재료이기도 하지만 그와 동시에 중요한 먹거리이다. 오늘날 세계인들이 섭취하는 열량의 거의 절반은 곡물에서 나오며, 곡물의 집약적 재배는 농업혁명, 즉 사냥과 채집에서 농업과 목축으로 넘어가는 첫 번째 변천을 촉발했다. 지금까지도 농업혁명은 인류 역사상 가장 영향력이 큰 사건으로 남아있다.

초기 농경민들은 수렵 채집인보다 더 많이 일하고, 더 일찍 죽었으며, 건강 상태도 더 나빴기 때문에 학자들은 이들이 일부러 농업을 '선택'한 것은 아니었으리라고 추측해왔다. 그보다는 마치 덫에 걸린 가재처럼, 메소포타미아의 수렵 채집인들도 미끼를 물어서 어쩔 수 없이 농업에 걸려든 것으로 생각했다. 그러나 그 미끼는 어쩌면 학자들이 오랫동안 믿어온 것처럼 '빵'이 아니었을지도 모른다. 사람들을 농업으로 끌어들인 미끼가 다름 아닌 '맥주'였음을 보여주는 증거는 점점 늘어나고 있다. 만약 그게 사실이라면, 세계 최초로 맥주를 만든 사람은 인류 역사에서 가장 중요한 인물 중 하나일 것이다.

그렇다면 그녀는 과연 누구였을까?

여기서는 그녀를 오시리스Osiris라고 부를 것이며, 나는 오시리스가 여성이었을 것이라고 가정한다. 왜냐하면 맥주는 밀, 보리, 호밀 중 어느 한 곡물의 씨로 만들어졌을 것인데, 수렵 채집인 사회에서 곡물을 모으는 일은 주로 여성의 일이었기 때문이다.

오시리스는 대략 1만 5천 년 전 중동의 어느 작은 마을에서, 아마도 고고학자들이 슈바이카Shubayqa라고 부르는 거주지에서 태어났다. 요르단 북동부에 있는 슈바이카 유적지는 2018년 어느 고고학팀이 현재까지 알려진 것 중 가장 오래된 구운 곡물을 발견한 곳이기도 하다.

오시리스는 고고학자들이 나투프인Natufian이라고 부르는 무리의 초기 구성원으로, 이들은 일 년 내내 같은 지역에서 생활하는 최초의 정착민 중 하나였다. 그러나 그녀가 농사를 지었던 것은 아니다. 1970년대까지도 고고학자 대부분은 역사상 처음으로 한곳에 정착해서 살기 시작한 사람들이 농경민이었을 것으로 생각했다. 그러나 유프라테스강 유역과 그 근처에서 발견된 여러 거주지는 그러한 생각이 잘못됐음을 증명했다. 오시리스와 같은 수렵 채집인은 농업이 시작되기 수천 년 전에도 한곳에서 생활했다.

유전학자들의 추측에 따르면, 나투프인이었던 오시리스는 키가 대략 150cm 정도에, 검은색 머리카락, 갈색 눈동자, 어두운 피부색을 가졌을 것으로 생각된다. 돌로 만든 기초에 나무 벽을 올려서 지은 둥그런 반지하식 집에 살았고, 그와 같은 집이 몇 채 모여서 작은 마을을 이루었다. 슈바이카 전체 인구는 200명이 채 되지 않았지만 일 년 내내 사람들이 살고 있었으므로 당시 기준으로는 세계에서 가장 큰 도시 중 하나였을 것이다.

그녀는 작은 돌이나 조개껍데기, 뼈 장신구로 몸을 꾸몄다. 타조 알껍데기를 용기로 사용했고, 뼈로 낚싯바늘과 작살을 만들었으며, 석회석으로 사람이나 동물 모양의 작은 조각상을 빚기도 했다. 나투프 문화에는 죽은 사람을 기리는 의식도 존재했다. 고고학자들은 아마도 일종의 샤먼이었던 것으로 추정되는 나투프인 여성이 거북이 등딱지 86개와 같이 묻힌 무덤을 발견했다.

오시리스는 풍요로운 시기에 풍요로운 땅에서 살았다. 그녀의 고향은 지금처럼 건조하지도 않았고, 근처 드루즈 산^{Druze} mountains에서 흘러나오는 물이 해마다 평원을 촉촉하게 적셔주었다. 오록스 떼와 가젤 떼가 목을 축이려 모여들었고, 비옥한 산악지대에서는 콩류, 아몬드, 피스타치오가 자랐다. 나투프인들이 한곳에 영구정착하게 된 이유에 관해서는 고고학자들 사이에서도 의견이 나뉘지만, 가장 단순한 설명은 일 년 내내 먹거리가 풍족한 지역에서 살았기 때문이라는 것이다.

정주형 생활의 당연한 결과로 이동하며 지낼 때는 불필요하게 짐만 됐던 무거운 물건들이 점점 쌓이기 시작했다. 추수 장비, 돌절구와 같은 주방 도구, 낫, 150L짜리 석회석 가마솥 등이 그 예다. 이렇게 무거운 도구들이 등장하면서 새로운 것들이 가능해졌다. 씨앗을 모아서 갈은 것과 같은 식재료가 나타났고, 이는 마침내 맥주 양조로 이어졌다.

오시리스는 마을 근처에서 풍부하게 나오는 과일, 견과류, 덩이줄기 등을 모으면서 하루를 보냈다. 가끔은 밀을 추수하기도 했지만, 야생 밀은 다 익으면 땅에 밀알을 터트리는 특성이 있어서 밀을 모으려면 허리를 굽히고 한 알씩 일일이 주워야만 했다. 따라서 당시 그들에게 밀이 주식은 아니었을 것이다. 그러나 가끔은 이삭 가지가 단단해서 밀알이 익어도 터지지 않는 밀이 자라기도 했는데, 그때마다 사람들은 이 단단한 이삭 가지 돌연변이를 선택해서 추수했고, 마침내 인간은 밀의 고유한 특성까지 바꿔놓기에 이르렀다. 그러나 오시리스가 살았던 시기는 이러한 유전적 변화가 일어나기 전이었다. 따라서 당시 야생 밀은 추수하는 수고로움 대비 섭취할 수 있는 열량이, 고식물학자 조나단 사우Jonathan Sauer의 표현을 빌리자면 "가여울 정도로 적었다." 맥주를 발견하기 전까지 수렵 채집인들은 밀에 거의 아무런 관심을 두지 않았다.

오시리스는 아마도 다른 먹거리를 찾다가 우연히 이삭 가지가 단단한 돌연변이 밀을 발견했을 것이다. 그런 밀이라면, 다 익은 밀알을 땅에서 일일이 주울 필요 없이 바로 타작해서 추수할 수 있었다.

오시리스는 밀알을 두드려서 껍질을 벗긴 후 물에 담갔다. 그러면 곡물 속 전분이 당으로 변하면서 나투프 스타일의 죽이 만들어졌다. 아마도 그날따라 운이 좋았던 그녀는 죽에 그날 채집한 꿀이나 과일까지 첨가했을지도 모른다. 일단 죽 한 그릇이 만들어지고 나면 그것이 맥주가 되는 것은 어렵지 않다. 이제 필요한 것은 오시리스가 죽의 존재를 잠깐 까먹는 것, 길 잃은 효모 덩어리가 우연히 죽에 들어가는 것, 그리고 중동의 뜨거운 태양뿐이다.

한마디로 정의하면 맥주는 그저 썩은 죽이다. 죽을 맥주로 만드는 레시피는 간단하다. 시간, 열, 그리고 사카로미세스 파라독수스Saccharomyces paradoxus나 세레비제균cerevisiae과 같이 곡물의 당을 알코올과 이산화탄소로 바꿔주는 효모만 있으면 된다. 운이 좋게도 오시리스 주변에는 그러한 효모가 풍부했다. 꿀에도 들어있어서 만약 그녀가 죽에 달콤한 맛을 내기 위해 꿀을 넣었다면 그게 화학변화를 일으켰을 것이다. 만약 그녀가 도토리를 빻을 때 썼던 돌로 밀을 빻았다면, 도토리 속에 있던 효모가 화학변화를 일으켰을 수도 있다. 벌레 한 마리가 잠시 그녀가 만든 죽에 앉았다가 날아갔어도, 벌레에 있던 효모가 발효를 시작했을 것이다. 효모는 심지어 야생 곡물 그 자체에도 존재했다고 뮌헨 대학교 식품맥주기술학 교수 마르틴 잔코우Martin Zarnkow는 내게 말했다. 따라서 그녀가 '살짝 썩은 밀알'도 버리지 않고 썼다면 다른 첨가물 없이도 발효가 가능했을 것이다.

아무튼, 그녀가 더운 여름에 자신이 만든 죽의 존재를 깜빡했다면, 불과 하루 만에도 죽은 '실수로' 맛있게 발효되었을 것이다.

오시리스가 맛본 그것은 어떤 맛이었을까?

샌프란시스코에 있는 앵커 브루잉 컴퍼니Anchor Brewing Company의 양조기술자 스콧 언저만Scott Ungermann이 내게 한 말에 따르면 썩은 죽, 지금이라면 라이트 맥주라고 부를 만한 그 음료는 락토바실러스lactobacillus라는 박테리아가 밀봉되지 않은 맥주에 들어가서 부산물로 젖산을 생성한 탓에 시큼한 산미가 났을 것이다. 오늘날의 맥주 공장은 대개 이러한 종류의 오염을 피하려고 주의하지만 시큼한 맥주를 만드는 몇몇 공장에서는 일부러 락토바실러스를 넣기도 하는데, 이 맥주들이 아마도 최초의 맥주 맛과 꽤 비슷할 수도 있다.

스콧 언저만은 지금까지도 양조 되는 맥주 중에서 오시리스의 음료에 가장 가까운 것으로 베를리너 바이세Berliner Weisse라는 맥주를 꼽았다. 베를리너 바이세는 제조 과정에서 홉hop[12]을 쓰지 않으며, 가볍고 시큼한 맛이 난다. 『비어 & 브루잉 매거진Beear & Brewing Magazine』에 따르면, 베를리너 바이세는 "원기를 북돋는 독특함이 있고, 약간 흐릿하고 거품이 일며, 가볍게 톡 쏘는 맛이 난다." 그러나 베를리너 바이세와 달리, 오시리스의 맥주에는 밀 고형물이 떠다녔을 것이다. 메소포타미아의 상형문자를 보면 그들은 맥주를 짚에 걸러서 먹었는데 아마도 맥주 위의 부유물 때문이었을 것으로 보인다.

오시리스의 맥주는 현대 라이트 맥주와 비교해도 알코올 함량이 절반밖에 되지 않았으므로, 그녀가 그것을 마시고 취하지는 않았을 것이다. 그러나 맥주를 마시면 몽롱해진다는 사실을 인지하고 즐기기는 한 듯하다.

그녀는 다시, 이번에는 일부러 맥주를 만들었다. 그리고 다

---

12 솔방울 모양과 비슷하게 생긴 식물의 일종으로 맥주의 씁쓸한 맛과 향기를 내는 역할을 한다. '호프집'이라는 말이 여기서 유래했다.

른 사람들과 나눠마셨다. 야생 밀, 보리, 호밀을 모으는 작업이 말도 안 되게 비효율적이었음에도, 사람들은 빵이 아닌 맥주를 위해서라면 그러한 노동을 감수할 가치가 있다고 느꼈다. 자기 자신뿐만 아니라 이웃 사람들을 위해서라도 말이다.

나투프 문화 이전에 유목민 생활을 할 때는 골치 아픈 이웃을 만나면 그저 다른 곳으로 이동하면 됐다. 그러나 지켜야 할 집과 비축해둔 음식이 생긴 오시리스는 그럴 수가 없었다. 그래서 나투프인들은 종종, 지금으로 치면 마을 잔치 같은 것을 열어서 이웃 간의 긴장을 완화하고 사회적 관계를 쌓는 시간을 가졌던 것으로 보인다. 이 같은 환경에서 술은 사회적 윤활제 역할을 톡톡히 함으로써 그 무엇보다도 필수적인 먹거리가 됐을 것이다.

한편 고식물학자들은 오시리스를 비롯한 레반트Levant[13] 정착민들이 맥주를 만들기 위해 야생 곡물을 모아서 집으로 돌아가는 길에 밀알을 조금씩 흘리기도 했을 것으로 추측한다. 그로 인해 마을 주변으로 수세대에 걸쳐 밀밭, 보리밭, 호밀밭이 만들어졌다. 이들 곡물이 점점 쓸만한 먹거리 자원이 되자 나투프인들은 밭을 돌보기 시작했다. 잡초를 뽑고, 땅을 일구고, 다시 씨를 심었다. 비효율적인 먹거리 자원으로 시작했던

---

[13] 시리아, 요르단 등 중동 일부 지역을 가리키는 지리적 용어.

것이 어느새 많은 열량을 제공할 수 있는 생산적인 밭으로 성장했다. 나투프인들도 처음에는 하루 중 얼마간만 밭을 돌봤을 것이다. 그러던 것이 점점 더 많은 시간과 정성을 쏟게 되더니 마침내는 온종일 밭에서 시간을 보내게 된 것이다.

농업은 수렵과 채집보다 단위 면적당 더 많은 인구를 먹여 살릴 수 있었다. 그 결과 나투프 문화는 이전의 생활 방식이 지탱할 수 있는 수준을 훨씬 넘어설 만큼 인구가 증가했다. 그렇게 몇 세대를 보내고 난 나투프인들은 굶어 죽을 위험을 각오하지 않고서는 더 이상 예전과 같은 생활로 돌아갈 수 없게 됐다. 나투프인과 그 후손들을 완전히 새로운 생활 방식으로 넘어오게 한 것은 어쩌면 맥주를(그리고 마침내는 빵을) 안정적으로 얻고자 하는 욕심이었을지도 모른다.

농업혁명을 가져온 원동력이 빵보다는 맥주일 것이라고 보는 견해가 완전히 새로운 것은 아니다. 1950년대에 시카고 대학교의 로버트 브레이드우드Robert Braidwood와 같은 고고학자들이 처음으로 그와 같은 이론을 제시했지만, 당시에는 대체로 무시됐다. 당시 일반적인 분위기가 어땠는지는 브레이드우드가 1953년에 쓴 글, 「한때 인간은 맥주만으로 살았을까Did Man Once Live by Beer Alone?」에 대해 하버드대 식물학자 폴 만젤스도르프Paul Mangelsdorf가 보인 반응을 보면 짐작할 수 있다. 그는 이렇게 대꾸했다. "영양결핍에, 언제나 반쯤 취해 있는 사람들에 의해 서구 문명의 기초가 세워졌다는 말을 우리 보고 믿으란 것인가?"

그러나 노벨생리학·의학상 수상 유전학자인 조지 비들George Beadle이 1972년에 옥수수의 야생 조상에 대한 오랜 수수께끼를 풀면서, 그는 의도치 않게 맥주와 빵 논쟁에 중요한 단서를 제공했다. 비들의 발견에 따르면, 호모 사피엔스는 술을 마음껏 마실 방법을 찾기 위해서라면 생명 유지에 필수적인 먹거리 자원을 길들일 수도 있으며, 이전에도 이미 그렇게 한 경험이 있었다는 것이다. 이는 나투프 문화의 지구 반대편에서 일어난 일이었다.

현재 옥수수는 세계에서 세 번째로 많은 열량을 제공하는 주요 곡물이지만, 길들인 옥수수는 밀과 달리 야생에서 발견된 그 어떤 식물과도 닮지 않았다. 인위 선택이 옥수수의 모습을 너무 확연히 바꿔놓은 탓에 옥수수의 야생 조상은 오랫동안 수수께끼로 남아 있었다. 그리고 마침내 비들이 유전자 검사를 통해 오늘날의 옥수수가 멕시코의 야생풀인 테오신테teosinte에서 나왔다는 사실을 밝혀냈다. 비들의 발견으로 인류학자들은 나투프인들이 처음으로 곡물을 모으게 된 이유를 다시 고려해야 했다. 빵을 얻으려고 야생 밀을 모았다는 생각은 비교적 그럴듯하지만, 아무리 배가 고프고 먹을 게 없었어도 테오신테를 모으는 수고를 감수했다는 것은 도무지 이해하기 어려웠기 때문이다.

테오신테는 먹거리 자원으로는 전혀 유용하지 않다. 테오신테도 옥수수처럼 이삭이 있긴 하지만 테오신테의 이삭은 현미경으로 들여다봐야 할 정도로 크기가 작다. 테오신테 한 자루에 함유된 열량은 현대 옥수수 한 알에 들어있는 것보다도 적다. 미시간 대학교 고고학자 켄트 플래너리Kent Flannery는 테오신테를 '배고픈 음식'이라고 표현했고, 위스콘신 대학교 식물학자 휴 일티스Hugh Iltis는 야생 테오신테의 보호 껍질이 "너무 단단해서 그 곡물을 인간이 썼다는 것 자체가 의아할 정도"라고 말했다. 또한, 일티스는 "누군가가 이처럼 완벽하게 쓸모없는 곡물을 모으려고 또는 기르려고 노력한 이유"가 궁금하다고 덧붙였다.

그에 대한 답은 술이었다.

테오신테는 겉껍질에서 달콤한 맛이 난다. 그 옛날, 지금의 멕시코에 살았던 사람들은 마치 사탕을 먹듯이 가끔 테오신테 껍질을 씹었던 것 같다. 그러다가 약 7천 년 전 그들은 테오신테 이삭을 모아서 달콤한 즙을 짜기 시작했다. 테오신테 즙이 옥수숫대 술로 발효되는 것은 이제 시간문제였다.

옥수숫대 술을 만들기 시작한 사람들이 조금이라도 더 큰 테오신테 이삭을 선택하고, 그 씨가 퍼지는 과정이 반복되면서 테오신테 이삭은 점점 더 커졌다. 그러나 테오신테 이삭이 5cm 정도까지 커져서 이제야 좀 먹거리답다 싶어지기까지는 무려 3천 년간의 인위 선택 과정이 필요했다.

물론 옥수수와 달리, 길들인 밀, 보리, 호밀은 그의 야생 조상과 유전적으로 상당히 비슷했기 때문에 이들이 생산성 있는 음식으로 바뀌는 데에는 그리 오랜 시간이 걸리지 않았다. 그러나 현재까지 확인된 증거와 인간의 본성을 고려하면, 야생 곡물이 생산성 있는 먹거리로 변하게 된 동기와 과정은 옥수수와 같았을 것으로 생각된다. 다시 말해서 누군가가 이것들로 술을 만들 수 있다는 사실을 발견한 것이다.

그렇다면 세계 최초로 맥주를 마신 사람은 누구였을까? 고대 이집트인은 최소 17가지 종류의 술을 만들었고 심지어 술에다가 '천상의 것'이나 '기쁨을 주는 것'과 같은 브랜드명을 붙이기도 했다. 그들은 맥주가 죽은 자들의 신, 오시리스가 준 선물이라고 믿었다. 이집트 신화에 따르면, 오시리스는 물과 발아한 곡물로 음식을 만들었다가 그것을 태양 아래에 두고 깜빡 잊었다. 다음날 그는 음식이 이미 발효해버린 것을 발견했지만 어쨌든 한 번 맛을 보기로 했다. 그리고 그 맛에 감탄한 오시리스가 그것을 인간에게 선물로 전해주었다는 이야기이다. 이는 최초의 이집트 상형문자가 나타나기 약 1만 년 전에 실제로 일어났던 사건과 거의 정확하게 일치한다.

다른 점이라고는 실제 사건 속 오시리스는 죽은 자들의 신이 아니었다는 것뿐이다. 아마도 그녀는 그저 점심 식사를 만들어놓고 깜빡 잊은, 중동에 사는 한 젊은 여성이었을 것이다.

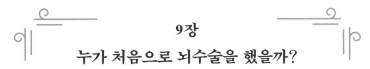

9장
누가 처음으로 뇌수술을 했을까?

만약 우리 종이 지구에 있었던 시간을 24시간으로 본다면,
이는 자정이 되기 33분 전에 일어났다(7천 년 전).

7천 년 전 / 최초의 외과수술

1865년 페루의 쿠스코Cuzco에서 어느 부유한 수집가인 아나 마리아 센테노Ana María Centeno는 미국 외교관 E. 조지 스콰이어 George Squier에게 자신의 수집품 중 몹시 특이한 잉카인 두개골을 보여주었다. 그 두개골은 모든 면에서 극히 평범했지만 단 한 가지, 귀 위에 커다란 네모 모양의 구멍이 있었다는 점이 달랐 다. 그 구멍은 매우 깔끔하게 잘려 있어서 무기나 동물의 이빨 때문에 생긴 것으로 보기는 어려웠다. 그보다는, 마치 누군가

가 뇌 안을 들여다보기 위해 작은 창문을 낸 것처럼 보였다.

　이처럼 이상하게 잘린 흔적이 있는 두개골이 발견된 것은 처음이 아니었지만, 그때까지는 이러한 흔적이 그저 전쟁에서 생긴 섬뜩한 상처거나 사후에 생긴 것으로 넘겨 왔다. 그러나 스콰이어는 다소 급진적인 이론을 제시했다. 그는 두개골에 난 흔적이 사람을 죽이기 위한 것이 아니라 살리기 위한 것이었다는 주장을 펼쳤다.

　자기만의 방식으로 독학해서 공부를 마친 스콰이어는 센테노의 두개골을 해석하기에 완벽한 적임자였다. 스콰이어는 외교와 고고학 분야 모두에 관심이 많았다. 1863년 에이브러햄 링컨이 페루와의 재정적 논쟁을 해결하는 일에 스콰이어를 임명했을 때 그는 그것을 신대륙의 고대 문화가 얼마나 정교했는지에 대한 자신의 믿음을 증명하는 기회로 활용했었다. 스콰이어의 이러한 경험은 센테노가 소장한 두개골을 제대로 이해하는 데에 큰 도움이 됐다. 그것은 고대에도 천재 의사가 존재했었음을 보여주는 증거였다.

　스콰이어는 명망 있는 프랑스인 외과 의사이자 인류학자 폴 브로카Paul Broca에게 센테노의 두개골을 보여주었는데, 브로카가 내린 결론이 어찌나 대담했는지 스콰이어까지도 충격을 받을 정도였다. 브로카의 진단에 따르면, 고대의 외과 의사는 환자가 아직 살아있을 때 수술을 진행했을 뿐만 아니라, 상처 가장자리에 뼈가 자란 것으로 보아 수술에 성공하기까지 했다.

천두술이라고 불리는 이 작업은 엄밀히 말하면 뇌수술은 아니다. 두개골 일부분을 제거하긴 하지만, 뇌를 덮고 있는 막을 뚫고 들어가지는 않기 때문이다. 만약 고대의 의사가 소독하지 않은 도구로 뇌의 회백질까지 건드렸다면 환자는 감염되어 단시간 내에 사망했을 것이다. 브로카의 판단대로 환자가 살아남았다는 것은 의사가 두개골을 뚫은 후 거기서 멈췄음을 뜻한다.

이 같은 주장은 의학계와 고고학계 전부를 놀라게 했다. 당시 유럽 병원에서조차도 그와 같은 현대식 수술을 받은 환자 중 3분의 2가 사망했다. 그러나 이 고대의 환자는 돌로 만든 메스를 든 의사에게 수술을 받고도 살아남은 것이다. 심지어 이 사람이 수술에 성공한 유일한 사례인 것도 아니었다. 고고학자들은 그보다 이전에 유럽과 러시아에서 발견된 두개골 중에서 천두술을 받은 환자를 재분류하기 시작했고, 1996년 9월, 프랑스 동부의 엔시스하임Ensisheim에서 '매장 번호 44번'을 발견했다. 매장 번호 44번은 상당이 보존이 잘 된 편에 속하는 50세 남성의 유골로, 그는 천두술을 한 번이 아니라 두 번이나 받았다. 그와 함께 묻힌 물건으로 매장 시기를 확인한 결과 그 남자는 적어도 7천 년 전에 사망했으며, 따라서 현재까지 발견된 것 중에서는 (종류에 상관없이) 외과적 수술이 행해졌음을 보여주는 가장 오래된 증거에 해당한다. 다시 말해서 그의 두개골은 호모 사피엔스의 '최초 절개first cut'가 바로 이곳에서 일어났음을 나타내고 있는지도 모른다.

이 수술을 집도한 의사는 누구였을까?

그의 이름을 제로 박사Dr. Zero라고 부르자. 몇몇 증거에 따르면, 외과 수술은 신석기 시대 유럽에서 나타난 새로운 사회적 계급의 직접적인 결과였으며, 정치적인 권한이 있는 남성이 수행했으므로 나는 제로 박사가 남자였던 것으로 가정하겠다.

제로 박사는 약 7천 년 전, 학자들이 선형무늬 토기 문화Linear Potter culture라고 부르는 사회의 구성원으로 태어났다. 지금의 독일에서 얼마 떨어지지 않은 곳에 흐르는 라인강Rhine River 근처 어느 마을에서 그는 농사를 짓고 가축을 돌보았다. 서유럽 최초의 농경민 중 하나이긴 했지만 제로 박사와 그의 조상들은 이전부터 거기서 살던 유럽 출신 수렵 채집인은 아니었다. 고대 DNA를 연구한 결과, 유럽으로 이동한 농경민들은 기존에 살고 있던 수렵 채집인을 흡수하기보다는 쫓아내거나 몰살시킨 것으로 드러났다.

그의 공동체는 이동하는 농경민들의 최전선에 있었다. 사람들은 보리, 완두콩, 렌틸콩을 재배하고, 소를 키웠으며, 가끔은 사슴을 사냥했다. 과거 라인강이 흘렀던 땅과 범람원을 따라 펼쳐진 비옥한 토지를 이용해서 농사를 지었다. 또한 마을은 거대한 오크 기둥과 비스듬한 초가지붕, 건물을 지탱해주는 일련의 장대로 이루어진, 길이 약 30.5m의 롱하우스[14] 몇 채로 이루어져 있었다.

곡물 위주의 식단(씹기에도 힘들었겠지만 성장하기에도 효과적이지 않았던)으로 영양소를 균형 있게 섭취하지 못한 탓에 그 시기, 그 지역에 살았던 남자들의 평균 신장은 162cm 정도밖에 되지 않았으므로, 제로 박사 역시 키가 작았을 것이다. 그는 처음으로 하얀 피부를 가진 유럽인 중 하나였으며, DNA 분석에 따르면 아마도 갈색 눈동자에 어두운 머리칼을 가졌고, 유당을 분해하지 못했을 가능성이 크다. 종류가 몇 안 되는 먹거리 자원에만 의존했기 때문에 그는 홍수, 가뭄, 질병에 취약했다. 굶어 죽을 위험이 언제나 도사리고 있었고, 다양한 음식을 먹고 사는 근처 수렵 채집인과 비교했을 때 건강 상태 또한 훨씬 나빴다.

그가 쓰는 도구는 전부 돌, 나무, 힘줄, 그 밖의 유기물을 재료로 만들어졌다. 자귀(돌로 만든 날카로운 도끼머리 같은 것을 나무 손잡이에 붙인 것)로 나무를 쪼갰고, 부싯돌과 흑요석을 날카롭게 다듬어서 칼과 화살촉으로 사용했다. 유럽 대륙에 최초의 농경민들이 살았던 이 시대를 두고 고고학자들은 신석기 시대 유

---

14 건물 하나를 칸으로 막아 여러 가구가 생활하는 일종의 공동주택.

럽이라고 부른다.

제로 박사는 공동체 내에서 꽤 권위 있는 인물이었던 것이 틀림없다. 스탠퍼드대 고고학 교수 존 릭은 내게 이렇게 말했다. "누군가가 내 두개골에 구멍을 뚫겠다는 것을 내가 받아들이려면 그는 나보다 권위 있는 사람이어야 할 겁니다."

제로 박사 이전에는 수술이 행해졌단 증거가 없는 이유를 묻자, 그는 권위나 권력이 단순히 신체적인 힘이나 덩치가 아니라 사회적 지위에서 오기 시작한 것은 호모 사피엔스의 역사에서 비교적 최근에 일어난 일이라고 설명했다. 오늘날 우리가 누군가의 전문 지식을 신뢰하는 것은 인류학자들이 말하는 '전문성specialization'에 근거한다. 직업이 존재하려면 타인의 권위에 대한 신뢰가 먼저 전제되어야 한다. 그러나 직업은, 농업혁명으로 인해 한 사람이 자신의 몫보다 많은 양의 먹거리를 생산할 수 있게 된 후에야 발달한 개념이다. 잉여 음식이 생기면서 전체 사회 구성원 중 일부는 군사, 정치, 의학 등의 분야에 특화될 수 있게 됐다. 농경민들의 1인당 생산량이 증가할수록 점점 더 많은 사람들이 농업 외의 일에 뛰어들었고, 직업은 갈수록 세분됐다.

또한, 농업과 목축업으로의 전환은 부의 탄생을 가져왔다. 인류 역사상 처음으로 한 사람이 다른 사람보다 더 많은 것을 소유할 수 있게 됐다. 엔시스하임의 무덤 중 30%는 정교하게 만든 조개껍데기 머리띠, 목걸이 등이 함께 묻혀 있었으나, 나머지 70%에서는 아무런 부장품도 발견되지 않았다. 이는 엔시스하임의 몇몇 사람들이 다른 이들보다 더 부유했었음을, 그게 아니라면 더 많이 존경받았음을 보여주는 증거라고 고고학자들은 말했다. 농업은 소득의 불균형을 가져왔다. 그리고 인간은, 만약 누군가가 나보다 많은 것을 소유하고 있다면 그가 나보다 아는 지식도 더 많을 것이라고 믿는 경향이 있다고 릭은 설명했다. 이어서 릭은 부의 격차와 직업의 전문화가 어우러져서 권위라는 개념이 처음 등장했고, 이후 빠르게 발달했다고 덧붙였다.

이처럼 수술이 시행될 수 있었던 것은 새로운 기술이나 지적 능력의 향상이 아니라 '권위'의 등장 덕분이었다. 농업혁명 이전에는 수술이 행해졌다는 구체적인 증거가 아직 발견되지 않은 이유 또한 이것으로 설명할 수 있다.

그러나 제로 박사에게 수술을 진행할 수 있을 정도의 권위가 있었다 해도, 그가 실제로 수술이라는 것을 하게 된 이유는 무엇이었을까? 천두술의 존재가 발견된 이후 수년간 고고학자들은, 근대 이전 의사들이 자신의 부패와 무지를 의사 가운과 메스 뒤에 숨겼던 것처럼, 제로 박사와 그 밖의 고대 의사들 또한 그저 호기심 많은 돌팔이에 지나지 않았을 것이라고 믿었다.

그러나 천두술이 시행됐던 증거가 세계 곳곳에서 발견되면서 고고학자들의 이 같은 믿음에 물음표가 떴다. 유럽, 러시아, 오세아니아, 남아메리카에서 천두술을 받은 두개골이 발견됐으며, 시행시기는 거의 7천 년이 넘는 기간에 광범위하게 흩어져 있었다. 만약 수술을 시행했던 의사가 제로 박사뿐이었다면, 또는 특정 기간, 특정 지역에서만 있었던 것이라면 제로 박사의 동기가 종교적 신념이거나, 또는 전족과 같이 극단적으로 신체를 변형시키는 관습의 일종이었을 것이라고 쉽게 결론지을 수 있었을 것이다. 그러나 고대 천두술은 서로 접촉한 적도 없고 공통점도 거의 없는 문화에서 다발적으로 일어났다. 그러므로 그것이 특정 지역의 관습이나 생활 방식일 가능성은 없으며, 따라서 좀 더 포괄적인 설명이 필요해졌다. 의학 역사학자 플리니오 프리오레스키Plinio Prioreschi가 쓴 것처럼 "그것은 모든 지역에서, 모든 선사 시대 사람들에게 공통으로 나타나는 욕구와 경험에 뿌리를 둔 행위였다."

제로 박사가 처음으로 메스를 들게 된 동기를 설명하려면 특정 지역의 생활 방식이나 종교보다는 좀 더 보편적인 이유가 필요하다. 이에 대해 『두개골에 난 구멍Holes in the Head』을 집필한 고고학자 존 베라노John Verano는 특히 파격적인 설명을 제시했다. 고대 의사들의 의학적 지식과 의술이 꽤 훌륭했다는 것이었다.

좋은 의학을 정의하는 기준이 효과적인 치료라면, 사람들은 좋은 의학이 꽤 최근에서야 발달한 것으로 생각한다. 1990년대 초, 하버드대 생화학자이자 의학 역사학자인 L. J. 헨더슨Henderson은 이렇게 주장했다. "임의의 질병에 걸려 임의로 찾아간 의사에게 진료를 받은 임의의 환자가 치료 효과를 볼 가능성이 50%를 넘긴 것은 인류 역사상 1910년과 1912년 사이, 미국에서 처음 일어난 일이다."

하물며 수술의 역사는 그보다 더 암울하다.

미국 남북전쟁 당시 북부군 소속 의사였던 윌리엄 킨William Keen 박사는 자신의 계산 결과, 게티즈버그 전장에서 싸우는 것보다 도시에 있는 병원에서 수술을 받는 것이 7배나 더 위험하다고 기록했다. 구멍 뚫린 두개골을 본 인류학자 폴 브로카가 그의 수술이 성공했음을 진단했던 바로 그해에도, 런던의 의사가 그와 비슷한 수술을 해서 환자를 살리는 경우는 70%밖에 되지 않았다. 따라서 제로 박사가 뛰어난 의학적 지식을 바탕으로 훌륭하게 수술을 성공시켰다는 발상은, 현재까지 기록된 의학 역사의 흐름과는 전혀 다른 이야기일 수 있다. 그러나 그가 실시한 수술 방식은 실제로 오늘날에도 많은 사람의 목숨을 살리고 있다. 지금은 개두술craniotomy이라고 불리는 이 수술은 환자가 머리를 심하게 다쳐서 두개골 내에 출혈이 있을 때 진행된다. 출혈이 있으면 뇌가 부풀면서 두개골 내의 압력이 올라가고, 산소가 부족해진다. 이때 압력을 완화할 수 있는 유일한 방법은 두개골 일부를 제거하는 것이다.

존 베라노에 따르면 천두술을 받은 두개골이 가장 많이 발견된 지역은 페루이다. 그중 절반 이상에서 이전에 골절이 있었던 흔적이 나타났다. 천두술로 종종 골절된 뼈를 제거하기도 했다는 점을 고려하면, 실제 골절이 있었던 두개골은 그보다 더 많았을 확률이 높다. 환자는 대부분 남성이었으며, 머리 왼쪽에 천두술을 시행한 경우가 좀 더 많은 것으로 보아 대개 전쟁 중에 오른손잡이인 적의 공격을 받은 듯했다. 정황상의 증거일 수는 있지만 어쨌든 잉카인 의사가 주로 치명적인 머리 부상에 대응하기 위해 천두술을 실시했다는 증거는 강력하다.

제로 박사는 머리의 상처, 특히 자귀에 맞아 생긴 상처에 익숙했던 것 같다. 초기 신석기 시대 유럽에서는 놀라울 정도로 공동묘지가 흔했고, 두개골에 강한 둔력이 가해져서 사망하는 일도 그만큼이나 흔했다. 독일의 탈하임Talheim에 있는 7천 년 된 묘지에는 34구의 남녀, 아이의 시체가 묻혀 있는데, 그중 14구가 머리에 가해진 충격으로 사망한 것이었다. 또한 오스트리아의 슈레츠-아스판Schletz-Asparn 묘지에는 300구 이상, 독일의 헤륵스하임Herxheim에 있는 또 다른 묘지에는 500구 이상의 시체가 묻혀 있었다. 프랑스의 일 테빅IleTévic, 덴마크의 베드백Vedbaek, 스웨덴의 스카테홀름skateholm 에 있는 초기 신석기 시대 묘지에서는 사망 원인까지 집계할 수 있었는데, 그 결과 당시 유럽인의 15%가 폭력에 희생됐음을 알 수 있었다. 이처럼 고대에는 전쟁과 학살이 비일비재했으며, 따라서 제로 박사는 끔찍한 두개골 상처에 상당히 익숙했을 것으로 추측해볼 수 있다.

제로 박사는 아마도 금이 간 두개골의 뼈, 두피, 혈액을 제거하는 과정에서 천두술에 대한 영감을 떠올렸을 것이다. 산산조각이 난 두개골 조각을 골라내는 일에 점점 익숙해지던 그는 어느 날, 회백질에 손상이 간 상처들이 예외 없이 치명적이라는 사실을 깨달았다. 또한 두개골이 움푹 파인 환자들은 구토, 혼동, 언어능력 상실, 부분 마비 등의 증상이 점점 심해지다가 결국 사망하는 반면, 겉으로 드러난 상처를 입은 환자들은 회복하는 경우가 좀 더 많다는 사실을 알아차렸다.

다양한 사례의 머리 부상 환자를 관찰한 제로 박사는 마침내 두개골에 난 구멍이 실제로 환자의 생존 가능성을 높인다는 연결고리에 주목했다. 그리고 다음번에 그렇게 끔찍한 증상이 있는 환자를 맞이하면 직접 구멍을 내보자는 과감한 결정을 내렸다. 이는 지금의 현대식 병원에서 하는 것과 정확히 일치한다.

의사의 손에 든 메스가 환자의 피부를 가로지르는 순간은 오늘날의 수술실에서도 사뭇 긴장을 자아낸다. 의사가 환자의 피부 속에 메스를 밀어 넣는 행위는 곧 그 수술에 모든 것을 다

쏟아부을 것이라는 약속이며, 또한 자신의 의지로 가한 무시무시한 손상이 결국에는 환자를 위한 최선의 선택이 될 것이라는 믿음의 표시이기도 하다.

제로 박사가 인류 최초의 수술을 집도한 메스는 아마도 현대식 수술 도구만큼이나 날카롭게 다듬을 수 있는 부싯돌이나 흑요석으로 만든 것이었을 것이다. 제일 먼저 그는 환자의 두피 일부를 제거했다. 엄청난 양의 피와 약간의 고통이 동반되는 작업이지만 오래 걸리지는 않았다. 다음 순서는 뼈를 절개하는 것인데, 두개골에는 신경이 없으므로 환자가 느끼는 고통은 그다지 크지 않았을 것이다. 고대에 천두술이 흔하게 이루어질 수 있었던 이유 중 하나는 그것이 의사와 환자 모두에게 상대적으로 힘들지 않은 수술이기 때문이었다. 내장기관과 같이 부드러운 조직에 칼을 대는 수술은 감당하기 어려울 만큼 출혈이 심할 뿐만 아니라 심각한 감염 위험까지 있었지만, 천두술은 그에 비교하면 비교적 간단한 수술이었다.

베라노의 설명에 따르면, 고대 의사들이 두개골을 절개할 때 썼던 방법이 몇 가지 있었다. 그중 생존율로 판단했을 때 가장 성공 확률이 높은 것은 '깎는 방식'이었다. 드릴로 뚫듯이 뼈에 구멍을 내는 방법은 자칫하다가 경뇌막까지 뚫을 위험이 있었으므로, 제로 박사는 환자의 두개골을 조금씩 깎아나가는 방법을 택했을 것이다.

두개골을 자르고 나면, 젤리처럼 반쯤 응고된 혈액 덩어리가 경뇌막을 누르고 있는 것을 볼 수 있는데 이를 경막하출혈이라고 부른다. 마지막으로 제로 박사가 이 혈액 덩어리를 제거하여 뇌의 압력을 낮추면 극적인 효과가 나타났다. 환자의 뇌 표면에 있는 신경이 다시 기능하면서 혼동, 마비, 어눌한 발음 등의 증상이 멈췄다. 이 광경을 옆에서 지켜본 사람이 있다면, 그는 아마도 자신이 기적을 목격했다고 생각했을 것이다. 현대의 개두술은 절개된 두개골을 티타늄판으로 대체하지만, 고대에는 환자의 머리에 오목하게 팬 곳을 남긴 채로 수술이 끝났다. 그러나 두피는 시간이 지나면 다시 아물었을 것이며, 일부 환자들은 이후로도 수년간 더 삶을 이어갔다.

그러나 장기적으로 봤을 때는 천두술의 성공이 인류에게 오히려 악이 됐을지도 모른다. 극적인 치료 효과 탓에 천두술은 빠른 속도로 과잉 처방되기 시작했다. 천두술이 적합하지 않은 상황에서도 수술을 진행한 사례들이 심심치 않게 나타났다. 일례로 고고학자들은 페루에서 발견된 한 아이의 두개골에서 염증을 확인했는데 이는 곧 중이가 감염됐음을 뜻했다. 그러나 염증 부위에 두개골을 절개한 자국이 있는 것으로 보아, 의사는 끔찍한 고통을 호소하는 아이를 보고 천두술이 필요하다고 느낀 듯하다. 안타깝게도 이 경우에는 천두술이 아무런 효과도 없을 뿐더러 오히려 병을 악화시킨다. 중이의 감염은 두개골에 난 구멍을 통해서 경뇌막으로 퍼졌고, 마침내는 세균성 수막염이라고 하는 몹시 치명적인 질병으로 발전했을 것이다. 그리고 뼈가 나은 흔적이 없는 것으로 보아 아이는 결국 생존하지 못한 듯하다.

그러나 수술이 적절하게 이루어진 경우에도, 장기적인 관점에서 천두술이 제로 박사의 환자들에게 전적으로 긍정적인 결과만 가져다준 것은 아니었다. 천두술을 해야 할 정도로 심각한 손상을 입은 두개골은 지속적인 후유증이 남을 수 있었다. 1985년 신경과학 분야 학술지 《뉴롤로지Neurology》에 실린 연구에 따르면, 두개골이 뚫리는 부상을 입은 환자 중 절반 이상이 간질로 발전한다고 한다. 제로 박사가 같은 환자에게 두 번째 천두술을 실시한 이유도 아마 간질로 인한 발작이 시작됐기 때문이었을 것이다. 그러나 안타깝게도 천두술은 간질에는 아무런 효과가 없으므로 환자는 결국 사망했을 것이다.

제로 박사가 세상을 떠났을 때, 그의 공동체 구성원들은 장례를 치르거나 소중한 물건을 함께 묻어주는 등의 방식으로 그의 죽음을 충분히 기렸을 것이다. 보통은 머리띠, 목걸이 등을 같이 묻는 경우가 많았지만, 엔시스하임의 사람들은 제로 박사를 위해 어쩌면 좀 더 특별한 무언가를 남겼을지도 모르겠다. 날카롭게 만든 흑요석 조각, 그러니까 인류 역사상 최초의 메스 같은 것들을 말이다.

10장
누가 처음으로 말을 탔을까?

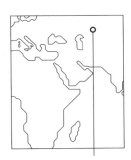

만약 우리 종이 지구에 있었던 시간을 24시간으로 본다면,
이는 자정이 되기 27분 전에 일어났다(5천 6백년 전).

5천 6백 년 전 / 최초로 말을 타기 시작함

2006년 동물고고학자 산드라 올슨Sandra Olsen과 그녀의 팀은
고대 보타이Botai 문명의 고향으로 알려진 카자흐스탄 북부의
고고학적 유적지에서 고대 인류의 쓰레기 매립지를 파고 그
흙을 검사하고 있었다. 그러던 중 5천 6백 년 된 말의 배설물이
층층이 쌓인 것을 발견했다. 역사학자에게는 금광을 발견한
것과 같은 순간이었다.

예나 지금이나 그 어떤 문화에서도 야생동물의 배설물을 모

아서 버리는 수고를 하지는 않으므로, 올슨의 발견은 말의 가축화를 증명하는 최초의 증거이다. 오늘날의 쓰레기통에 강아지나 고양이 배설물은 있어도 곰의 배설물은 없는 것과 같은 이야기다. 먼 훗날 미래의 역사학자가 지금 우리가 살고 있는 이 시대의 쓰레기통을 뒤진다면, 우리가 곰이 아니라 강아지나 고양이와 같이 살았다는 결론을 내릴 것이다.

보타이 거주지에서 나온 말 배설물은 인간이 말을 길들였음을 보여주는 가장 오래된 증거이긴 하지만, 보타이 사람들이 직접 말을 길들인 것은 아니라고 보는 학자들이 많다. 보타이 문명보다 서쪽에 살면서 그보다 훨씬 이전에 말의 가축화에 성공한 사람들에게 말을 얻어온 것이리라는 추측이다. 그러나 정확히 누가 처음으로 말을 길들였는지는 학자들 사이에서도 아직 합의가 이루어지지 않았다.

그러나 말이 처음에는 탈 것이 아니라 먹거리 자원이었다는 사실에 대해서는 모두가 동의한다. 말은 고기와 우유를 제공했고, 특히 고도가 높은 스텝 지대[15]에서는 양이나 소와 달리 눈이 와도 아랑곳하지 않고 풀을 뜯어 먹을 수 있는 말의 능력을 높이 샀다. 세계 최초로 말을 길들인 사람들이 한번이라도 말을 탔다는 증거가 전혀 없는 이유는 아마도 말을 통제할 방법

---

15 중위도 부근에 위치한 초원지대.

이 없었기 때문일 것이다. 그들은 말의 안장, 등자[16], 무엇보다도 말굴레[17]를 갖고 있지 않았다. 방향을 틀거나 멈추게 할 방법이 없는 상태에서 말을 타는 것은 순식간에 뼈가 부러지는 경험을 하고 싶다는 뜻이다. 가끔 스턴트 묘기를 하는 사람들이 굴레 없이 말을 타기도 하지만 이는 핸들 없는 오토바이를 타는 것과 같다. 스릴은 넘치겠지만 운송수단으로서는 꽝이다.

그러나 보타이 문명이 이를 바꿔놓았다.

2009년 보타이의 고고학적 유적지에서 발굴 작업을 하던 인류학자 데이비드 앤서니David Anthony는 흥미롭게 마모된 말 이빨을 발견했다. 이는 인류의 운송수단 역사에서 가장 중요한 순간 중 하나를 의미하는 물리적 증거이다. 닐 암스트롱이 달에 남긴 발자국, 그리고 독일에 남겨진 최초의 바퀴 자국에 견줄만하다. 이후 앤서니는 그 마모 자국(말의 작은어금니가 약간 벗겨져 있었다)이 말에게 굴레를 씌웠을 때 나타나는 손상임이 분명하다고 판단했다.

달의 먼지 위에 찍힌 발자국이나 고대 길가에 남겨진 바퀴 자국에 비교하면 마모된 말 이빨은 그리 대단해 보이지 않을 수도 있다. 하지만 이는 인류 역사상 처음으로 두 다리로 걷는 것보다 더 빠르게 땅을 가로질러 이동할 수 있게 됐음을 뜻한다.

---

16 말을 탈 때 발을 디디는 발 받침대.
17 말의 머리에 씌우는 굴레. 가죽끈이나 삼줄로 만들어 고삐를 단다.

굴레를 발명한 사람이 누구였든지 간에 그는 단순히 기존에 있던 운송수단을 개선한 것이 아니라 아예 새로운 운송수단을 발명한 셈이었다.

그렇다면 처음으로 말을 타기 시작한 사람은 누구였을까?

이번에는 세계 최초로 아드레날린을 분리하는 데 성공한 폴란드의 생리학자 나폴레옹 시불스키Napoleon Cybulski의 이름에 착안해서 그의 이름을 나폴레옹이라고 부르겠다. 누군가 말을 타보겠다는 생각을 처음 했을 바로 그 순간에 아드레날린이 한 역할은 절대 작지 않았을 것이다.

나폴레옹은 거의 6천 년 전 북부 카자흐스탄에서 태어났다. 그 무렵, 수천 마일 서쪽에서는 청동이 탄생했고, 초기 도시가 형성되었으며, 최초의 문자 몇 가지가 점토판에 새겨지기도 했다. 그러나 나폴레옹은 이러한 변화를 알지 못했다. 나폴레옹이 속했던 보타이 문명은 유별나게 말에 집착했다. 길들인 말을 우리에 가둬놓고 키우기 이전에는 직접 발로 뛰어서 야생마를 사냥했다. 식단에서도 말고기가 중요한 부분을 차지했고, 음료 역시 말젖으로 만든 것이 대부분이었다. 아침에 일어나서 말젖을 마신 후, 남은 것은 발효시켜서 톡 쏘는 맛이 나는 술인 쿠미스kumis[18]를 만들어서 저녁에 마셨다. 개를 제외한 다

---

18 말젖을 발효해서 만든 술. 몽골, 시베리아, 중앙아시아 등지에서 음료로 마신다.

른 작물이나 동물은 돌보지 않았다. 그는 말의 뼈로 도구를 만들었고, 털로는 밧줄을, 피부로는 가죽을 만들어서 사용했다. 나폴레옹이 죽었을 때 가족들은 그를 말 옆에 묻어줬을지도 모른다.

만약 나폴레옹이 굴레를 발명하기 전에 잠깐이라도 말을 탔었다면, 그것은 일종의 로데오 묘기처럼 아주 짧게 탔던 것이리라고 데이비드 앤서니는 말했다. 어쩌면 전전두엽 피질이 아직 완전히 발달하지 않은 10대 청소년들이 위험을 즐기려고 하는 놀이의 일종이었을지도 모른다. 만약 나폴레옹이 오늘날에 태어났다면 그는 아마도 뻔질나게 병원을 드나들었을 것이다. 심리학자들은 그가 새로운 환경에 과잉 자극을 받는 사람이라고 표현했겠지만, 일반인들의 눈에는 그저 아드레날린이 주는 짜릿함에 미친 사람으로 보였을 것이다.

나폴레옹이 탔을지도 모를 말은 어쨌든 이미 가축화하여 수천 년간의 인위 선택을 통해 인간에게 적응하고 순해진 말이었다. 물론 타기에는 위험한 말이긴 했을 것이다. 정확히 언제, 어디서, 어떻게 가축화가 시작됐는지는 학자들도 알지 못하지만, 현재 고동물학자 대부분은 스텝 지대의 사람들이 안정적으로 고기를 얻기 위해 거주지 근처에 있는 야생마를 잡아서 우리에 가두면서 우연히 가축화가 진행되었다고 생각한다. 그 중에서도 좀 더 거칠고 야생성이 살아있는 말은 먼저 죽이고,

순하고 다루기 쉬운 말은 남겨서 교배를 시켰다. 그 결과 말은 서서히 유순해졌다.

사실 사람이 가축으로 키울 수 있는 동물은 엄청나게 드물다. 지리학자 재레드 다이아몬드Jared Diamond에 따르면, 다음 여섯 가지 행동적, 생물학적 특성이 있는 동물만이 가축이 될 수 있다고 한다. 첫째, 인간과 같은 먹거리를 두고 경쟁하는 동물은 가축이 될 수 없다. 돼지처럼 음식물 찌꺼기를 먹는 동물이어야 하며, 인간이 먹을 수 없는 먹이를 먹는 동물이면 더욱 좋다. 둘째, 우리에 갇힌 상태에서도 번식할 수 있어야 한다. 짝짓기를 위해 오랫동안 달려야 하거나 복잡한 영역 표시 행위가 있어야 하는 치타와 같은 동물들은 가축으로 삼기 어렵다. 셋째, 성장 속도가 빨라야 한다. 가축을 키워서 고기나 젖 등 인간에게 필요한 것들을 얻기까지의 과정이 효율적이어야 한다. 넷째, 개와 마찬가지로 무리를 이루고 살면서 그 안에 사회적 서열이 존재하는 동물이어야 한다. 무리 생활을 하는 동물들은 우두머리에게 순종하는 유전적 성향을 갖고 있으므로 인간이 무리의 우두머리 역할로 개입할 수 있다. 다섯째, 겁이 많거나 도망가고자 하는 본능이 강한 동물은 가축이 될 수 없다. 사슴이 그 예다. 마지막으로, 얼룩말과 같이 인간이 쉽게 다룰 수 없는 공격성을 지닌 동물들은 아무리 순한 개체만 선택적으로 번식시켜도(실제로 그러한 시도가 수차례 있었으리라고 고고학자들은

_{가정한다)} 잠재적 가축이 되기 어렵다.

　가축화에 성공한 몇 안 되는 동물들은 모두 이러한 조합을 다 갖춘 극히 드문 경우이다. 지난 2천 년간(타조한테는 미안한 말이지만) 의미 있는 가축화가 새롭게 이루어진 사례는 없었다. 전 세계 육류의 대다수는 아직도 겨우 세 가지 가축에게만 의존한다. 말의 가축화 역시 보기 드물게 순한 수말 한 마리를 발견했기 때문에 가능했던 일이었을지도 모른다. 암말은 자연적으로 무리를 이끄는 수말을 따르지만, 야생 수말은 암말을 지켜주기 위해 다른 수말들과 싸우며 적대적이다. 수말은 본능적으로 남을 따르지 않기 때문에 자기가 무리의 우두머리가 되거나 우두머리가 될 수 있는 다른 무리를 찾아 나서거나, 둘 중 하나다. 따라서 수말을 우리 안에 가두는 일은 쉽지 않았을 것이다. 현대 말들을 대상으로 유전자 검사를 해보면, 처음 가축이 된 암말은 여러 마리였지만 수말은 단 한 마리의 '아담'에게서 시작됐을 가능성이 나타난다. 이 수말은 아마도 유난히 차분하고 유순해서 야생에서는 별로 인기가 없었겠지만, 가축으로 잡혀간 우리에서는 많은 암말과 교배하여 후손을 남긴 것으로 보인다.

　나폴레옹이 살았던 시기에 말은 이미 가축화가 시작된 지 오랜 후였다. 그러나 말을 통제할 수 있는 굴레가 발명되기 전까지 말은 그저 먹거리와 생활에 필요한 재료를 공급하는 자원에만 머물렀다.

나폴레옹이 만든 최초의 굴레는 오늘날 '워브리들war bridle'이라고 불린다. 끈으로 고리를 만들어서 말의 아래턱 둘레를 묶고 나뭇조각으로 고정한, 아주 단순한 형태를 지녔을 것이다. 말의 입안에는 앞니와 뒤쪽의 작은 어금니 사이에 공간이 있는데, 이 기발한 발명품은 이 공간에 있는 잇몸의 위로 끈이(오늘날에는 금속 재갈이) 지나가도록 만들어져 있어서, 과하지 않게 말을 유도할 수 있었다. 사람이 끈을 잡아당기면 그것이 말의 잇몸을 죄었고, 따라서 말은 고통을 줄이기 위해 반사적으로 머리와 몸을 끈이 당겨진 방향으로 돌렸다.

단순하지만 효과는 아주 좋았다. 아메리카 대평원의 원주민들은 안장도 없이 이 장치만으로도 세계에서 가장 뛰어난 기수 중 하나가 되었다.

굴레의 단순한 생김새 때문에 사람들은 종종 그것이 얼마나 정교하게 설계된 것인지를 쉽게 간과하곤 한다. 나폴레옹이 자신의 안전에는 둔감했는지 몰라도 말에 관해서는 매우 똑똑했다. 말에 관한 한 굴레만큼 혁신적인 발명품이 없다. 소나 양은 구강 구조가 달라서 굴레를 씌울 수 없다. 그가 어떻게 이런 기발한 아이디어를 떠올릴 수 있었는지 우리는 추측밖에 해볼 수 없다. 말을 통제하기 위해 여기저기 끈을 묶어보다가 우연히 말의 앞니와 작은어금니 사이에 있는 공간을 발견했을까?

어쨌든 나폴레옹의 발견을 이해할 수 있는 가장 그럴싸한 설명은 일단 그가 말의 신체 구조를 잘 알았다는 것이다. 어쩌면 말에 대한 애착으로 유명한 보타이 문명 내에서도 그는 단연 두드러졌을지도 모른다.

나폴레옹이 유레카를 외친 순간은 인류의 운송수단 역사에서 그 어느 것에도 뒤지지 않는 중요한 사건이다. 나폴레옹이 말의 브레이크를 발명한 덕분에 인류는 속도를 얻었다. 말의 구강 내에 적절하게 자리 잡은 끈으로 인간은 말이 달리는 속도를 느리게도, 빠르게도 조절할 수 있게 되었다. 그리고 말타기는 이후 5천 년 이상, 인간이 땅 위를 이동할 수 있는 가장 빠른 수단으로 자리매김했다. 1830년 8월 28일 증기 기관차 톰 섬Tom Thumb이 그 자리를 탈환하기 전까지, 누구도 말 탄 기수를 앞지르지 못했다.

말을 올라타게 되면서 당연히 스텝 지대에서의 생활에도 많은 변화가 생겼다.

인류학자인 앤서니의 생각에 따르면 보타이 사람들이 말을 타기 시작한 이유는 말을 사냥하기 위함이었다. 이후 말타기는 그들의 생산성을 상당히 개선했을 뿐만 아니라 문화의 구조도 바꿔놓았다. 16세기 아메리카 대륙에 가축화한 말을 들여온 스페인 사람들은 아메리카 대평원의 원주민들 간에 말타기로 군비 경쟁을 붙였다. 1851년 아메리카 서부의 어느 상인은 이렇게 기록했다. "아무리 훌륭한 전사여도 보병은 기병을 이기지 못했다. 기병은 빠른 속도로 표적에 도달했고, 원하는 것을 얻었으며, 보병의 한계를 넘어섰다."

하지만 운송수단으로서의 말과 속도는 스텝 지대 사람들에게 또 다른, 이번에는 좀 더 우울한 효과를 가져왔다. 나폴레옹이 굴레를 발명하기 전 침입자들이 습격을 감행할 때 위험 부담이 가장 큰 부분은 도주였다. 몰래 습격하여 적의 물건을 약탈하는 것까지는 어렵지 않지만, 복수심에 불타서 무장하고 쫓아오는 적을 피해 '뛰어서' 후퇴하기는 쉽지 않은 문제였기 때문이다. 그러나 굴레의 발명으로 말은 세계에서 가장 빠른 도주용 운송수단이 되었고, 그로 인해 힘의 균형이 침입자에게 유리한 쪽으로 기울어졌다고 앤서니는 설명했다.

이는 반갑지 않은 결과를 가져왔다. 문자로 남은 기록이 없는 탓에 나폴레옹 이후에 실제로 중앙아시아에서 습격이 증가했는지는 정확히 알 길이 없다. 하지만 스텝 지대 사람들이 말을 타기 시작한 시기와 방어벽을 세우기 시작한 시기가 공교롭게도 일치한 것을 우연이라고 볼 수만은 없을 것이다. 위험천만한 놀이를 즐겼던 나폴레옹은 굴레를 발명함으로써 전혀 의도치 않게 약탈과 습격의 수단을 제공한 셈이 되었고, 그로 인해 스텝 지대의 생활은 전환점을 맞이했을 것이다.

말을 탄 전사들도 처음에는 말을 그저 전장까지 오고 가기 위한 운송수단으로만 썼을 뿐 실제 전투에서 활용하지는 않았을 것이다. 가장 큰 이유는 그들이 쓰는 무기가 말을 탄 상태에서 휘두르기에는 적합하지 않았기 때문이었다. 그로부터 거의 1천 년이 지난 후, 러시아 스텝 지대의 신타슈타Sintashta 문화에서 마차를 발명해서 기병 부대를 이루었다. 이후 활과 화살의 혁신으로 칭기즈칸의 기병들은 말을 탄 채로 달리는 동시에 화살을 쏠 수 있게 됐고, 그들은 이것으로 아시아 전역을 공포로 몰아넣었다. 이처럼 말은 나폴레옹이 살았던 시대에 일어났던 크고 작은 습격에서부터 2차 세계대전 초 크로얀티Krojanty 전투에서 있었던 폴란드 기병 부대의 돌격에 이르기까지, 거의 6천 년의 세월 동안 전장에서 엄청난 역할을 수행해왔다.

그러나 굴레가 가져온 가장 큰 사회적 변화는 아마도 자원의 재분배와 계급, 신분, 계층사회의 등장일 것이다. 말을 탄 목축민은 걸어서 가축을 돌보는 목축민보다 두 배 이상 많은 양과 소를 관리할 수 있으므로, 목축 문화에서 힘과 부가 점점 소수에게 집중되기 시작했다. 고고학자들은 굴레의 발명 이후 정교한 무덤 부장품이 급격하게 증가했음을 알아차렸다. 이는 소득의 불균형을 가장 잘 보여주는 고고학적 지표이다.

나폴레옹 역시 언젠가는 이러한 무덤 중 하나에, 어쩌면 비극적일 만큼 일찍 묻혔을 것이다. 나폴레옹은 속도를 발명함으로써 단지 삶의 새로운 방식만을 가져온 것이 아니라, 죽음의 새로운 길도 열었다. 그리고 자연선택은 속도를 두려워하는 호미닌의 편이 아니었다. 그렇기 때문에 나폴레옹은 자신의 발명품이 가져올 위험을 제대로 이해하지 못했고, 따라서 새로운 위협에 대한 준비도 전혀 되어있지 않았다. 위험을 즐기고 과시하길 좋아했던 천재 나폴레옹은 전속력으로 달리는 말에서 떨어져 죽었을지도 모른다. 어쩌면 그는 자신이 발명한 속도로 인해 죽은 최초의 인물이었을지도 모르겠다.

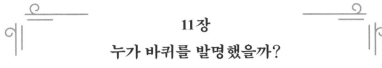

11장
누가 바퀴를 발명했을까?

만약 우리 종이 지구에 있었던 시간을 24시간으로 본다면,
이는 자정이 되기 25분 전에 일어났다(5천 4백년 전).

5천 4백 년 전 / 최초의 바퀴

바퀴가 발명되기 수십만 년 전, 어떤 운 나쁜 호미닌이 불안
정한 바위 혹은 통나무를 밟았다가 뒤통수가 깨질 뻔했다. 그
리고 그는 둥그런 물체가 땅과의 마찰을 줄여준다는 사실을
발견했다. 살다 보면 누구나 이런 일을 겪는다.

굴림대, 쉽게 말해서 무거운 물체를 옮기기 위해 그 밑에 받
치는 통나무가 고대의 모든 지역에서 쓰였던 이유도 그 때문
일 것이다. 이집트인과 메소포타미아인들은 굴림대를 이용해

서 피라미드를 짓기 위한 무거운 장비를 굴렸으며, 폴리네시아인들은 이스터섬의 모아이 석상을 옮겼다. 그러나 굴림대는 진행 방향 앞쪽으로 계속해서 새로운 통나무를 놓아줘야 했기 때문에 매우 비효율적이었으며, 아래에 굴림대를 고정하더라도 마찰력 때문에 움직이기가 아주 어려웠다. 해결책은 차축이었다. 그러나 아주 오랜 옛날부터 널리 쓰였던 굴림대와 달리, 바퀴와 차축은 약 6천 년 전 어느 도공이 기발한 아이디어를 떠올리기 전까지는 누구에게도 언제 어디에서도 발견되지 않았다.

지금까지 확인된 가장 오래된 차축은 마차나 수레가 아니라 메소포타미아의 도자기 물레에서 쓰인 것이었다. 그저 단순한 기계처럼 보이지만, 물레는 어딘가에 사는 누군가가 회전하는 원반의 중심은 움직이지 않는다는 사실을 알아차리고 그것을 이용해서 기계적 확대율mechanical advantages[19]을 취했음을 보여주는 최초의 증거다. 이는 몹시 놀라운 관찰을 바탕으로 한 매우 참신한 발명이었을 뿐만 아니라 자연에서도 그 유래를 찾아보기 어려운 것이다. 도대체 어디에서 그런 아이디어를 얻었는지조차(아마도 끈에 엮인 구슬이 돌아가는 모습에서?) 명확하지 않다. 학자들은 차축을 인류 역사에서 가장 훌륭한 기계적 통찰로 꼽

---

19 지레, 도르래 등과 같이 도구에 의해 힘이 증폭되는 원리.

는다.

그러나 도공의 물레가 굴러가는 물체에 달린 바퀴가 되기까지는 또 다른 지적 도약이 있었다. 최초의 바퀴는 자녀가 있는 도공이 발명한 것으로 추측되고 있다. 왜냐하면 세계에서 가장 오래된 차축은 점토로 만들어졌으며, 약 5cm 정도 크기의 작은 동물 모양 조각상 밑에 붙어 있었기 때문이다.

즉 최초의 바퀴는 굴러가는 장난감이었다.

앞서 말했듯이 일반적으로 고고학에서는 고대의 어떤 물건을 장난감이라고 정의하기를 꺼리지만, 이 경우에는 증거가 아주 확실했다.

1880년 7월 고고학자 데시레 샤르네Désiré Charnay는 콜럼버스가 상륙하기 이전 시기에 만들어진 바퀴를 아메리카 대륙에서 처음 발견했다. 4개의 바퀴 위에는 작은 코요태 모양 조각상이 올라가 있었다. 그것이 발견된 위치는 멕시코시티 남쪽에 묻힌, 어느 아즈텍 아이의 무덤이었다.

샤르네가 저서 『신세계의 오랜 도시들The Ancient Cities of the New World』에서 추정한 것처럼, 그 장난감은 "오랜 옛날 사랑하는 아이와 함께 그것을 묻어준, 다정한 엄마의" 사랑과 추억이 담긴 기념품이었다.

아즈텍의 아이가 바퀴 달린 장난감을 가지고 놀았던 것은 높은 스텝 지대의 도공이 물레를 발명한 이후 수천 년이 지난 후였다. 하지만 이는 유럽인들이 아메리카 대륙에 바퀴를 들여온 것보다는 이전에 일어난 일이었다. 말하자면 이것은 신대륙과 구대륙의 도공이 각각 자신의 아이를 위해 독자적으로 바퀴와 차축을 발명해서 장난감을 만들었음을 뜻한다.

내가 이야기를 나눠본 고고학자들은 그토록 뛰어난 통찰력이 겨우 장난감처럼 하찮은 물건에 쓰였다는 사실을 쉽게 받아들이기 어려워했다. 그러나 엔지니어들은 그렇지 않았다. 오히려 만약 최초의 바퀴와 차축이 227kg짜리 마차를 만드는 데 활용됐다면 그게 더 놀라운 일이라고 생각했다. 그들에 의하면 거의 모든 발명품은 먼저 작은 모형이나 프로토타입을 만들어보는 작업이 선행된 후에 탄생한다. 작은 모형은 만들기가 쉽고 시간이 적게 걸리며, 문제점을 더 빨리 발견해서 해결책을 찾을 수 있기 때문이다.

장난감 바퀴가 대단히 독창적인 발명품인 것은 사실이지만 그것이 처음부터 사회적 혁신을 불러오지는 못했다. 바퀴와 차축을 크게 확대하여 마차에 적용한 사람은 그로부터 수백 년이 지난 후에 나타났다.

실물 크기의 마차가 처음 등장한 것은 약 5천 4백 년 전이었다. 인류 역사에서 그렇게 빠른 속도로 전파된 발명품은 아마 마차가 처음이었을 것이다. 문화적 장벽이 특히 높았던 시기였음에도 불구하고 남부 이라크에서부터 독일까지, 실물 크기의 수레가 등장한 시기는 서로 수백 년도 차이가 나지 않는다. 마차의 유용성이 그만큼 대단했던 모양이다.

인류학자이자 『말, 바퀴, 언어The Horse, the Wheel, and Language』의 저자인 데이비드 앤서니에게 마차가 이토록 폭발적으로 퍼질 수 있었던 이유가 무엇이었는지 묻자, 그는 마차의 크기도 한 몫했으리라 생각한다고 대답했다. "그것은 아마도 그들이 태어나서 본 것 중에 가장 거대한 나무 기계였을 겁니다." 당시 마차는 소리도 시끄럽고, 속도도 느렸다. 또한 당시에는 황소 여러 마리가 마차를 끌었는데, 황소 자체도 스텝 지대에서 가장 큰 동물 중 하나였으니 단연 눈에 띌 수밖에 없었을 것이다.

마차의 발명은 선사 시대의 스푸트니크Sputnik[20]와 같아서 아무도 모를 수가 없는 일이었다. 가장 오래전에 만들어진 바퀴 두 개를 살펴보면, 하나는 현대의 기차처럼 차축이 바퀴에 고정되어 있지만, 다른 하나는 현대의 자동차처럼 차축에서 바퀴가 자유롭게 회전한다. 다시 말해서 몇몇 마차 제작자는 다른 마차를 자세히 조사하는 과정 없이 멀리서 구경만 한 상태에서 모방한 것 같다고 앤서니는 말했다.

마차의 발명과 확산은 중동과 유럽 사회 전역에 즉시 극적인 영향을 미쳤다. 마차는 농경민의 생산성을 엄청나게 증대

---

20 소련이 쏘아 올린 세계 최초의 인공위성.

시킴으로써 농장 풍경을 바꿔놓았다. 한때 농장은 많은 양의 비료나 씨앗, 작물을 옮기기 위해 여러 사람의 노동이 필요했지만, 마차가 생기면서 가족끼리 농장을 경영하는 것이 가능해졌다. 그리고 이전에는 강을 중심으로 밀집했던 인구가, 이제는 생산성은 높으나 아직 개척되지 못한 스텝 지대로 대거 이동했다. 마차는 경제, 생활 방식, 전쟁, 심지어 언어까지 모든 것을 바꿔놓았다. "바퀴 달린 최초의 운송수단이 지니는 사회적, 경제적 의의는 과장하기가 어려울 정도"라고 앤서니는 설명했다.

바퀴도 물론 처음에는 미니어처 크기로 시작했겠지만, 세상을 바꾼 것은 실물 크기의 바퀴였다. 그리고 작은 바퀴를 크게 확대하기 위해서는 또 다른 천재가 필요했다. 실물 크기의 바퀴와 차축은 매우 정교한 기술력이 필요했으므로 석기 도구로는 만들 수가 없었고 당시 막 주조되기 시작한 둥근 끌과 송곳이 있어야만 했다. 또한 단계적으로 만드는 것이 불가능했기에 최초의 마차는 한 사람이 혼자서 제작한 것이었으리라고 앤서니는 추측했다.

그렇다면 실물 크기의 바퀴가 달린 운송수단을 처음 만든 사람은 누구였을까?

나는 그를 당시 '바퀴'를 뜻하는 단어였을 것으로 추정되는 크웰코스Kwelcos, 줄여서 케이Kay라고 부르겠다. 당시 케이가 썼던 언어에서 '크웰코스'는 '돌리다'라는 동사에서 유래됐으며, 이는 그가 자신의 발명품을 대략 '돌리는 것turner' 정도로 생각했음을 뜻한다. 현재까지 알려진 최초의 마차 운전사는 흑해 동쪽 부근에 자신의 마차와 함께 묻힌 남자였으므로, 나는 케이도 남자였을 것으로 가정한다.

케이는 대략 5천 4백 년 전에 태어난 것으로 추정된다. 케이의 발명품이 워낙 인기를 끌었던 탓에 그의 탄생 시기는 꽤 근거가 확실하다. 얼마 차이 나지 않는 기간 동안 중동에서부터 서유럽까지, 마차의 잔해나 그에 관한 문헌 등이 폭발적으로 발견됐기 때문이다.

그러나 케이가 태어난 지역에 대해서는 아직도 학술적 논쟁이 활발하게 진행되는 중이다. 마차가 "워낙 빠르게 전파된 탓에, 곳곳에서 발견된 증거 중에서 어떤 것이 가장 오래됐는지를 정확하고 분명하게 짚어내는 것이 불가능하기 때문"이다. 현재 가장 가능성이 큰 후보는 둘이다. 하나는 슬로베니아 류블랴나에서 발견됐으며, 다른 하나는 얌나야Yamnayan 문화의 무덤에서 발견됐다. 후자는 흑해의 동쪽, 러시아 북캅카스에 위치한 것이다. 고고학자들은 이 무덤에서 바퀴뿐만 아니라 온전한 형태를 갖춘 마차 전체, 그리고 30대 남성의 유골이 마차 위에 놓여있는 것을 발견했다.

빠르게 전파된 발명품의 최초 지역을 콕 짚어내기에 고고학은 적절한 학문이 아니다. 그러나 언어학적으로 접근해보면, 최초의 발명가가 마차와 같이 묻힌 얌나야 남자와 가까운 곳에 살았을 것으로 추측할만한 이유가 몇 가지 있다. 현재 많은 고언어학자들이 당시 얌나야 사람들의 언어가 PIE, 즉 인도 유럽 공통 조어PIE-Proto-Indo-European였을 것으로 생각하고 있다. 오래전에 사라진 언어를 복원한 결과에 따르면 그것이 바퀴를 발명한 사람의 모국어였을 것으로 추정되기 때문이다.

앤서니는 내게 이렇게 설명했다. "바퀴를 뜻하는 어휘를 살펴보면 바퀴나 차축을 가리키는 단어 대부분이 PIE 사용자에 의해, PIE 고유의 동사와 명사로 만들어졌음을 알 수 있습니다." 예를 들어 '차축axle'을 뜻하는 PIE 단어는 '어깨'를 뜻하는 PIE 단어에서 파생됐는데, 여기서 우리는 PIE 사용자였던 최초의 발명가가 자신의 발명품을 표현하기 위해 외국어가 아닌, 자신의 모국어를 사용했을 것이라고 가정할 수 있다.

이 사실은 매우 중요하다. 사람들이 외국 기술을 받아들일 때는 보통 그 기술이 처음 시작된 나라의 용어도 같이 가져오는 경우가 많기 때문이다. 스페인 사람들이 카리브해에서 담배 식물을 들여올 때도 현지의 타이노Taino족이 사용했던 '타바코Tabako'를 그대로 유지했다. 따라서 바퀴를 가리키는 단어를 복원한 결과를 근거로, 케이 또한 러시아의 남서쪽 구석에 마차와 같이 묻힌 남자처럼 PIE 언어를 사용하는 얌나야 사람이었을 것이라고, 비록 증명은 할 수 없지만 추측은 할 수 있다.

케이는 농경민이자 목축민이었다. 그는 개, 말, 양을 키웠고, 아마도 가장 초기 형태의 양모 옷을 입고 있었을 것이다. 벌꿀술을 즐겼으며, 소를 키우고, 소젖을 마셨다. 높은 확률로 그는 강 근처에 옹기종기 모인 작은 농경 마을에서 롱하우스를 짓고 살았을 것이다.

언어적 증거가 제시하는 바에 따르면 케이는 하늘에 사는 남성 신을 숭배하여 그를 위해 소와 말을 제물로 바쳤고, 사람들에게 존경받는 족장과 전사들과 함께 공동체 생활을 했다. 얌나야 사람들의 DNA를 분석한 결과를 보면 아마도 케이는 갈색 눈동자에, 짙은 색 머리칼(낮은 확률로 붉은색이었을 수도 있다.), 올리브 빛이 살짝 도는 피부를 갖고 있었을 것이다. 얌나야 남성의 평균 신장은 약 175cm였으며, 오랫동안 야외에서 힘들게 일했기 때문에 근육이 많은 건장한 남성이었을 가능성이 크다.

이중 상당 부분은 물론 추측에 따른 것이지만, 적어도 한 가지는 확실하다. 최초의 마차를 만든 사람이 구상과 기술의 천재였다는 것이다. 케이를 이보다 더 잘 묘사할 방법은 없다. 바퀴 달린 장난감을 실물 크기의 마차로 확대하는 것은 거기에 수반되는 공학, 설계, 목공 등의 수많은 문제를 케이가 해결했음을 뜻한다. 앤서니를 비롯한 일부 학자들은 최초의 마차가 만들어지기 겨우 몇 세대 전에 처음으로 구리가 주조됐던 것이 그저 우연이 아니라고 생각한다. 운송수단으로 기능할 수 있을 정도의 바퀴와 차축을 만들려면 석기 도구로는 그렇게 정확하고 정밀한 기술 구현이 불가능했을 것이다.

책『바퀴는 왜 둥글까?Why the Wheel Is Round』에서 저자 스티븐 보겔Steven Vogel은 바퀴에서 가장 중요하고 핵심적인 요소는 바퀴와 차축의 적절한 연결이라고 했다. 너무 빡빡하면 마차를 움직이는 데 지나치게 많은 힘이 필요하고, 너무 느슨하면 바퀴가 흔들거리다가 금세 빠지고 말 것이기 때문이다. 성냥갑 크기의 바퀴와 차축에서는 이러한 어려움이 잘 드러나지 않았을 것이다. 차축의 지름과 길이 간에 적절한 비율 또한 크게 문제 되지 않았을 것이다. 그러나 실물 크기에서는 길이 대비 차축의 지름이 너무 두꺼우면 마찰력이 지나치게 높아지고, 너무 가늘면 짐의 무게를 버티지 못해 부러질 것이다.

바퀴도 차축 못지않게 복잡하다. 만약 케이가 쓰러진 나무를 살라미 햄처럼 잘라서 썼다면, 바퀴는 금세 망가졌을 것이다. 문제는 나뭇결의 방향이라고 보겔은 지적했다. 살라미 햄처럼 자른 나무 바퀴는 가장자리가 무게를 지지하지 못하므로, 압력이 가해지면 금세 변형이 일어난다. 이 문제에 대한 해결책으로 케이는 수직으로 자른 나무를 여러 개 붙여서 바퀴를 만들었다. 이를 위해 케이는 자른 조각들을 조심스레 연결한 후 완전하게 둥그런 형태가 되도록 다듬어야 했다.

바퀴의 크기도 중요했다. 너무 작으면 마차는 작은 웅덩이조차 지나가지 못할 것이고, 너무 크면 이미 무거운 마차가 더 무거워져서 움직이지도 못하기 때문이다.

케이가 천재인 이유는 이들 중 어느 하나를 실현했기 때문이 아니다. 케이는 이 모든 것을 하나도 빠짐없이 구현했다. 앤서니가 언급한 것처럼 마차는 단계적으로 만들어질 수가 없다. 성공 아니면 실패, 둘 중 하나다. 그러나 케이의 천재적인 능력에도 불구하고 마차는 황소가 아니면 끌 수 없을 정도로 크고 무거웠다.

소의 가축화는 수만 년 전 터키의 나투프인들이 야생 오록스를 길들이면서 시작됐다. 처음에 나투프인들은 소를 그저 고기와 우유를 얻는 용도로만 활용했으나 기원전 4천 년 무렵, 지금의 우크라이나에 있었던 메이코프Maykop 문화 사람들이 수컷 소를 거세해서 노동력을 얻는 데 쓰기 시작했다. 소를 거세하고 입에 멍에를 씌우는 과정은 아마 전혀 유쾌하지 않았을 것이다. "동물의 가축화는 그들의 생활 방식에 인간이 개입하는 수준에서 벗어나, 완전히 새로운 단계에 접어들었음을 의미한다"고 고고학자 사비네 라인홀트Sabine Reinhold는 기록했다. 여기에는 거세, 폭력, 고통을 가하는 과정이 포함됐다. 동물들은 "점점 더 무기력해졌고, 그들의 영혼은 완전히 망가졌다."

이 과정에서 고통을 받은 것은 황소뿐만이 아니었다. 앞서 언급된 얌나야 마차 운전사는 평생에 걸쳐 총 26군데에 골절을 입었으며, 척추, 왼쪽 갈비뼈, 발에 관절증을 앓았다. 그러나 이는 특별한 일이 아니었다. 마차와 같이 묻힌 초기 얌나야 사람 중에는 골절을 입은 사람, 특히 손이나 발이 부러진 사람들이 많았다. 이는 황소에게 멍에를 씌우는 일이 동물과 사람 간의 격렬하고 폭력적인 전투나 다름없었음을 보여주는 증거이다. 메이코프 문화에서는 사람이 죽으면 코뚜레를 한 소와 함께 묻었다. 일부 고고학자들은 이것이 야수를 마침내 완전하게 통제하게 된 것을 축하하는 의미였을 것이라고 추측했다.

어쨌든 케이는 세로 90cm, 가로 183cm 정도의 크기에, 무게가 수백 킬로그램에 달하며, 시끄러운 소리를 내는 나무 바퀴와 차축을 갖춘 마차를 황소에게 매는 것에 성공했다. 황소 무리가 그 거대한 마차를 끌어서 움직이기 시작한 바로 그 순간, 케이는 농업에 새로운 장을 연 것이었다. 예전에는 농장일에 필요한 무거운 짐을 나르기 위해 마을 전체가 움직여야 했지만, 마차와 황소 무리 덕분에 이제는 한 가족만으로도 작업이 가능해졌다.

그 결과 얌나야 가족들은 마차를 이동식 집처럼 사용하면서, 강변을 중심으로 옹기종기 모여 살았던 마을에서 벗어나게 되었다. 그들은 아직 개척되지 않은 드넓은 유라시아 스텝 지대로, 그리고 그 이상으로 뻗어 나갔다.

그들의 문화적 발자취는 지금도 그 흔적을 찾아볼 수 있다.

높은 스텝 지대에서 내려와 유럽과 중동으로 뻗어 나간 얌나야 사람들은 마차와 함께 문화와 언어도 전파했다. 오늘날 세계 인구의 45%가 케이가 썼던 PIE에서 유래된 언어를 사용한다. 몇 가지만 언급하자면, 영어, 그리스어, 라틴어, 산스크리트어, 포르투갈어, 스페인어, 스웨덴어, 슬로바키아어, 파슈토어, 불가리아어, 독일어, 알바니아어 등 얼핏 보기에는 완전히 다른 언어들도 그 뿌리를 거슬러 올라가면 전부 PIE에 도달한다.

DNA 증거 역시 이와 비슷한 결론을 지지한다. 스텝 지대에서 출발한 얌나야 문화가 서쪽과 동쪽으로 퍼져나가서 기존 문화를 덮쳤다는 것이다. 거기에는 물론 마차의 역할도 있었지만, 그보다 더 영향력이 컸던 것은 아마도 그들과 함께 몰래 이동한 작은 밀입국자였던 것 같다. 유전학자들은 중앙 러시아에서 발견된 5천 년 된 치아에서 흑사병의 원인이 되는 세균의 고대 버전인 예르시니아 페스티스_yersinia pestis_ 박테리아를 확인했다. 아마도 동서로 뻗어 나간 얌나야 사람들은 의도치 않게 생물학적 무기까지 휘둘렀던 모양이었다.

어쩌면 케이도 이러한 전염병에 희생됐을지도 모른다. 또는 사고로 죽었을 수도 있다. 앞서 언급된 마차 운전사는 26군데

에 각기 다른 골절을 입었다. 케이의 사망 원인이 무엇이든지
간에, 당시 마차의 인기와 전파 속도는 그가 죽기 전에 자신의
업적을 인정받은 몇 안 되는 발명가 중 하나였음을 보여준다.
그리고 마차 운전사가 죽으면 마차를 같이 묻어주는 것이 얌
나야 문화의 장례 관습이 된 것으로 보아, 마차와 함께 묻힌 최
초의 인물이 바로 케이가 아니었을까 한다.

12장
최초의 살인 미스터리에서 살인자는 누구였을까?

만약 우리 종이 지구에 있었던 시간을 24시간으로 본다면,
이는 자정이 되기 25분 전에 일어났다(5천 3백 년 전).

5천 3백 년 전 / 최초의 살인 미스터리

어렴풋이 동이 트기 시작할 무렵, 동기 시대의 한 남자는 자신의 목표물이 이탈리아 알프스 기슭에 자리한 어느 마을을 벗어나는 모습을 지켜보고 있었다. 나무가 우거진 길을 따라 올라가던 목표물이 점점 시야에서 사라지자 남자는 조용히 장비를 챙겼다.

남자는 양가죽으로 만든 내의와 염소 가죽 레깅스를 입었고, 풀과 양가죽으로 만든 코트에 벨트를 차고 있었다. 가죽과

끈으로 된 부츠에는 신선한 건초를 채웠고, 식사로는 말린 염소 고기를 싸서 나무틀로 된 백팩에 넣었으며, 허리춤에는 부싯돌 칼을 차고, 등에는 사슴 가죽으로 만든 화살집을, 어깨에는 길쭉한 활을 멘 채 표적을 뒤따랐다.

남자는 키 168cm 정도에, 말랐지만 강단 있어 보이는 체형이었다. 이탈리아 알프스의 지형과 고도에 알맞은 튼튼한 다리와 폐를 가졌다. 한평생 가파른 경사길을 걸었던 사람답게 산을 오르는 속도와 호흡에는 흐트러짐이 없었다. 목표물과 같은 페이스를 유지했으며, 그를 따라잡으려고 서두르는 모습은 전혀 없었다. 목표물은 최근 봄이 오면서 눈이 녹기 시작한 외츠탈 알프스의 정상에서 사람들이 많이 다니는 교역로를 택할 것이었다. 남자는 확신했다.

목표물이 오르락내리락을 반복하며 지금의 시밀라운 산길Similaun Pass의 남쪽으로 움직였기에, 남자는 나무가 울창하게 우거진 발 세네일스Val Senales 협곡을 피해서 올라갔다. 산등성이에 가까워지자 앞쪽에 있는 작은 도랑에서 연기 한 줄기가 피어오르는 것을 볼 수 있었다. 남자는 어깨에서 활을 내리고 화살집에서 화살을 꺼낸 후, 정상을 향해 살금살금 기어갔다.

1991년 9월, 외츠탈 산에서 오스트리아와 이탈리아 사이의 국경을 따라 하이킹을 하던 등산객 두 명은 섬뜩한 장면을 목격했다. 유난히 따뜻했던 여름 날씨에 시밀라운 산길을 따라 있던 작은 도랑을 덮은 눈이 녹으면서, 죽은 남자의 비틀린 팔과 찡그린 얼굴이 드러난 것이었다. 등산객은 지난 겨울 폭풍우에 갇힌 누군가의 흔적을 발견했다고 생각하고 관계자에게 이를 알렸다. 그러나 눈 속에서 꺼낸 시체의 얼어붙은 피부를 본 검시관들은 그가 훨씬 더 오래전에 죽은 사람이라고, 아마도 1차 세계대전에서 목숨을 잃은 군인일 수도 있겠다고 생각했다.

그러다가 문득, 그가 갖고 있던 장비가 눈에 들어왔다. 그 옆에는 거의 완벽하게 보존된 고대 구리 도끼가 놓여 있었다. 그것은 선사 시대에 만들어진, 그러나 그 시절에도 흔치 않았던 아름다운 도끼였다. 그와 같은 도구는 지난 5천 년간 주조되지도, 휘둘러지지도 않았다. 전 세계의 고고학자들이 이를 조사하기 위해 달려왔고, 현지 신문은 그가 사망한 산의 이름을 따서 그에게 외치라는 이름을 붙여주었다. 고고학자들은 외치가 투탕카멘보다도 약 2천 년 전에 사망했다는 결론을 내렸다.

외치의 나이 자체는 그렇게 놀랄 만한 일이 아니었다. 고고학 유적지에서는 그보다 오래된 뼈가 발견되는 일도 종종 있다. 그러나 그러한 보존 상태의 시체는 전례가 없었다. 마치 냉동창고의 문이 닫히듯이 사망 직후 빙하가 외치의 몸 위를 지나간 탓에, 그는 5천 년 동안 그 작은 공간에 거의 그대로 밀폐되어 있었던 것이다.

냉기가 그의 DNA, 피부, 손톱, 내장기관, 머리카락, 안구는 물론 위장 안에 든 내용물까지 그대로 보존해준 덕분에, 과학자들은 동기 시대 유럽인의 삶을 이전과는 차원이 다른 깊이까지 살펴볼 수 있게 됐다. 현재까지 20년 이상 조사가 계속되고 있으니 아마도 외치의 몸은 인류 역사상 가장 많은 연구가 이루어진 시체일 것이다.

스탠퍼드대 고고학자이자 내셔널지오그래픽 팀의 일원으로 외치를 조사했던 패트릭 헌트Patrick Hunt가 들려준 이야기에 따르면, 과학자들은 이미 외치의 머리카락 색깔, 눈 색깔, 마지막으로 먹은 음식, 문신, 관절염에 걸린 관절, 그 밖에도 여러 건강상의 문제를 알아냈다. 치아의 에나멜을 연구해서 외치의 고향을 확인했고, 성대를 복원하여 그의 목소리가 인간 황소개구리처럼 깊고 거칠었다는 사실도 파악했다. 위장에 남아 있는 꽃가루 층으로 외치가 외츠탈 산에서 마지막으로 걸었던 경로까지 정확하게 구현했다.

그러나 아마도 가장 흥미로운 사실은 따로 있다. 그것은 외치가 처음 발견된 이후 거의 10년이 지났을 때 밝혀진 사실이었다. 어느 방사선 전문의가 다른 이들이 지금까지 놓치고 있었던 무언가를 알아차린 것이다. 그것은 외치의 쇄골 아래에 박혀 있는 부싯돌로 만든 화살촉이었다. 그 화살촉이 지나간 자리에는 쇄골 밑 동맥이 잘려져 있었다. 이 같은 부상은 현대 의학의 기준으로 봐도 대단히 치명적인 것이므로, 수천 년 전 산길에서 쓰러진 외치가 살아남지 못했음은 말할 필요도 없다. 이로써 외치의 사망 원인에 대해 10년간 지속하여온 논쟁이 드디어 끝이 났다. 그는 병이나 체온 저하, 낙하 사고 등으로 죽은 것이 아니었다. 외치의 죽음은 살인이었다.

폭력은 인류가 진화하기 한참 전부터 인간 세상의 한 부분으로 존재해왔다. 한때 인류학자들은 살인과 전쟁이 현대 도시화의 부작용이라고 생각했었다. 모르는 사람들과 어울려 살다 보니 살인이 일어나고, 국가의 권력이 생기면서 전쟁이 시작됐다는 것이었다. 그러나 최근 이 이론은 강력하게 도전을 받고 있는데, 가장 큰 이유는 이 이론이 잘못된 관찰 두 가지에 기반을 두고 있기 때문이다. 첫째, 우리의 유인원 조상은 상대적으로 평화로웠으며 인류가 진화를 거듭할수록 폭력에 가까워졌다는 관찰은 사실이 아니다. 둘째, 고대 과거에 있었던 폭력의 실태는 사실 과소평가된 것이다. 최근 수십 년간 영장류 동물학자들은 침팬지가 인간보다 훨씬 자주 서로를 죽인다는 사실을 발견했다. 과거 수렵 채집인들 간의 전쟁이 지금의 국가 간 전쟁에서 일어나는 조직적인 대량학살보다 적은 사상자를 낸 것은 사실이다. 하지만 그들은 인구수가 훨씬 적었고 대신 폭력이 만성적으로 일어났다는 점을 고려하면, 현재 세계에서 가장 폭력적인 도시들을 제외한 그 어떤 곳과 비교해도 고대의 폭력 발생률은 지금에 뒤지지 않거나 오히려 더 높았다. 따라서 최근 들어 인류학자들은 인류가 처음 나타난 그 시점부터 인간은 활발하게 서로를 죽여 왔다는 쪽으로 생각을 바꾸고 있다.

달라진 것은 폭력을 금기시하는 분위기가 점점 커지고 있다는 점이다. 고대에는 사람을 죽이면 처벌받기보다는 주로 칭찬이나 인정을 받았다. 그러나 다른 사람들과 잘 어울리고 온화한 사람들이 더 많은 선택을 받는 과정(어떤 인류학자들은 이를 자기가축화self-domestication라고 부른다.) 이 반복되면서, 살인은 적어도 상황에 따라서는 금기가 되어 왔다. 살인자는 자신의 행동이 발각될 경우 처벌이나 보복의 위험을 무릅써야 했다.

이러한 사회적 분위기 때문에 살인자들이 자신의 범죄 사실을 은폐하기 시작했고, 살인 사건이 일어나면 범인이 누구인지 추리해야 하는 상황들이 생겨났다.

이러한 전환이 언제 시작됐는지는 고고학자들도 모르지만, 외치의 죽음은 살인자가 자신의 행동을 숨기고 달아나려고 시도한 증거가 확실한 최초의 사례였다. 수많은 전문가들이 인류 역사상 가장 많이 연구된 그 범죄 현장을 지난 20년간 조사한 결과, 외치를 죽인 사람은 외치와 안면이 있으며, 자신의 범죄를 숨기기 위해 매우 먼 거리를 이동했다는 사실이 밝혀졌다.

누가 외치를 죽였을까?

이탈리아 북부의 주발Juval 지역이 그의 고향이었을 것으로 추정되므로, 나는 그를 주발리Juvali라고 부르겠다. 또한 2013년 UN 보고서에 따르면, 오늘날 전 세계 살인 사건의 96%가 남성에 의해 일어나므로 주발리 역시 남성이었던 것으로 가정하겠다. 이는 단지 현대에 와서 생긴 현상은 아니다. 인류학자 스콧 브라운Scott Brown은 살인의 절대다수가 남성에 의해 일어나는 것은 오랜 과거에서부터 이어진 인류의 보편적 현상이라고 말했다.

주발리는 유목 생활을 하는 수렵 채집인이라기보다는 농부나 목축민이었을 것으로 추정된다. 목축민이었던 그의 조상들은 고대 터키에서 기원해서 유럽으로 퍼져나갔고, 폭력과 질병을 거치며 유럽의 수렵 채집인들을 서서히 대체했다. 그와 함께 경작지, 가축, 영구 마을에 기반을 둔 정착 생활을 가져왔다.

만약 주발리가 전형적인 신석기 시대 유럽인처럼 생겼었다면 그는 갈색 눈에, 어두운 머리칼, 아마도 성긴 수염을 뽐냈을 것이다. 당시 남성의 평균 신장은 약 167cm가량으로 지금과 비교하면 다소 작은 편이었지만, 강철처럼 탄탄한 체격과 어우러져서 마치 오늘날의 전문 기수와 같은 체격을 가졌을 것이다. 성장을 저해하는 불균형한 식단과 강도 높은 움직임이 많던 일상 때문에 상체는 구부러졌고, 평생 가파른 외츠탈 산을 걸었던 다리는 튼튼했지만 퇴행성 관절을 갖고 있었다.

주발리의 건강 상태는 아마 좋지 않았을 것이다. 수렵 채집인들은 일부 식물이나 동물이 다소 부족하거나 사라져도 언제나 다양하고 균형 잡힌 식사가 가능했지만, 유럽 초기 농경민과 목축민은 소수의 작물과 동물에만 먹거리를 의존했다. 홍수나 가뭄이 나면 꼼짝없이 영양결핍을 겪어야 할 때가 많았다. 풍년이 들었을 때조차도 주발리와 사람들은 수렵 채집인보다 상당히 빈약한 식사를 했으므로, 오히려 수렵 채집인들의 체격이나 건강 상태가 더 좋았다. 주발리는 또한 농장일을 도와줄 가축과 함께 생활했으므로 해충이 많이 꼬여서 물 공급처가 오염되거나 생명을 위협하는 바이러스에 감염되기도 쉬웠다.

따라서 초기 농경민이 심각한 질병을 앓는 경우는 비일비재했다. 이들의 유골 중 많은 수가 손톱에 보우선Beau's lines이라고 하는 깊은 홈이 있었는데, 그것 또한 질병의 일종이었다. 주발리는 조충, 관절염, 라임병[21], 궤양 등 신석기 시대 유럽인에게

---

21 진드기가 옮기는 세균에 감염되어 여러 기관에 병을 일으키는 감염질환.

유행했던 질병을 경험했을 확률도 높다. 탄수화물 위주의 식사 때문에 충치도 많았을 것이며, 가파른 지형은 관절에 무리를 주었다.

그러나 이처럼 건강에 해로운 생활 방식이 가하는 공격에 주발리가 속수무책으로 당하기만 했던 것은 아니다. 최근 들어, 초기 농경민들이 생각보다 훨씬 정교한 의학적 기술을 갖고 있었다는 사실이 드러났다. 어쩌면 주발리는 항균제를 사용했고, 관절염 완화를 위해 뼈바늘과 숯을 이용했을지도 모른다고 헌트는 내게 말했다.

주발리의 직업은 확실하지 않은데, 그 이유는 동기 시대 유럽에 어떤 종류의 직업이 존재했는지가 아직 제대로 밝혀지지 않았기 때문이다. 양치기, 농부, 구리를 다루는 대장장이는 분명히 있었을 것이다. 그러나 장사꾼, 이발사, 재단사는 있었을까? 20년 전까지만 해도 학자들은 신석기 시대 유럽 경제가 그저 생존에 기초했을 것으로 추측했었다. 그러나 외치의 신발을 자세히 연구한 결과, 학자들의 생각보다 훨씬 정교한 경제 체계가 갖춰져 있었을지도 모른다는 주장이 제기됐다.

외치의 신발은 전혀 특별할 것이 없어 보였다. 이탈리아 볼차노Bolzano에 있는 사우스 티롤 고고학 박물관South Tyrol Museum of Archaeology에서 전시관 유리를 통해 본 신발은 그저 속이 빈 빵덩어리를 끈으로 묶어둔 것처럼 생겼다. 그러나 체코 즐린Zlin

의 신발 공학 교수 페트르 라바체크Petr Hlaváček는 외치가 발견
되자마자 그의 신발에 큰 관심을 가졌다. 그는 외치가 신었던
신발을 그대로 따라서 복제품을 만들었다. 끈과 가죽으로 만
든 부츠에 안감으로는 건초를 채웠으며, 치수까지 265mm로
맞췄다. 그리고는 그 신발을 신고 테스트를 해보았다. 미끄러
운 얼음 위를 걸어보기도 하고, 신발을 물에 빠뜨려 보기도 했
으며, 유럽에 있는 여러 산에 올라가 보기도 했다. 그 결과, 그
는 그 신발이 '기적'이라고 선언했다. 건초로 댄 안감은 눈에
서도 발을 따뜻하게 유지해주었고, 부드러운 가죽 바닥은 현
대 등산화보다 더 압력 분산이 잘 되고 미끄러지지도 않았다.
체코의 산악인 바클라브 파텍Vaclav Patek 역시 그 신발을 신어본
후에 "유럽에서 이 신발로 정복하지 못할 산은 없다"고 감탄
했다. 라바체크는 전문적인 구두 수선공이 아니고서야 이렇게
질 좋은 신발을 만들 수 없다고 말하면서, 이는 주발리의 마을
에 생각보다 다양한 종류의 직업이 있었을 가능성을 (증명까지
는 아니라도) 시사한다고 주장했다.

이처럼 현재 연구원 중에서 신석기 시대 유럽에 어떤 직업
과 거래가 존재했었는지를 아는 사람은 거의 없으므로, 우리가
주발리의 직업을 추측하기에는 단서가 너무 적다. 그러나 가장
가능성 있는 시나리오는 주발리가 목축민이었다는 것이다.

이탈리아 알프스의 작은 언덕에서는 (지금도) 양과 염소를 모

는 것이 가장 주된 생계수단이다. 이날까지도 외츠탈 알프스를 걸어가면, 산비탈을 따라 소나 양의 목에 맨 방울 소리가 은은하게 울리는 것을 들을 수 있다. 그러나 주발리가 양이나 염소를 몰았을 것으로 추측하는 데에는 그저 확률상의 이유만 있는 것은 아니다. 사람을 죽이려 했던 그의 성향에서도 그가 목축민이었음을 유추할 수 있다. 법이 존재하지 않았던 환경에서 누구보다 고대 목축민들은 특히 많은 폭력을 저질렀기 때문이다.

자신의 부가 땅에서 나오는 농부와 달리, 목축민의 생계는 다리 달린 짐승에게 의지하고 있었으므로 언제나 강도나 도둑에게 당할 위험에 노출되어 있었다. 지금처럼 법률이 집행되기 전이었던 당시 목축민이 강도에 맞설 수 있는 유일한 방어는 피의 복수뿐이었다. 분쟁을 해결해줄 정의로운 법원이 없으니 자기가 직접 나서서 강력하게 대응하는 수밖에 없었다.

이렇게 삐뚤어진 대응법은 비교적 최근 역사에서도 나타난다. 기록보관소가 사법체계보다 힘 있던 시절인 중세 영국에서, 목축을 주요 생업으로 하는 작은 마을의 살인 발생률은 지금의 전쟁 지역에 맞먹을 정도로 높았다. 1340년 영국 옥스퍼드 지역의 목축민과 농경민은 10만 명당 110명꼴로 서로를 학살했다. 오늘날 누군가를 폭력으로 사망하게 하는 비율을 살펴보면 당시의 1%에도 미치지 않는다.

고고학적 발견을 살펴보면 주발리가 살았던 시대에는 그보다 더 극단적인 폭력 사태도 얼마든지 일어났음을 유추할수 있다. 세계 여러 고고학 유적지에서 으깨진 두개골, 몸에박힌 화살촉, 잘린 목, 목을 조른 자국 등의 처참한 흔적이 발견됐다. 예를 들어 북아메리카에서 가장 오래된 유골 중 하나는 콜롬비아강 근처에서 발견된 것으로, 9천 4백년 된 케너윅Kennewick 사람의 것이었다. 그의 골반에는 돌로 된 창이 박혀 있었다. 영국에서는 2천 년 전에 사망한 린도우Lindow 사람의 시체가 잘 보존된 채로 발견됐는데, 두개골이 깨지고, 목이 잘렸으며, 목뼈도 부러진 상태였다. 또한 덴마크에서 발견된 2천 5백 년 된 톨룬드Tollund 남자는 보존 상태가 어찌나 좋은지 목을조른 올가미와 고통스러워하는 그의 마지막 표정까지 그대로남아있을 정도였다. 주발리의 시대부터 존재했던 스웨덴의 한묘지의 발굴 작업을 이끌었던 T. 더글라스 프라이스Douglas Price는 묘지에 묻힌 시체 중 10%가 폭력으로 인한 희생자라는 결론을 내리기도 했다. 오늘날은 10만 명 중 1.4명만이 폭력으로사망한다. 이처럼 주발리의 마을에서는 살인이 그리 드문 일은 아니었을 것이다.

최근 사우스 티롤 고고학 박물관은 외치 사건을 조사하기위해 뮌헨의 살인 전문 탐정 알렉산더 혼Alexander Horn을 고용했다. 여느 살인 사건과 마찬가지로, 혼은 제일 먼저 주발리의 살인 동기를 밝히는 데에 집중했다. 조사를 시작한 즉시, 그는 강도 가능성을 배제했다. 현장에서 발견된 가장 강력한 증거는 귀중한 구리 도끼였는데, 이는 오늘날로 치면 살인 희생자가 손목에 롤렉스 시계를 차고 있는 것과 마찬가지였다. 따라서 주발리의 목적은 돈이나 고가의 귀중품이 아니었음을 알 수 있다. 또한 외치와 경쟁 관계에 있는 부족의 누군가가 저지른 소행도 아니었을 것이다. 만약 그랬다면 전리품으로 도끼를 가져갔을 확률이 높기 때문이다. 혼의 의견에 따르면 살인자가 도끼를 남기고 간 이유를 가장 적절하게 설명할 수 있는 것은, 외치와 주발리를 모두 아는 지인이 있어서 주발리가 외치의 도끼를 가진 모습을 보고 그를 의심할 수도 있기 때문이었다. 즉 주발리 역시 외치를 아는 사람이었다는 것이다. 물론 단순한 추측이지만, 어쨌든 이것이 가장 그럴싸한 시나리오라고 혼은 말했다.

버지니아 대학교 사회학자 도널드 블랙Donald Black은 현대에 발생하는 살인 사건 중에서 강도와 같이 실질적인 이득이 목적이 되는 경우는 10%도 안 된다고 설명했다. 대다수의 살인 사건은 살인자가 자기 자신은 정의로운 사람이라는 생각을 바탕으로 희생자를 재판하고, 유죄 판결을 내리고, 형을 선고해서 실행에 옮기는, 일종의 사형 집행인 경우가 많다는 것이다. 현대 사례를 분석한 결과를 아주 오래전에 일어난 사건에 적용하는 것이 다소 비약으로 느껴질 수도 있다. 하지만 외치의 손에는 뼛속 깊이 찔린 상처가 있는데, 이 또한 주발리의 살인 동기가 복수였다는 주장을 뒷받침한다.

그 상처는 전형적인 방어흔이라고 혼은 설명했다. 그리고 상처가 아문 정도로 판단하건대, 그 상처는 외치가 사망하기 48시간 전쯤에 생긴 것이었다. 또한 헌트는 외치가 갖고 있던 부싯돌 칼의 끝부분이 부러져 있었다고 내게 알려주었다. 그것을 아직 고치지 않았다는 것은 칼이 부러진 지 얼마 지나지 않아 외치가 사망했기 때문이었을 것이다. 마지막으로, 외치의 현장을 연구한 조사관들은 외치의 망토에서 다른 사람의 혈흔을 찾았다. 피, 칼, 그리고 상처, 이 세 가지를 조합해서 생각해보면 아마도 외치는 사망하기 48시간 이내에 다른 누군가를 공격하거나, 어쩌면 죽였던 것 같다. 만약 주발리가 그 희생자의 가족이었다면, 이는 주발리가 외치를 따라 멀리까지 산을 오를 만한 강력하고 확실한 동기를 제공한다.

주발리가 외치에게 화살은 쏜 날은 날씨가 무척 화창했던 모양이었다. 외치의 위장에서 나온 베이컨과 빵에 묻은 탄소 가루는 산길을 따라 있는 작은 도랑에서 그가 불을 피우고 여유롭게 점심 식사를 즐겼음을 짐작하게 했다. 또한 연구원들은 외치의 소화기관에 있는 음식물의 위치를 근거로 그의 마지막 식사가 사망 전 대략 30분 전에 이루어졌다고 추정했다.

화살촉이 지나간 흔적을 분석한 결과, 주발리는 외치에게서 약 30.5m 떨어진 곳에 서서 그의 왼쪽으로 화살을 쏜 듯하다. 30.5m는 대략 농구코트 길이와 비슷한 거리다. 선사 시대의 활과 화살로 쐈다는 점을 고려하면 이는 몹시 경이로운 거리다. 탄소섬유로 만들어진 화살을 사용하는 현대의 활 사냥꾼조차도 가급적 가까운 거리를 선호한다. 그러나 주발리의 조준은 정확했다. 그가 쏜 화살은 외치의 왼쪽 어깨뼈를 관통하여 팔에 혈액을 공급하는 주요 동맥을 끊은 후 쇄골 바로 아래서 멈췄다. 외치는 동맥 과다 출혈로 화살에 맞은 지 몇 분 만에 숨을 거두었을 것이다.

자신의 화살이 흔적을 남겼으리라는 사실을 분명히 알았던 주발리는 외치에게 다가가서 누워있는 외치를 뒤집은 후(시체의 어깨가 이상하게 뒤틀렸던 이유가 설명된다.) 등에서 화살을 잡아 뺐고, 그 과정에서 화살촉이 화살대에서 분리됐다. 현장을 조사한 고고학자들은 총 14개의 화살을 발견했지만, 이는 전부 외치의 것이었다. 주발리가 쏜 화살은, 즉 외치를 죽인 화살은 사라진 것이다. 현대의 암살자가 탄피를 주워서 증거를 없애는 것처럼 주발리 역시 자신의 정체를 드러낼 수 있는 화살대를 제거했을 것이라고 혼은 말했다. 어쩌면 주발리는 외치의 시체를 눈 속에 묻었을지도 모른다. 그렇게 생각하면 외치의 보존 상태가 유난히 좋았던 이유를 설명할 수 있다.

그러나 주발리가 자신의 범죄 사실을 숨기기 위해 그렇게 먼 거리를 이동한 것은 오히려 그의 정체에 대한 가장 강력한 실마리를 제공했다. 만약 주발리가 단지 목격자가 없는 상태에서 외치를 쏘고 싶었던 것이라면 굳이 산 정상까지 외치를 따라갈 필요는 없었다. 주발리가 그렇게 한 이유는 목격자를 원치 않기도 했겠지만, 그보다는 사람들이 외치의 사망 사실을 알기 어렵게 만들려는 목적도 있었을 것으로 보인다. 이는 만약 사람들이 외치의 사망 사실을 알면 주발리가 제일 먼저 용의자 선상에 오를 만큼, 주발리의 살인 동기가 뚜렷했음을 시사한다. 범죄 사실을 교묘하게 숨기기 위해 그는 산 정상까지 외치를 따라 올라갔다. 살인 현장이 마을에서 멀리 떨어져 있으면 시체가 발견되는 것을 막을 수 있으리라는 추측에서였다.

그리고 그 추측은 대단히 훌륭하게 들어맞아서 그의 범죄 행각은 무려 5천 년이 지난 후에야 세상에 드러났다.

13장
우리가 이름을 아는 최초의 사람은 누구일까?

만약 우리 종이 지구에 있었던 시간을 24시간으로 본다면,
이는 자정이 되기 24분 전에 일어났다(5천 년 전).

5천 년 전 / 우리가 이름을 아는 최초의 사람

1974년 11월 24일, 고고학자 도널드 요한슨Donald Johanson은 에티오피아 하다르Hadar 근처 도랑에서 자그마한 유골을 발견했다. 이로써 우리 종의 진화 계통수에는 대단히 중요한 가지가 하나 추가됐다.

유골의 주인공은 320만 년 전에 살았던, 인간도, 유인원도 아닌 새로운 종이었다. 이후 오스트랄로피테쿠스 아파렌시스 Australopithecus afarensis라는 명칭이 붙었으며, 성별은 여성(또는 암컷)

이었다. 다음 몇 달간 요한슨과 그의 팀은 묻혀 있던 유골의 거의 절반을 발굴해냈다. 요한슨의 표현을 빌리자면, 당시는 "300만 년 전 이전의 인간 진화에 관한 증거가 손바닥 위에 올릴 수 있을 정도로 적었던" 때였다. 요한슨의 발견은 고고학계를 깜짝 놀라게 했을 뿐만 아니라 대중의 상상력까지도 사로잡았다. 이 고대의 호미닌은 선사 시대 사람 중에서 가장 널리 알려진, 어쩌면 유일한 유명인사가 됐다. 그렇게 된 이유에는 고고학자들이 그 유골에게 루시Lucy라는 이름을 붙여줬던 영향이 컸다고 요한슨은 말했다.

그 이름은 아무런 의미 없이, 그저 그날 밤 발굴팀의 캠프에서 흘러나오던 비틀스의 노래에서 따온 것이었다. 그러나 이 름은 고대의 유골에 인간성을 불어넣었고, 오래전에 잃어버린 먼 친척과 현대인 간의 감정적 거리를 가깝게 만들어주었다. 어쨌거나 유명해지려면 이름은 반드시 있어야 한다.

고고학자들은 문자가 만들어지기 전의 인물 또는 장소를 발견했을 때 어떤 이름을 붙여줘야 할지 고민하는 순간을 항상 겪는다. 물론 당시 루시의 가족이나 친구들이 그녀를 뭐라고 불렀는지, 아니 이름이 있기라도 했는지 우리는 알지 못한다. 지난 6천 년 전 이전에 존재했던 사람, 도시, 문화 중에서 학자들이 그 이름을 제대로 알고 있는 경우는 사실상 하나도 없다. 오늘날 그 시대의 사람과 장소를 가리킬 때 학자들이 부르는 이름은 현대에 와서 붙인 허구이다. 때로는 현지 지리에서, 때로는 라디오에서 흘러나오는 비틀스 노래에서 아무렇게나 가져와서 붙인 것일 뿐이다.

문자가 만들어지기 전에도 대략 15억 명의 호모 사피엔스가 이 세상에 태어나고 죽었을 것으로 추정된다. 그리고 그중 단한 명의 이름도 우리는 알지 못하며, 앞으로도 알 수 없을 것이다. 문자가 발명된 이후에도 소수의 지역에서 소수의 사람만 문자를 사용했으므로, 우리가 이름을 아는 사람은 거의 없다. 5천 년 전 외치가 마지막 식사로 무엇을 먹었는지는 알면서도 (12장 참고) 정작 그의 진짜 이름이 무엇이었는지는 모른다. 최초로 아메리카 대륙에 발을 디딘 사람의 이름도, 쇼베나 라스코 동굴에 훌륭한 대작을 남긴 화가들의 이름도(그리고 당시 화가들이 그 동굴을 뭐라고 불렀는지도) 우리는 알지 못한다. 메소포타미아 문명이 발흥하고 문자가 발명된 후에야 우리는 마침내 한 개인의 이름을 알게 됐다. 그는 정복자도, 왕자도, 여왕도, 왕도 아닌, 회계원이었다. 왕이나 정복자와 달리, 회계원은 이름이 기억될 만한 이유가 있었다. 사람들은 대개 회계원이 창조적인 것과는 거리가 멀다고 생각하지만, 학자들 사이에서는 인류의 가장 창조적인 발명이 회계원들에 의해 탄생했다고 보는 의견이 지배적이다.

문자는 어느 순간 갑자기 유레카! 하고 발명된 것이 아니었다. 그보다는 메소포타미아 지역에서 점점 까다로워지는 어떤 문제에 대한 해결책으로 처음 등장해서 거의 5천 년에 걸쳐 발전을 거듭한 것이었다. 그리고 그 문제란 바로 무엇이 내 것이고, 무엇이 네 것인지, 그리고 그중에서 가장 중요한 것은 네가 나에게 무엇을 빚졌는지를 어떻게 구분할 것인가 하는 것이었다. 몇 천 년 후 잉카인이 끈과 매듭에 기초해서 키푸quipu라고 하는 완전히 독자적인 문자 체계를 발전시켰으나, 이 또한 목적은 같았다. 즉 처음에 문자는 빚과 소유를 기록하기 위해 만들어졌다.

메소포타미아에서 문자의 시작은 토큰이었다.

1960년대 고대 메소포타미아 도시의 발굴 작업이 본격적으로 시작되면서 고고학자들은 온갖 다양한 모양의 작은 점토 조각 수천 개를 발견했다. 어떤 것은 동물 머리 모양이었고, 또 어떤 것은 동그란 형태에 어떤 표시가 새겨져 있었다. 장식물처럼 생긴 것도 있었고, 도공이 딴 데에 정신이 팔린 채 빚은 것처럼 생긴 것도 있었다. 고고학자들은 어리둥절했다. 아무도 그것이 무엇인지 또는 얼마나 중요한 것인지를 알지 못했으므로, 이 시기에 나온 고고학 논문은 그저 그런 것들이 발견되었음을 단순히 기록만 할 뿐이었다. 심지어 어떤 것들은 그냥 버려지기도 했다. 1980년대, 역사학자 드니스 슈만트-베세라트Denise Schmandt-Besserat와 피에르 아미에트Pierre Amiet가 마침내 깜짝 놀랄 만한 결론을 제시했다. 그들은 그것들이 예술품이나 장식물, 아무렇게나 빚은 점토 조각이 아니라 문자의 발명으로 나아가는 과정의 첫 번째 단계에 해당한다고 주장했다.

그들의 의견에 따르면 그 점토 조각은 다음과 같은 역할을 했다. 가령 내가 9천 년 전 고대 메소포타미아에서 소를 기르는 사람이었다고 상상해보자. 당시에도 상업이 존재하긴 했지만, 이는 상대적으로 단순했을 것이다. 만약 어떤 이웃이 내가 키우는 소 한 마리를 구매하길 원하지만 그 대가로 교환할 것이 없다면, 나는 오늘날 친구가 내게 돈을 빌렸을 때처럼 그 이웃이 진 빚을 기억하면 된다. 아주 단순하다.

그러나 메소포타미아의 인구가 점점 늘어나고 밀집됨에 따라 거래 횟수가 증가하기 시작했고 누가 무엇을 빚졌는지 기억하기가 점점 복잡해졌다. 역사상 처음으로 상업이 뇌용량을 넘어설 만큼 성장한 것이다. 그 결과 메소포타미아 사람들은 토큰이라는, 간단하지만 기발한 시스템을 사용하기 시작했다. 만약 누군가가 내 소를 가져간다면 그 대가로 소뿔 모양의 작은 점토 조각을 내게 준다. 혹시 내가 상대방이 가진 양 중에서 한 마리를 원한다면 서로 토큰을 교환할 수도 있다. 얼핏 화폐와 비슷한 것처럼 보이지만 그렇지는 않다. 적어도 이때까지는 그 정도로 추상적인 개념에 도달하지는 않았다. 그러나 이처럼 빚을 교환하는 시스템이 결국에는 화폐의 탄생을 가져왔다는 사실은 알 수 있다. 사실 추상적인 개념을 제거하고 보면, 화폐도 결국에는 정부가 나한테 진 빚을 나타내는 표지다. 콜라를 마시고 싶으면 그 빚에 해당하는 물리적 표지를 점원에게 주면 된다.

그러나 거래가 점점 더 복잡해지자 여기저기 흩어지기 쉬운 토큰으로는 그 많은 정보를 관리하기가 어려워졌다. 이에 메소포타미아 상인들은 점토로 된 동그란 공 모양의 봉투에 토큰을 넣어서 보관하기 시작했다. 점토 봉투는 서로 다른 거래를 구분하는 역할을 함으로써 마치 세계 최초의 문서 보관함 같은 기능을 했던 것으로 보인다. 문서 보관함에는 라벨이 필요하므로 사람들은 점토 봉투 바깥에 토큰의 그림을 새겨넣었다. 이는 단순하지만 확실한 방법으로, 물리적 표지에서 추상적 상징으로 넘어가는 몹시 중요한 중간 단계에 해당한다.

물론 되는대로 뒤섞여 있는 점토 봉투로는 점점 더 복잡해지는 거래를 감당할 수 없었을 것이다. 메소포타미아 사람들의 상업은 또다시 더 높은 단계로 나아갔다. 사람들은 점토 봉투와 그 라벨을 점토판 위에 새기기 시작했다. 이때 각각의 거래는 하나의 네모 안에 새겼는데 이는 사실상 최초의 문법 규칙으로 볼 수 있다. 점토판은 더 쉬운 방법으로, 더 많은 정보를 보관할 수 있었다. 가장 큰 장점은 굴러다니지 않는다는 것이었다. 오래 지나지 않아 메소포타미아의 회계원들은 점토 봉투와 토큰 시스템을 완전히 버리고 거래 정보를 나타내는 기호를 점토판에 기록했다.

이윽고 회계원들은 거래 정보를 나타내는 기호를 다시 표로 정리하기 시작했다. 그리고 지금의 고고학자들이 그중 하나의 표 아래에 적힌 회계원의 서명을 해석하고, 그 표가 지금까지 발견된 것 중에 가장 오래된 것이라는 확인했다. 그 회계원의 이름은 고고학자들이 비틀스의 노래나 현지 산이나 마을에서 따온 이름을 허구로 지어낼 필요가 없는 최초의 인물이 됐다. 처음으로 과거의 인물과 우리가 직접 소통한 것이다.

그의 이름은 쿠심Kushim이었다.

쿠심은 5천 년 전, 그러니까 이집트의 상형문자가 나타나기 수백 년 전에 지금의 이라크 남부에 해당하는 고대 메소포타미아에서 태어났다. 쿠심이 직접 점토판에 자신의 성별을 밝히지는 않았지만, 아시리아를 연구하는 학자 벤트 알스터Bendt Alster에 의하면 초창기 메소포타미아의 글들은 대개 남성의 관점에서 쓰였으므로 점토판에 글을 쓴 사람들 역시 대부분 남자였을 가능성이 크다.

쿠심은 페르시아만의 바로 북쪽에 위치한 유프라테스강 근처에서 살았다. 페르시아만은 유프라테스강과 티그리스강이 만나서 아라비아해로 흘러 들어가기 전에 만나는 지점이었다. 이 두 강은 골짜기에 비옥한 토양을 날라주었고, 강의 경로와 주기적인 범람이 일어났다. 덕분에 그곳에는 세계에서 가장 생산성이 높은 경작지 중 하나가 형성됐다. 그 땅에서 나는 농작물은 초기 거대 도시 중 일부를 먹여 살렸는데, 그중 하나가 바로 쿠심이 살았던 우루크Uruk였다. 당시 세계에서 가장 큰 도시였다.

당시 우루크는 메소포타미아 지역 전체를 관통하는 무역의 중심지 역할을 했다. 대략 5만 명 정도 되는 인구가 진흙 벽돌로 지은 집에서 빽빽하게 모여 살았다. 귀족 계급이 존재했고, 곡물과 맥주를 분배하는 큰 신전과 통일된 커리큘럼에 따라 수업을 진행하는 학교도 있었다. 고고학자들은 수천 년에 걸쳐 똑같은 필사 과제 165부가 배포된 것을 발견했다. 직업 목록list of professions이라고 불리는 그것은 메소포타미아 학교에서 치르는 일종의 표준화 시험이었다. 미국이 존재해온 기간의 거의 3배에 해당하는 세월 동안 서기 학교 선생님에 의해 전해 내려온 것이었다.

쿠심이 글을 읽고 쓸 줄 알았다는 것은 그가 이들 학교 중 하나에 다녔으며 적어도 노예 신분은 아니었음을 뜻한다. 이것만으로도 쿠심은 우루크에서 나름 특권층에 속했음을 알 수 있다. 우루크의 인구 구성에서 노예 신분은 상당히 큰 부분을 차지했으며, 실질적인 노동력 대부분을 제공했을 것이다. 방직공장 하나에 일하는 사람들만 해도 수천 명이었으며, 우루크의 대규모 관개시설을 구축한 것 역시 노예들이었음이 거의 확실하다. 메소포타미아에서 발견된 초기 점토판 중 상당수는 노예 소유권을 다루고 있다. 쿠심 이후, 역사가 기억하는 두 번째 최초의 이름은 갈살Gal-Sal이라는 노예소유주와 그가 소유한 두 명의 노예, 엔팝-엑스Enpap-X와 수칼기르Sukkalgir다. 수메르 말로 '노예'를 뜻하는 단어는 다소 불쾌하게도 '외국인'과 동의어였다.

어린 시절 쿠심의 생활은 지금의 학생들과 크게 다르지 않았다. 5~6세가 되면, 학생들이 하나같이 "길고 지루했다"고 묘사한 기록이 남아있는 서기 학교에 다니기 시작했다. 쿠심이 살았던 때보다 거의 천 년 후, 한 학생은 〈서기 학교의 아들 Son of the Tablet House〉이라고 불리는 작문에서 학생들의 하루를 이렇게 묘사했다. "나는 점토판을 읽고, 아침을 먹고, 새로운 점토판을 준비하고, 글을 썼다. 그리고 오후에는 내가 쓴 글을 낭송했다."

만약 수업에 늦으면 쿠심은 선생님들에게 고개 숙여 사과해야 했다. 운이 좋으면 체벌을 면하기도 했지만, 대개는 운이 좋지 않았다. 교칙 위반은 대부분 가벼운 체벌로 다뤄졌다. 고대 수메르의 기록 중 하나에서는 쿠심과 같은 학생들에게 체벌이 주어지는 다양한 이유를 길게 나열하기도 했다. 가령 선생님이 교실에 들어왔는데 자리에서 일어나지 않았거나, 허락 없이 교실을 벗어나거나, 글씨를 예쁘게 쓰지 않았을 때 등이 해당했다.

사죄의 뜻으로 쿠심은 선생님(주로 남자가 많긴 했지만 간혹 여자 선생님도 있었다)을 집으로 초대해서 상석에 앉도록 권했고, 그러면 부모님이 와서 선생님에게 새 옷이나 반지 등을 선물하고 음식을 대접했다. 〈서기 학교의 아들〉에 따르면, 만약 그의 사과 혹은 뇌물이 충분하다고 여기면 선생님은 다음과 같은 종류의 말을 했다. "내가 하는 말을 무례하게 무시하지 않았으므로, 그대는 서기 예술의 최고 경지에 오를 것이다. … 형제들과 친구들 사이에서 지도자가 되길 바라며 … 제자의 의무를 다했으므로, 그대는 이제 교양 있는 사람이 되었다."

학교에서 쿠심은 점토판을 직접 만들어서 햇볕에 굽는 법을 배웠다. 고고학자들은 가끔 빈 점토판을 무더기로 발견하곤 했는데, 아마도 쿠심과 같은 학생들의 초기 수업 과제였던 것으로 추측된다. 점토판은 일단 햇볕에 마르고 나면 사실상 거의 부서지지 않았다. 오늘날 고고학자들이 당시 일상을, 특히 우루크의 학교생활을 그토록 정확하게 파악할 수 있는 것도 그 덕분이었다.

쓰기를 배울 때는, 가령 지금의 학생들이 알파벳 'E'를 구성하는 다수의 획을 따라 쓰면서 연습하듯이, 쿠심도 하나의 기호를 구성하는 여러 요소를 따라 쓰면서 공부했다. 마치 연습

장처럼 부분적인 기호가 반복적으로 쓰인 점토판을 발견하면서 고고학자들은 당시 서기 교육과 훈련이 얼마나 어렵고 지루한 일이었는지 엿볼 수 있었다. 설형 문자는 거의 1,000개에 달하는 기호로 이루어져 있었는데, 쿠심은 이를 전부 암기해야 했다. 그뿐만 아니라 수를 어떻게 표현할 것인가 하는 문제도 있었다. 당시는 아직 숫자가 발명되기 전이었다. 이때는 다섯 명의 사람, 다섯 마리의 양, 다섯 개의 손가락이 오늘날 우리가 공통적으로 '5'라고 부르는 추상적인 수 개념을 공유하고 있다는 사실을 알아차린 사람이 아무도 없었기 때문에, 쿠심은 각각 양과 염소와 연도를 나타내는 고유의 수 체계를 배워야 했다. 숫자가 우리 일상에 자리 잡은지 워낙 오래됐기 때문에 우리는 그것이 얼마나 기발하고 당연하지 않은 발명인지를 거의 잊고 살지만(숫자 '5'를 정의하려는 시도만 해봐도 금세 깨달을 수 있다) 우리가 근본적으로 다른 개념들을 서로 비교하고, 대조하고, 측정할 수 있는 것은 모두 숫자 덕분이다. 그러나 쿠심에게는 안타깝게도 숫자를 발명한 천재는 그가 죽은 이후에 등장했으므로 쿠심은 어마어마하게 많은 기호를 배워야 했다. 학자들은 쿠심의 교육이 성인이 될 때까지 계속됐으리라 추측한다.

학교를 졸업한 쿠심은 신전에서 맥주의 생산과 배분을 관리하는 비교적 높은 자리에 올랐다. 자신의 의무를 기록하기 위해 쿠심은 문자의 선행 형태에 해당하는 그림문자를 사용했다. 보리를 나타내는 기호는 보리 줄기를 닮았으며, 그때까지도 소뿔 무늬 토큰이 소를 나타내는 데 쓰이기도 했다. 쿠심의 그림문자 체계는 완전한 문법을 갖추지도, 많은 소리를 표현할 수 있는 것도 아니었으므로 그것으로 사랑을 노래하는 시나 이야기를 쓸 정도는 아니었다. 쿠심의 문자 체계는 그의 이름을 표현하기에 적절한 기호도 없었다. 그래서 그는 '쿠'와 '심'을 나타내는 그림문자 두 개를 같이 쓰는 것으로 문제를 해결했다. 오늘날로 치면 '카펫Carpet'을 가리키고 싶은데 그에 상응하는 문자가 없어서 다음과 같이 각각 '자동차car'를 뜻하는 그림문자와 '반려동물pet'을 뜻하는 그림문자를 써서 표현하는 것과 같다.

카펫:

'쿠심'이라는 단어 자체도, 아시리아 학자 한스 니센Hans Nissen이 '쿠'와 '심'을 나타내는 기호에 소리를 붙인, 일종의 시적 허용이다. 아마도 쿠심의 시대에는 문자에 음가가 없었을 것이다. 따라서 쿠심의 기록을 읽는 사람은 마치 우리가 자동차의 엠블럼을 보듯이, 그의 이름을 기호 그 자체로 받아들였을 것이다.

그러나 다소 모순적이게도, 한 개인으로서의 쿠심은 전혀 특별할 것이 없었다. 그는 너무나도 평범한 사람이었고 아마도 세계에서 가장 대량생산됐던 물건 중 하나를 소지했던 것으로 보인다. 그것은 가장자리가 비스듬한 그릇으로, 고고학자들은 우루크 전체에서 그와 같은 그릇들을 발견했다. 한 주간의 일이 끝나면 쿠심의 고용주는 그가 한 일에 대한 보상으로 할당량의 곡물을 그릇에 채워주었던 것 같다. 곡물이 담긴 그릇은 마치 고대 버전의 급료였을 것이다.

큰 신전의 관리자였던 쿠심은 급료가 높은 편이었을 것이다. 그러나 뛰어난 회계원은 아니었던 것으로 보인다. 그는 점토판 하나에 '1' 대신 '10'을 써서 필요한 양보다 10배나 더 많은 보리를 주문했다. 또 다른 점토판에서는 엿기름을 충분히 주문하지 않은 문제가 발견됐는데, 보리와 엿기름의 비율이 1:1로 아주 단순하다는 점을 고려하면 이는 특히 더 이해하기 힘든 실수였다.

그러나 쿠심은 자신의 부족한 면을, 니센의 표현에 따르면 "과장된 정확성에 대한 관료주의적 집착"으로 만회했다. 한 예로, 쿠심은 13만 5천 리터의 보리(81톤)를 5단위로 계산했다. 나머지 부분에서는 "수없이 많은 수학적 실수를 저지른 것과는 대조적으로, 지나치게 꼼꼼하고 수고로운 정확성"을 보인

대목이라고 니센은 지적했다.

우리가 이름을 아는 최초의 인물인 쿠심은 평범하고, 관료주의적이며, 실수가 많은 신전 관리자였다.

천 년에 걸쳐 서기와 회계원들이 메소포타미아의 문자 체계를 발전시키는 동안, 문자는 귀족, 관료, 관리자들에게만 허용되는 배타적인 영역이었다. 일반 시민들은 문자를 무시했거나 아니면 경멸했다. 회계원들이 문자를 서민에 대한 무기처럼 휘둘렀기 때문이었다. 메소포타미아의 도시가 질병이나 침략자에게 무너질 때마다 시민들은 대부분 제일 먼저 도서관을 불태웠다. 당시 시민들이 문자에게 느꼈을 감정은 오늘날 우리가 세법을 대할 때와 비슷했을 것이다. 일반 시민에게 문자는 곧 세금이었다. 그들에게 문자는 윌리엄 셰익스피어가 아니라, 쿠심이나 아서 앤더슨Arthur Andersen[22] 같은 사람들만 갖는 특권이었다.

사회 내에서 쿠심의 입지, 그리고 일반 시민들이 쿠심과 같은 사람들을 경멸했던 것으로 짐작건대, 쿠심이 죽은 후 그의 죽음을 슬퍼한 사람이 그리 많지는 않았을 것 같다. 그러나 만약 그를 위해 묘비가 세워졌다면, 적어도 묘비에 자신의 이름이 새겨진 최초의 인물 중 하나가 됐을지도 모르겠다.

---

[22] 미국의 컨설팅 회사로, 엔론 기업의 분식 회계 사태와 관련하여 문제를 일으켰다.

14장
누가 제일 처음 비누를 만들었을까?

만약 우리 종이 지구에 있었던 시간을 24시간으로 본다면,
이는 자정이 되기 22분 전에 일어났다(4천 5백년 전).

4천 5백년 전 / 최초의 비누

1942년 3월 14일 아침, 앤 쉬프 밀러Anne Sheafe Miller는 코네티
컷 뉴헤븐New Heaven의 어느 병원 침대에 누워 죽어가고 있었다.

이 서른세 살의 간호사는 한 달 전 유산을 겪으면서 감염됐
다. 수혈과 설파제[23] 등 최첨단 의료 기술에도 체온은 41.7℃까
지 올라갔고 그녀는 의식을 잃어가기 시작했다.

---

23 세균 감염의 예방과 치료에 쓰이는 합성 화학요법제. 이전에 각종 감염증 치료에 사용되었다.

"이전의 경험으로 미뤄봤을 때, 그녀는 치명적인 용혈성 연쇄상구균 패혈증에 걸린 것으로 보인다"고 의사 존 범스테드 John Bumstead는 자신의 노트에 기록했다. 절박한 심정으로 범스테드 박사는 뉴저지에 있는 어느 실험실에서 아직 실험단계에 있는 약물을 구해왔다. 그 약은 매우 귀한 것이어서 의료진들은 나중에 앤의 소변에서 그것을 재활용하기도 했다.

주 경찰관이 알갱이가 굵고 짙은 갈색을 띠는 가루를 뉴헤븐에 있는 앤의 병실까지 가져왔고, 그 자리에 있던 미생물학자 모리스 타거Morris Tager 박사는 훗날, 고약한 냄새가 나는 그 약에 "약간의 우려와 의심"을 갖고 있었다고 고백했다. 그럼에도 타거 박사는 그날 오후 새로운 약을 그녀에게 주입했다. 다음날 아침 그녀는 정상 체온을 회복했고, 당장이라도 죽을 것 같았던 그 날로부터 대략 57년을 더 살았다.

그 약은 바로 페니실린이었으며, 앤 쉬프 밀러 이후 페니실린은 셀 수 없이 많은 사람들의 생명을 살렸다.

페니실린은 세계 최초의 항생제로 인간이 감염과 맞서 싸우는 방법에 엄청난 혁신을 가져온 약이지만, 해로운 박테리아와의 영원한 투쟁에서 항생제는 두 번째로 효과적인 무기에 그친다. 그 어떤 의학적 산물도, 그리고 아마도 그 어떤 의학적 발견도 비누만큼 많은 사람을 살리지는 못했다.

1668년 네덜란드의 유리 제조자이자 박물학자 레이우엔훅

Antoine Philips van Leeuwenhock이 자신이 만든 현미경을 통해 살아있는 유기체를 본 이후로, 사람들은 우리가 사는 세상에 얼마나 많은 박테리아가 살고 있는지를 서서히 알게 됐다. 지구에 해충이 얼마나 많은가 하면, 만약 외계인이 우연히 지구를 방문한다면 지구는 빈대가 들끓는 불결한 모텔이라고 기겁하며 떠나버릴 정도이다. 우리가 밤마다 베고 자는 베개에도, 아침에 일어나서 시리얼을 먹을 때 쓰는 숟가락에도 박테리아가 있다. 생물학자들은 아무리 청결하게 관리한 사람의 손에도 150종의 서로 다른 박테리아가 살고 있다고 추정한다. 대부분은 해가 없고, 몇몇은 유익하지만, 몇몇은 만약 그들이 피부를 통과하는 방법을 찾아내기만 하면 사람을 죽일 수도 있을 만큼 치명적이다. 인구 밀도가 높은 도시에서는 문고리를 잡아서 돌리는 단 한 번의 행위로도, 이렇게 위험한 박테리아와 질병이 한 사람에게서 다른 수백 명에게로 퍼질 수 있다. 그런 의미에서 비누가 도시를 청결하게 만들기만 한 것이 아니라 비누 덕분에 도시가 존재할 수 있었다고 말해도 과언이 아니다.

워낙 오래전부터 존재해왔기 때문에 비누가 지금까지 얼마나 많은 생명을 구했는지 정확히 추정하는 것은 불가능하다. 각종 과학적 사실을 추적하는 웹사이트인 '사이언스 히어로즈'Science Heroes의 연구원들조차도 두 손을 들어 항복 의사를 표했다. 그러나 아무리 보수적으로 추정해도 수억 명은 될 것이다. 그리고 그 수는 앞으로도 계속 증가할 것이다. 유니셰프 UNICEF 보고서에 의하면, 모든 사람이 음식을 하기 전에 비누를 사용한다면 전 세계 호흡기 감염 발생률이 25%, 설사병은 50%까지 줄어들 것이라고 한다. 이것만으로도 매해 적어도 100만 명 이상의 목숨은 살릴 수 있다는 뜻이다.

그럼에도 불구하고 사람들은 비누를 과소평가하여 충분히 사용하지 않고 있다. 아마도 가장 큰 이유는 비누가 우리 눈에 보이지 않는 것들을 깨끗이 하기 때문일 것이다. 이는 가장 교육을 많이 받은 사람들에게도 어려운 개념적 도약이다. 미국 질병통제예방센터US Centers for Disease Control and Protection에 따르면, 의사들조차도 손 씻기 권장 횟수의 절반밖에 지키지 않는다고 한다. 게다가 항생제가 앤 쉐프 밀러와 같은 사람들을 하룻밤 사이에 죽음의 문턱에서 꺼내오는 것과 달리, 비누는 자기가 위험한 총알을 피했다는 사실을 의식하지 못하는 건강한 사람들의 목숨을 구하기 때문에 그 위력이 쉽게 드러나지 않는다. 이러한 이유로 우리는 비누가 페니실린보다 더 많은 사람을 구했고 또 비누 덕분에 현대 도시가 존재할 수 있다는 사실을, 어쩌면 비누야말로 인류 역사상 가장 위대한 의학적 발견일지도 모른다는 사실을 잊고 아직도 비누를 과소평가한다.

그렇다면 누가 처음으로 비누 만드는 법을 발견했을까?

나는 그녀를 수메르 신화 속 의학의 여신 니니시나Ninisina의 이름을 따서 니니Nini라고 부르겠다. 비누를 발견한 사람은 아마도 수메르에서 번성했던 섬유 산업에 종사했을 가능성이 크다. 인류학자 조이 맥코리스톤Joy McCorriston에 따르면 당시 섬유 산업 근로자는 대부분 여성이었으므로, 나는 니니가 여자였던 것으로 가정한다.

니니는 4천 5백 년 전 지금의 남부 이라크, 그중에서도 비누 제조법을 자세하게 기록한 가장 오래된 점토판이 발견된 고대 수메르의 도시, 기르수Girsu에서 태어난 것으로 보인다. 세계 최초의 도시 중 하나였던 기르수는 인구수가 수만 명에 이르렀으며, 한때는 고대 라가시 왕국Lagash kingdom의 수도였다. 또한 세계에서 가장 오래된 다리로 알려진 건축물이 있는 곳이기도 하다.

니니는 기자 피라미드가 세워진 것과 비슷한 시기에 태어났으며, 키가 약간 작다는 것 외에는 외관상으로 완전히 현대인과 같았다. 그들의 설형 문자 점토판을 보면, 수메르인들은 종종 자신들을 '짙은 색 머리카락을 가진 사람들'이라고 표현했다. 수메르 조각상 중 상당수가 크고 파란 눈을 갖고 있지만, 이는 대부분 그들이 믿는 신의 형상이다. 역사학자들은 수메르인 중에 실제로 푸른 눈을 가진 사람은 꽤 드물었을 것으로 보고 있다. 니니는 머리카락처럼 짙은 색 눈동자를 가졌을 것이다. 당시 남겨진 그림문자를 보면 니니는 수술이 달린 양털 또는 양가죽 소재에, 길이는 발목까지 내려오고 아름다운 패턴으로 장식된 옷을 입었으며, 남자들은 킬트와 어깨띠를 입었다.

메소포타미아 학자이자 『고대 메소포타미아의 여성들Women in Ancient Mesopotamia』의 저자 카렌 네멧-네앗Karen Nemet-Nejat에 따르면, 니니는 암울할 정도로 가부장적인 사회에서 자랐다. 아버지는 가정의 우두머리로서 세상을 떠날 때까지 또는 딸이 결혼해서 그 집을 떠날 때까지 권력을 행사했다. 딸들은 대개 10대에, 때로는 그보다 더 어릴 때 결혼을 했다. 메소포타미아 최초의 제국이자 인류 최초의 제국으로 추정되는 아카드 제국의 어느 글에는 키가 90cm밖에 안 되는 신부가 등장했다.

니니에게 결혼은 그녀의 아버지와 시아버지 간의 계약이었다. 수메르 사람에게 여성의 결혼은 신랑과의 관계가 아니라 신랑 가족과의 관계였기 때문에, 만약 여자의 남편이 죽으면 그 집안의 남자 형제 중 한 사람과 다시 결혼했다. 수메르 여성들이 주체적인 삶을 살 수 있을 가능성은 사실상 전혀 없었다고 카렌은 말했다. 태어나서부터 죽을 때까지 아버지로부터, 시아버지로부터, 남편으로부터 독립적인 존재로 인정받는 순간은 단 한 번도 없었다.

아내로서 니니의 주요 역할은 아이, 특히 대를 이어줄 남자 아이를 낳는 것이었다. 전통적으로 결혼은 일부일처제였지만,

혹시 그녀가 아이를 낳지 못하면 남편은 두 번째 아내나 첩을 들이거나 아들을 입양할 수 있었다. 어느 찬송가에서 여신 율라Eula는 수메르 여성의 삶을 다음과 같이 짤막하게 묘사했다.

나는 딸이고, 나는 신부이며, 나는 아내이며, 나는 주부이다.

니니가 집안일만 했던 것이 아닌 것으로 보아 그녀는 아마도 하층민이었던 것 같다. 메소포타미아 문명이 인류에게 가져다준 많은 선물 중 하나는 손가락을 마비시킬 만큼 힘들고 단조로운 노동을 요구하는 방직공장을 탄생시켰다는 것이다. 국가에서 관리하는 이 거대 공장들은 노예 노동자, 채무자, 감독관에 의존해서 양털을 깎고, 바느질하고, 염색하고, 모직을 생산했다. 이는 여러 메소포타미아 도시의 주요 수출량을 담당하는 핵심 산업이었다.

니니가 고용되던 시기에 기르수의 방직공장은 지금 기준으로 봐도 놀라운 규모를 자랑하는 생산의 중심지였다. 고고학자 다니엘 포츠Daniel Potts의 계산에 따르면 기르수 한곳에서만 석 달간 203,310마리의 양털을 깎았는데, 이때는 아직 양털 깎는 기계가 발명되기도 전이어서 사람이 일일이 한 가닥씩 뽑아야 했다는 점을 고려하면 실로 입이 다물어지지 않는 수치다. 이렇게 더디고 번거로운 작업속도 때문에 포츠는 방직공 한 사람이 하루 평균 25.4cm 정도의 울밖에 생산하지 못했을 것으로 추정했다. 그러나 아시리아 학자 벤자민 스투드벤트-힉맨Benjamin Studevent-Hickman은 당시 우르크의 공장 하나에만 1만 명에 달하는 노동자들이 일했고 연간 울 생산량도 400톤을 넘었다고 말했다. 그리고 니니는 이들 노동자 중 하나였던 듯하다.

또한 니니는 공장에서 어느 정도 권한이 있는 위치에 있었던 것으로 보인다. 고고학자 리타 라이트Rita Wright에 따르면 여성 감독관은 주로 30명 정도의 노동자를 관리했으며, 보리나 직물 형태로 더 많은 임금을 받았다. 섬유의 생산 과정에 비누를 도입할 수 있을 정도의 영향력이 있었던 것으로 보아, 니니는 아마도 감독관이었을 것이다.

비누 사용에 관한 최초의 기록은 기르수의 설형 문자 점토판에서 발견됐다. 화학 고고학자 마틴 레비Martin Levy는 이 점토판이 4천 5백 년 전에 쓰였으며, 울을 씻고 염색하는 내용을 다루고 있다고 했다. 울을 염색하려면 직물에서 라놀린 지방을 제거해야 하는데 이때 비누가 몹시 유용하다. 오늘날에도 방직공들은 방금 막 깎은 털을 비눗물에 씻어서 라놀린을 제거한다.

그러나 알칼리와 지방 간의 화학 반응으로 도움을 받은 사람이 니니가 처음은 아니었을 것이다. 노스다코타 주립대학교 화학과 교수인 세스 라스무센Seth Lasmussen에 따르면, 비누의 재료가 워낙 일상에서 접하기 쉬운 것들이기 때문에 니니보다 한참 이전의 누군가가 우연히 그 반응을 먼저 만들어냈을 가능성이 있다고 학자들 대부분은 판단했다. 알칼리는 나무를 태운 재에서 찾을 수 있으며, 실제로 초기 인류도 동물을 도축한 도구에 묻은 기름기를 제거할 때 젖은 재를 사용했다고 보는 학자들이 많다. 사용자 본인도 모르는 사이에 재와 동물성 기름을 합쳐서 단순하지만 불순물이 조금 섞인 비누를 만들어서 사용했던 것이다.

『원시인에서 화학자로From Caveman to Chemist』의 저자 휴 잘츠부르크Hugh Salzberg는, 아마 초창기 방직공들도 젖은 재가 기름기를 제거한다는 사실을 파악하여 직물을 씻는 데에 사용했을 확률이 높다고 말했다. 재는 울의 라놀린과 반응하여 간단한 미완성의 비누를 만들 수 있다.

그러나 5천 년 전 이전에는 비누를 직접 만들 수 있다는 사실을, 그래서 그것으로 손을 씻을 수 있다는 사실을 발견한 사람은 아무도 없었던 것 같다고 세스 라스무센은 말했다. 처음 천 년 동안은 메소포타미아에 남겨진 그 어떤 글도 비누의 존재를 언급하지 않았다. 학자들 대부분은 비누가 처음으로 등장한 점토판이 쓰인 약 4천 5백 년 전, 또는 그와 가까운 시기에 비누가 발견됐으리라고 추측하고 있다. "만약 비누가 수메르 시대 한참 이전에 알려졌다면, 그보다 이전에 남겨진 기록에서 비누가 언급된 것을 찾을 수 있어야 하는데, 그렇지 않거든요." 라스무센이 내게 설명했다.

니니의 천재성이 발휘된 순간은 재의 세척 작용이 탁월한 이유가 지방이 많은 라놀린이나 동물성 기름을 만났기 때문이며, 따라서 그것들을 잿물에 넣으면 액체 비누를 만들 수 있다는 생각을 떠올린 때였을 것이다. 별것 아닌 사소한 발견처럼 보일 수 있지만, 이제 니니는 이러한 반응을 일으켜 반드시 기름기 있는 물건만 씻을 수 있는 한계에서 벗어났다. 지방과 알칼리의 이상적인 조합을 통해 무엇이든, 무엇보다도 사람의 손을 씻을 수 있게 됐다.

니니가 처음 만든 비누는 단순히 재와 기름이 섞인 물 한 통이었을 것이라고 잘츠부르크는 말했다. 그러나 이후 니니가, 아니면 또 다른 누군가가 '리칭leaching'이라는 과정을 거치면 물이 재에서 나온 알칼리를 흡수하면서 액체 비누 속에 둥둥 떠다니는 재와 지방 방울을 제거할 수 있다는 사실을 깨달았다. 잿물로 몸을 씻고 싶은 사람은 거의 없으므로 리칭의 발견은 비누가 가장 유용한 목적으로, 즉 손이나 몸을 씻는 목적으로 쓰일 수 있도록 사람들의 거부감을 없애준 또 다른 중요한 발전이었다. 그리고 중세 시대를 거쳐서 마침내 비누 제작자들은 여과 단계를 건너뛰고 티백처럼 재가 담긴 봉지를 물에 담가서 비누를 만들기에 이르렀다.

최초의 비누 제작법으로 알려진 것에 의하면 기름 약 1L와 탄산칼륨(나무 재에서 추출한 칼륨) 약 6L가 필요하다. 이 둘을 합치면 불순물이 섞여 있긴 하지만 효과는 유용한 액체 비누를 만들 수 있다고 라스무센은 설명했다. 그리고 이처럼 투박한 제조법으로 만들어진 기름투성이 잿물은 지금까지 인류가 발명한 그 어떤 의료용 제품보다도 많은 생명을 살렸다.

그러나 니니는 그 사실을 알지 못했다.

비누는 페니실린처럼 박테리아를 죽이는 것이 아니라 제거하는 작용을 한다. 비누는 기름과 물, 두 가지 모두에 결합할 수 있는 분자(화학자들이 일명 '기름 담는 가방oil suitcase'라고 부르는)를 생성해서 물과 기름이 잠시간 붙어 있도록 만든다. 그러면서 그 안에 또는 그 밑에 숨어 있는 박테리아가 같이 씻겨나가는 원리이다. 그러나 비누가 생명을 구하는 능력을 갖추고 있다는 사실을 관찰하기는 당시로서는 너무 어려웠다. 비누의 발명으로 니니가 다른 사람들에게 극찬을 받았거나, 또는 자기가 얼마나 대단한 일을 했는지 스스로 알았을 가능성은 별로 없다. 기껏해야 좀 더 효율적으로 라놀린을 씻어낼 방법을 찾은 것으로 방직공작에서 약간의 인정을 받은 정도였을 것이다. 그 덕분에 보리를 조금 더 받았을지도 모르고.

오늘날 의사들이 권장하고 있음에도 사람들이 손을 씻지 않는 것과 같은 이유로, 수메르 사람들 역시 비누로 손을 씻지 않았음이 거의 확실하다. 우리 눈에는 손이 이미 깨끗한 것처럼 보이기 때문이다. 비누가 발명된 이후로도 수백 년 동안, 누군가가 비누로 몸을 씻었다는 증거는 전혀 발견되지 않았다. 그보다는 얼룩진 것이 눈에 보이는 그릇이나 옷 같은 것들을 씻는 데에 주로 사용됐다.

비누로 몸을 씻었다는 최초의 기록은, 니니가 살았던 시대보다 거의 1천 년이 지난 후에 쓰인 설형 문자 점토판에서 나타났다. 히타이트의 수도 보가즈쾨이Boghazkoi에서 발견된 점토판에는 다음과 같은 글이 적혀있었다.

물로 몸을 씻었다.
소다로 몸을 씻었다.
소다가 섞인 물을 반짝이는 대야에 담고 나는 몸을 깨끗이 했다.
대야에 담긴 순수한 기름으로 나는 몸을 아름답게 했다.
그리고 나는 하늘의 왕이 입을 것 같은 아름다운 옷을 입었다.

모든 기술은, 그것이 얼마나 대단하고 혁신적인 것인지와 상관없이 사람들에게 전파되는 데 시간이 걸린다. 이렇게 지연되는 시간을 경제학자들은 '혁신의 전파 법칙technological diffusion'이라고 부르는데, 니니의 발견은 이 시간이 특히 더 오래 걸렸다. 비누는 5천 년에 걸쳐 전파되었으나 아직도 세계에 온전히 자리 잡지 못했으며, 비누의 전파 속도는 선형적이었던 적이 없다.

메소포타미아 외의 지역에서 비누는 그보다 더 홀대받았다. 지금 우리가 보기에는 말도 안 되는 대안에 밀리는 일도 잦았다. 가령 로마의 세탁소는 지나가는 사람들에게 받은 부패한 소변을 사용했다. 오히려 '야만인'으로 불렸던 갈리아 사람들이 소변 대신 비누를 썼다고 플리니 더 엘더Pliny the Elder는 말했다. 한편 그리스인 의사 갈렌Galen은 당시로서는 놀라운 통찰력으로 질병 예방을 위해 비누를 사용하라고 권했지만, 당시 그리스인들은 주로 비누 없이 물로만 몸을 씻었다.

사람들이 비누의 힘을 제대로 이해하지 못한 것은 박테리아가 눈에 보이지 않기 때문인 것도 있지만, 박테리아에 대해 잘 몰랐기 때문이기도 하다. 1800년대 후반까지만 해도 미생물이 인간에게 치명적일 수 있다는 의견을 냈다는 이유로 세계에서 가장 유명한 병원 중 하나에서 해고되는 일이 벌어질 정도였으니 말이다.

1847년, 비엔나 종합병원에서 일하는 헝가리인 산부인과 의사 이그나즈 세멜바이스Ignaz Semmelweis는 알 수 없는 수수께끼를 파헤치기 시작했다. 산파의 도움으로 아이를 낳은 산모보다 병원에서 의사들의 관리 아래 출산한 산모의 사망률이 5배나 높은 이유가 무엇일까? 세멜바이스는 의사들에게 산파가 출산을 돕는 과정을 전부 똑같이 따라 하도록 지시했다. 그와 똑같은 환경을 만들기 위해서 심지어 병동에서 성직자가 종을 울리는 것도 금지했다. 그러나 상황은 나아지지 않았다. 그러던 어느 날, 한 동료 의사가 시체를 부검한 후에 산모들에게 많이 나타나는 산욕열로 사망한 것을 보고 그는 새로운 가설을 세웠다. 의사들은 시체를 부검한 후 바로 분만실로 이동하는 경우가 종종 있는 반면, 산파들은 그렇지 않다는 사실에 주목했다. 아마도 의사들이 무언가 치명적인 입자 또는 냄새 등을 시체에서 산모로 옮기는 것이라고 추리한 그는 의사들에게 분만실에 들어가기 전 손을 씻을 것을 요구했다. 사망률은 즉각 감소했지만, 의사들은 환자를 죽인 책임이 자기들에게 있다는 세멜바이스의 이론을 강하게 거부했다. 결국 그는 해고됐고, 의사들은 손 씻기를 멈추었다. 이후 세멜바이스는 정신병동에서 생을 마감했다.

아시리아의 방직공장 노동자였던 니니는 세멜바이스보다 수천 년 전에 태어났지만, 아마도 그와 마찬가지로 아무도 인정해주는 이 없이 세상을 떠났을 것이다. 고대 수메르의 평균 수명은 약 40세 정도로 짧았을 것으로 추정된다. 그 이유 중 하나는 초기 도시들이 질병과 감염으로 가득한 오수 구덩이였기 때문이다. 인구 밀도가 빽빽한 도시에서 비누로 손을 씻지 않는 사람들과 부대끼며 살았던 니니는 어쩌면 그 자신의 발명으로 충분히 해결할 수 있었던, 박테리아 감염의 일종으로 죽었을지도 모를 일이다.

15장
누가 처음으로 천연두에 걸렸을까?

만약 우리 종이 지구에 있었던 시간을 24시간으로 본다면,
이는 자정이 되기 19분 전에 일어났다(4천 년 전).

4천 년 전 / 최초의 천연두 사례

역사상 가장 많은 사람을 죽인 킬러는 칭기즈칸이 아니다.
알렉산더 대왕도 아니다. 특정 전투나 전쟁, 아니 그 모든 전쟁
을 다 합쳐도 이 사람을 이기지는 못한다.

그는 단지 운이 나빴을 뿐인, 아무런 죄 없는 사람이었다. 약
4천 년 전 아프리카 북동부, 일명 아프리카의 뿔에서 태어난
그에게 혹시 죄가 있다면, 작은 먼지를 얻어타고 있던 새로운
바이러스를 우연히 들이킨 것뿐이었다.

천연두의 원인이 되는 베리올라variola 바이러스는 한때 신대륙을 거의 쓸어버리다시피 했으며 구대륙에도 만만치 않은 피해를 줬다. 18세기 천연두는 매해 유럽인 40만 명의 목숨을 앗아갔으며, 20세기에는 세계 1차, 2차 대전을 합친 것보다 세 배나 더 많은 사람을 죽였다. 또한 유럽인들과 함께 신대륙에 상륙하여 아즈텍과 잉카 제국을 몰락시키는 데에도 지대한 역할을 했다.

베리올라는 특별히 선호하는 희생자가 없었다. 젊은이도, 노인도, 왕도, 소작농도 죽었다. 로마 황제 마르쿠스 아우렐리우스, 영국 여왕 메리 2세, 러시아 황제 표트르 2세, 프랑스 왕루이 15세도 전부 천연두로 사망했다. 에이브러햄 링컨 역시게티즈버그 연설 이후 일주일간 천연두를 앓았다.

천연두는 전쟁의 승패를 결정짓기도 했다. 프랑스-프로이센 전쟁 때 프로이센인들은 예방 접종을 했지만, 프랑스인들은 하지 않은 탓에 사상자 중 거의 절반이 천연두로 사망하는 상황이 벌어졌다. 일부 학자들은 미국 독립 전쟁에서 조지 워싱턴이 모든 군대에 천연두 예방 접종을 지시한 것이 그가 내린 가장 중요한 전략적 의사결정이었다고 말했다.

흑사병과 달리 천연두는 현대 의학조차 아직 정복하지 못한 질병이다. 만약 내가 내일 당장 천연두에 걸린다면, 아무리 최신식 병원이라도 해줄 수 있는 게 없다. 그리고 만약 누군가가 현대 도시에 베리올라를 퍼뜨린다면 순식간에 수천 명, 어쩌면 수백만 명의 사망자가 발생할 것이다. 1972년 유고슬라비아에서는 메카에 갔다가 돌아온 단 한 명의 성직자가 천연두를 퍼트렸다. 도로 봉쇄, 호별 수색, 통행금지, 계엄령 선포를 통해 확산을 멈추기 전까지 35명이 사망했고 175명이 천연두에 걸렸다. 천연두는 인류 역사상 최악의 바이러스이며, 우리 종의 역사에 뼈아픈 흔적을 남겼다.

1959년 세계보건기구WHO는 미국의 유행병학자 D. A. 헨더슨Henderson의 통솔 아래 백신으로 무장한 채 지구상에서 천연두를 몰아내기 위한 캠페인을 시작했다. 베리올라는 인간에게만 침투할 수 있으며 생존을 위해 14일마다 새로운 숙주를 찾아야 했으므로, 천연두 박멸이라는 말도 안 되게 큰 희망은 적어도 이론상으로 불가능한 일은 아니었다. 그러나 인간을 숙주로 하는 바이러스를 완전히 박멸하려고 시도한 것은 이번이 처음이었다. 그도 그럴 것이, 바이러스는 이 문장을 끝맺는 작은 마침표 하나에도 3억 개의 입자가 편안하게 들어맞을 수 있을 정도로 작은 데다가, 캠페인이 시작된 해에도 최소 1,500만 명의 사람들을 감염시킬 정도로 강력했기 때문이다. 그러나 1977년 10월 26일, 헨더슨과 WHO팀은 남은 천연두 환자 수를 1명으로까지 낮추는 데에 성공했다. 전 세계적인 규모의 추적 끝에 마침내 베리올라는 한 사람의 몸에 고립됐다. 그는 소말리아에 있는 병원 요리사 알리 마우 말린Ali Maow Maalin이었다.

말린은 소말리아 메르카에서 살았던 23세 남성으로, 지역 병원에서 요리사로 근무했다. 병원에서는 직원들에게 천연두 접종을 요구했지만 말린은 주삿바늘이 무서워서 그것을 피했다. 따라서 그가 천연두에 걸린 소녀 두 명을 차로 15분 거리에 있는 격리소에 태워다주었을 때, 그의 면역체계는 바이러스의 맹공격에 전혀 대비되어 있지 않았다.

처음에 동네 의사들은 그의 증상을 수두로 오진해서 따로 격리하지 않았다. 그때쯤 두 소녀는 천연두에서 회복했기에 WHO에서 파견된 조사관들은 확산이 멈추었다고 생각했다. 인기쟁이 말린은 아무런 통제 없이 병문안 방문객을 무려 91명이나 맞았다. 의사들이 자신의 실수를 깨닫자마자, WHO는 남부 소말리아 전역에 거대한 규모의 천연두 박멸팀을 파견해서 말린이 접촉했던 사람들을 전부 찾아냈다. 검문소를 세우고, 호별 수색을 벌였으며, 말린이 근무했던 병원 전체를 격리하고 백신 5만 건을 접종했다. 그리고 새로운 환자가 나타나길 기다렸다.

～～——————≫≫

처음 베리올라 바이러스가 등장한 것은 말린이 두 소녀를 차로 태워다준 때보다 4천 년 전이었다. 이 돌연변이는 한 사람의 몸에서, 하나의 세포에서, 단 한 번의 끔찍한 순간에 시작됐다. 그리고 최초의 숙주가 됐던 그 사람은 아무런 잘못도 없었으나 세상 그 누구보다 더 많은 사람의 목숨을 앗아간 장본인이 된 셈이다.

그 사람은 누구였을까?

나는 그를 의료계에서 전염병 최초 감염자를 가리킬 때 쓰는 코드명인 페이션트 제로Patient Zero라고 부르겠다. 베리올라의 유전정보에 의하면 페이션트 제로는 4천 년 전 아프리카의 뿔 근처에서 가축화한 낙타와 밀접하게 지냈던 것으로 보인다. 당시 그 지역에서는 주로 남자 목축민들이 낙타를 데리고 몇 주씩 풀을 먹이러 다녔으므로 나는 페이션트 제로 역시 남자였으리라고 추측한다.

그는 이집트의 파라오 쿠푸Khufu가 약 1,609km 북쪽으로 떨어진 곳에 피라미드를 짓도록 지시한 후 수백 년이 지난 때이자 지금으로부터 거의 4천 년 전, 오늘날의 에티오피아 또는 에리트레아의 어느 지역에서 태어났다. 제로의 문화에는 문자가 없었지만, 고대 이집트의 가장 오래된 양각 기록과 상형문자 덕분에 아프리카의 뿔에 사는 사람들의 생활을 직접 묘사한 자료들은 꽤 남아있다. 이집트인들은 제로의 고향을 푼트의 땅Land of Punt, 그곳에 사는 사람들을 푼타이트Puntite라고 불렀다. 이집트인과 푼타이트 모두 세계 최초의 해상무역로 중 하나를 따라 홍해를 건넜다.

만약 이집트의 양각 기록에서 푼타이트왕 프라후Perahu를 묘사한 것들이 일반적인 푼타이트의 모습과 크게 다르지 않다면, 페이션트 제로는 붉은빛이 도는 짙은 색 피부를 가졌고 바싹 자른 머리에는 모자를 썼을 것이다. 또한 프라후처럼 앞으로 휘는 긴 염소수염을 길렀을지도 모른다. 그리고 옆구리에는 두 갈래로 나뉜 하얀색 킬트 안에 단도를 차고 다녔을 것이다.

이집트의 양각 기록에 따르면 그들의 집은 둥근 오두막처럼 생겼으며, 문으로 들어가려면 사다리를 타고 기둥을 올라가야 했다. 이는 아마도 포식자를 피하거나 집 아래에 울타리를 치고 가축들을 키우기 위함이었던 듯하다.

제로는 작물을 경작하고 개, 소, 당나귀, 낙타와 같은 가축을 몇 마리 기르는 목축민이었을 가능성이 가장 크다. 집 근처에는 몰약 나무가 자라서 그늘을 드리웠는데, 몰약 나무 수액은 향처럼 태울 수 있어서 고대 이집트에서 가장 가치 있는 상품 중 하나였다. 이집트인들은 몰약뿐만 아니라 푼트의 금, 생가죽, 이국적인 동물, 노예를 얻기 위해 홍해를 건너 푼트로 향했다. 파라오 쿠푸의 아들 또한 푼타이트 사람을 노예로 데리고 있었다.

제로는 아마도 낙타와 함께 생활하고 일도 했지만 낙타를 탈것으로 쓰지는 않았다. 대신 젖은 짰다. 수유 중인 낙타는 하루 19L까지 젖을 생산했으므로 낙타를 모는 사람들은 몇 주 동안 낙타 젖만 먹고 살기도 했다. 제로의 낙타는 남부 아라비안반도를 차지했던 목축 문화에서 처음 가축화한 것을 들여온 것이었다. 『낙타와 바퀴The Camel and the Wheel』의 저자 리처드 불리엣Richard Bulliet은 5천 년 전 낙타의 가축화가 일어난 후 얼마 지나지 않아, 낙타가 향을 거래하는 상인들의 배를 타고 홍해를 건넜다고 주장했다.

낙타의 도입은 베리올라의 조상 바이러스 관점에서는 어마어마한 기회를, 인간의 관점에서는 믿을 수 없이 끔찍한 위험을 주었다. 인간이 동물의 체액과 가까이 접촉하는 순간은 바이러스에게 이종 간 전파를 노릴 기회가 된다. 다행히 일반적으로는 종이 다르면 면역 체계도 달라서, 기존 숙주에 맞춰진 바이러스는 다른 종을 공격하기에는 적합하지 않을 가능성이 크다. 바이러스학자 네이선 울프Nathan Wolfe의 표현에 따르면, 낯선 종에 침투한 바이러스는 대개 "우주복 없이 화성에 간 인간"과 같다. 힘없이 비실대다가 죽거나, 처음 겪는 면역체계에 의해 금세 발각되어 파괴되고 만다. 또는 이보다 좀 더 위험한 경우로, 바이러스가 간혹 새로운 환경에서 복제에 성공할 때도 있다. 그러나 이때에도 전염성은 없다.

성공적으로 숙주를 옮기려면 바이러스는 반드시 새로운 환경에서 증식하고 전염시킬 수 있는 변이를 획득해야 한다. 바이러스가 변이를 획득하는 방법은 다양하다. 스스로 돌연변이를 일으키거나, 때로는 서로 다른 바이러스가 동시에 같은 세포를 감염시켜서 둘이 합쳐서 새로운 바이러스를 형성할 수도 있다.

지금은 인류가 개, 돼지, 그 밖의 다른 가축을 감염시키는 주된 질병에 노출된 채 생활한 것이 너무 오래됐기 때문에 그중에서 인간에게 옮길 수 있는 것들은 이미 다 옮긴 상태라고 바이러스학자들은 말한다. 오늘날 가축으로 인해 생길 수 있는 주요 위험은 가축이 야생동물의 바이러스를 인간에게 전달하는 매개체 역할을 하는 정도이다.

그러나 가축화가 일어나고 얼마 되지 않았던 제로의 시대에 낙타라는 새로운 가축이 등장한 것은 인류에게 가히 위협적이었다. 낙타는 기존 바이러스에게 인간이라는 새로운 표적을 제공했다. 가축화로 인해 인간과 낙타 간의 접촉이 매일같이 일어났으므로 바이러스가 인간에 침투할 기회는 얼마든지 많았다.

베리올라 바이러스의 조상은 아직 정확히 알려진 바가 없다. 그러나 WHO 천연두 박멸팀의 리더, 도널드 R. 홉킨스Donald R. Hopkins는 베리올라의 조상으로 설치류를 감염시키는 수두 바이러스를 의심했다. 그 이유는 베리올라의 특정 유전자가 쥐 단백질을 암호화하기 때문이었다. 그는 이 유전자가 베리올라의 조상이 남긴 잔재일 수 있다고 저서 『최악의 킬러The Greatest Killer』에서 언급했다. 최근 유전자 연구 역시 그와 같은 주장을 뒷받침하는 듯 보인다. 연구 결과에 따르면 베리올라의 직접적인 조상 바이러스는 지금은 멸종한 아프리카 설치류, 아마도 모래쥐 종류를 감염시켰을 것이다. 낙타는 이 바이러스를 인간 숙주에게 안내하는 지배인 역할을 했던 것으로 추정된다. 러시아의 노보시비르스크 화학생물학 연구소Institute of Chemical Biology in Novosibirsk의 유전학자이자 논문 「베리올라 바이러스의 기원The Origin of the Variola Virus」을 쓴 저자 이고르 바브킨Igor Babkin은 바이러스가 설치류에서 인간으로 넘어가는 데 낙타가 징검다리 역할을 했다고 내게 설명했다. 바브킨은 베리올라가 낙타의 면역체계를 공격하는 과정이 곧 바이러스 내 변이를 가져오는 계기가 됐다고 주장했다. 모래쥐의 수두 바이러스가 낙타 내에서 복제하는 과정에서 그저 조금 골치 아픈 바이러스였던 것이 무지막지한 괴물로 변하게 되는 새로운 유전 물질을 얻게 됐다는 것이다.

아프리카 쥐에서 시작된 최초의 변이 균주에 제로가 어떤 경로로 감염됐는지는 아무도 알지 못한다. 홉킨스의 추정처럼 낙타를 도축해서 먹었을 수도 있고, 아니면 스탠퍼드대 면역학 교수 로버트 시겔Robert Siegel의 의견처럼 우연히 바이러스가 묻은 먼지 한 덩이를 들이마셨을 수도 있다. 설치류의 배설물은 마르면 에어로졸화해서 먼지와 함께 폐로 유입될 수 있는데, 한타바이러스 폐 증후군이 바로 이런 식으로 생긴다.

어떤 경로든지 바이러스가 제로의 체내에 침투하면 일반적으로 바이러스는 새로운 환경에서 최후를 맞이한다. 그러나 이번에는 예외적으로 운이 나빴다. 낙타의 체내에 있는 동안 얻은 새로운 기술 덕분에 바이러스는 제로의 체내에서 단순히 살아남은 정도가 아니라 아주 성대하게 번성했다.

제로의 목에 들어간 베리올라는 점액질의 막을 이루는 세포에 붙어서 증식하기 시작한다. 현미경으로 봤을 때 베리올라에 감염된 세포는 매끈한 공 모양에서 뾰쪽하게 가시 돋친 공 모양으로 변한다. 내부가 텅 비어있는 이 가시들은 마치 창처럼 세포에서 뻗어 나와 다른 건강한 세포를 찌른다. 가시 안의 공간은 마치 비밀통로처럼, 바이러스 입자가 백혈구의 공격을 피해 무사히 다른 세포로 옮겨갈 수 있도록 숨겨주는 역할을 한다. 그리고 이 과정이 다시 반복된다.

처음에 제로의 면역체계는 아무것도 알아차리지 못한다. 인간의 몸에 침투한 바이러스가 처음 7~10일간 어디에서 지내는지는 바이러스학자들도 아직 확신하지 못하지만, 아마도 림프절에 숨어서 면역체계를 피하는 것이라고 짐작하는 학자들이 많다. 그렇게 아무런 방해도 받지 않고 일주일 이상 증식한 후, 바이러스 입자는 갑자기 터져 나와 혈액을 타고 가장 가까운 장기로 이동한다. 이 단계에 들어서야 제로의 면역체계는 첫 번째 방어를 시작하고, 따라서 제로도 처음으로 몸의 이상을 느끼기 시작한다.

제일 먼저 나타나는 증상은 열과 두통이다. 곧 목에서도 통증이 느껴진다. 목에 나타난 병변은 바이러스 입자로 가득 찬 수류탄 같은 것을 자라게 하며, 이는 미세한 침방울을 타고 공기 중으로 퍼져서 제로와 3m 거리 안에 있는 사람들에게 바이러스를 옮긴다. 처음에 제로는 흔한 감기일 것으로 생각한다. 그러다 바이러스가 마침내 피부를 공격해서 목, 얼굴, 등에 붉은 반점이 나타나면 그제야 이게 생각보다 좀 더 위험한 병일지도 모르겠다는 걱정이 든다. 반점은 금세 고름으로 가득 차고, 몸에서는 썩은 냄새가 나기 시작한다.

WHO 천연두 박멸팀 소속의 학자 윌리엄 페기William Foege가 저서 『불붙은 집House on Fire』에 적은 내용에 따르면, 건물에서 한참 떨어진 곳에서도 건물 안에 있는 천연두 환자를 냄새로 알아차릴 수 있다고 한다. 그는 그 냄새가 "동물 사체의 냄새를 연상시킨다"고 묘사했다. 그런 냄새가 왜 나는지는 아무도 알지 못하지만, 아마도 고름이 썩으면서 나는 게 아닐까 한다고 그는 말했다.

통증은 극도로 심하다. 옷이 피부에 닿으면 고름이 터질 수 있으므로 천연두 환자는 거의 아무것도 걸치지 못한다. 이 단계 이르면 환자 대부분은 차라리 죽기를 원할 정도라고 페기는 기록했다.

그러나 베리올라가 제로의 죽음을 원한 것은 아니다. 페기는 다음과 같이 적었다. "바이러스는 아무런 악의도 갖지 않는다. 그저 계속 영속하려는 본능에 반응할 뿐이다." 그러나 베리올라에 감염된 환자는 죽을 위기를 겪는다. 제로의 면역체계가 베리올라를 파괴하든, 아니면 베리올라가 제로를 파괴하든, 둘 중 하나다.

초기 베리올라가 얼마나 치명적이었는지는 면역학자들도 확신하지 못한다. 수천 년간 인간의 체내에서 스스로 복제하는 과정 동안 베리올라도 극적으로 변화해왔기 때문이다. 그러나 만약 그의 변화가 전형적인 패턴으로 진행됐다면, 제로를 감염시킨 베리올라는 현대의 베리올라보다 훨씬 치명적이었을 것이다.

일반적으로, 퍼진 지 얼마 안 된 바이러스일수록 치사율이 높다. 바이러스의 관점에서도 숙주의 죽음은 최선의 결과가 아니다. 더 많이 복제하고 전파하는 것이 바이러스의 목표인

데, 숙주가 죽으면 더 이상 새로운 희생자를 만들 수 없기 때문이다. 따라서 바이러스가 숙주에서 보낸 세월이 길수록 치사율은 낮고 전염력은 큰 균주가 지배적이 되는 경우가 많다. 기존 천연두 바이러스인 베리올라 메이저의 치사율이 30%인 것에 반해 그로부터 수천 년 후에 등장한 베리올라 마이너 변종은 치사율이 1%밖에 되지 않는다.

안타깝게도 제로는 지금 알려진 것보다 훨씬 더 치명적인 바이러스에 감염됐을 것이며 결국에는 병마에 굴복하고 말았을 가능성이 크다.

그러나 그 이후에도 베리올라는 살아남았다. 제로가 감염된 상태일 때 또는 죽은 후에라도 누군가가 그와 접촉했고, 바이러스는 새로운 숙주를 찾았다. 보통 새로운 숙주는 가족 중 한 사람인 경우가 많다. 오늘날에는 베리올라가 인간의 면역체계에 맞춰서 적응한 탓에 환자를 돌봤던 가족이 병에 걸릴 가능성이 50%나 된다고 페기는 말했다. 그러나 초기 단계의 베리올라는 지금보다 치사율은 높았지만 전염력은 이보다 약했을 확률이 높다.

홉킨스는 『최악의 킬러』에서 이렇게 적었다. "만약 일반적으로 동물에서 옮겨온 바이러스가 인간에게 적응하는 패턴을 천연두도 그대로 따랐다고 추정한다면 … 천연두가 한 사람에서 다른 사람으로 옮길 가능성이 처음에는 그리 높지 않았을 것이다."

바이러스학자들은 바이러스의 전염력을 R0(기초감염재생산지수)로 나타낸다. R0는 환자 한 사람이 평균 몇 명에게 병을 옮기는지를 나타내는 수치다. R0가 1 미만인 질병은 언젠가는 사라질 것이며, R0가 1 이상인 질병은 전파될 것이다. R0값이 클수록 유행병으로 번질 가능성이 크다. 현대 베리올라의 R0는 6으로 대략 감기와 비슷하다. 헨더슨은 초기 베리올라의 R0가 상당히 낮았을 것으로 예상했으나, 바이러스가 꾸준히 지속됐다는 것은 베리올라의 R0가 적어도 1보다는 컸음을 의미한다. 그리고 사람들 사이에 전파되면서 바이러스는 점점 더 인체에 적응했다. 베리올라는 마치 해커가 무차별적으로 대입해서 암호를 풀 듯이 인간의 면역체계에 맞서서 전파력을 개선했다. 바이러스는 수없이 많이 복제하면서 수백만 번 실수를 저질렀고, 그 과정에서 우연히 감염률이 높은 변이가 만들어졌다. 이 새로운 변이 바이러스는 자연선택을 통해 지배적인 균주가 됐을 것이며, 이러한 과정이 계속 반복되면서 베리올라의 감염률은 점점 더 높아졌다. 바이러스는 무언가 지능적인 발전을 통해 인간에게 적응한 것이 아니었다. 바이러스는 단지 키보드 앞에 있는 100만 마리 원숭이고, 베리올라는 원숭이가 우연히 키보드를 쳐서 남긴 햄릿일 뿐이다.

인류 역사상 대부분이 그랬듯이 제로 역시 그저 작은 마을에서 살았다면 천연두가 창궐하더라도 순식간에 마을 전체를 몰살시키고 사라지거나, 아니면 그전에 사람들에게 면역력이 생기거나, 둘 중 하나였을 것이다. 전염력이 강한 다른 질병과 마찬가지로 천연두도 계속 영속하려면 인구수가 많아야 한다. 연구원들의 추정에 따르면 베리올라는 최소 20만 명 이상의 인구가 있어야 14일 이내에 다른 숙주로 옮기면서 계속 유지될 수 있다. 그 정도 규모의 인구 밀도가 가능해진 것은 비교적 최근이므로 농업혁명 이전에 베리올라가 영속할 수 있을 가능성은 거의 없었다. 농업혁명 이전의 무시무시한 질병들은 그저 작은 공동체 하나를 휩쓸어버린 후, 새로운 숙주가 다 떨어져서 사라져버렸을 확률이 높다.

그러나 베리올라는 인류 역사상 처음으로 많은 인구가 가까이 모여 살기 시작한 때에 등장했다. 아프리카의 뿔에서는 목축민들이 큰 규모의 공동체를 이루었고, 이집트인과 푼타이트가 최초의 해상무역로 중 하나를 개척하면서 세계 경제가 동트기 시작할 무렵이었다. 덕분에 천연두는 아프리카의 뿔에서 수년간 유지되다가, 푼타이트 노예나 이집트인 상인의 몸을 거쳐 홍해를 건넜다. 4천 년 전 베리올라는 마침내 인구수 백만 명이 넘는 나일강 골짜기에 상륙했고, 그때부터 베리올라를 막을 수 있는 것은 아무것도 없었다.

세계 최초의 천연두 사례는 바이러스학자들이 이집트 미라

3구에서 고름집을 발견하면서 확인됐다. 2구는 각각 3,598년 전과 3,218년 전에 미라가 된 이름 모를 이집트인 공무원이었고, 나머지는 1구는 가장 널리 알려진 천연두 환자로 3,175년 전에 죽은 파라오 람세스 5세의 미라였다. 상형문자의 기록에 따르면 람세스는 극심한 병으로 죽었다고 한다. 그의 미라를 조사한 헨더슨은 천연두의 대표적인 증상인 고름집이 그의 얼굴, 목, 어깨를 뒤덮고 있는 것을 발견했다. 이것으로 확인할 수 있듯이 천연두는 이집트에 상륙했고, 이후 전 세계로 전파됐다.

대략 3천 4백 년 전 터키의 히타이트가 이집트 군대와 전쟁을 했는데, 그들이 남긴 설형문자 점토판에 따르면 이집트인 노예를 통해 히타이트에도 천연두가 퍼졌다. 한편 이집트 상인들은 향 무역로를 따라 이동해서 인도에도 베리올라를 옮겼다. 고대 의학 논문 '차라카 삼히타Charaka Samhita'와 '수슈르타 삼히타Sushruta Samhita'에는 천연두에 대한 상세한 묘사가 기록되어 있었다. 또한 지금으로부터 2,500년 전 만리장성이 지어지기 직전에 베리올라는 중국까지 이르렀다. 16세기에는 스페인 탐험가들이 신대륙에 베리올라를 옮겼는데, 이는 특히 더 처참한 결말을 가져왔다. 천연두가 창궐하면 면역력을 가진 사람들이 바이러스의 R0를 낮춰서 질병의 폭발적인 전파를 막아야 하는데, 신대륙에는 과거에 천연두를 앓았다가 면역력을 갖게 된 사람이 한 명도 없었으므로 거의 종말 수준으로 퍼져나갔던 것이다.

베리올라에 맞서는 싸움은 아주 오래전부터 이어졌다. 천연두에 두 번 걸리는 사람은 아무도 없다는 사실을 사람들은 이미 오래전부터 알고 있었지만, 이러한 점을 처음으로 이용한 사람은 중국인이었다. 영국의 생화학자이자 의학 역사학자인 조셉 니덤Joseph Needham에 따르면, 세계에서 제일 먼저 인두법을 시행한 것은 대략 1천 년 전 중국이었다. 인두법이란 환자에게 일부러 약한 형태의 바이러스를 감염시켜서 질병에 대한 면역을 갖추게 하는 것이다.

인두법이 처음으로 언급된 것은 14세기 중국 의학 논문에서였다.

"접종을 시행한 의사들의 이름을 알지는 못하지만, 그들은 마치 연금술과 같은 기술을 사용하는 별나고 비범한 남자로부터 그것을 얻었다. 그리고 그때부터 그것은 전국적으로 널리 퍼지게 됐다."

여기서 말하는 이 "비범한 남자"가 한 것이 바로 면역학의 발명이다. 이는 아직도 바이러스에 저항하기 위해 인류가 할 수 있는 가장 위대한 방어법으로 남아 있다.

베리올라의 주요 약점은 이미 한 번 바이러스에 감염된 적이 있는 사람은 두 번 걸리지 않는다는 것 말고도 있다. 감염된 환자의 마른 고름집은 바이러스 입자 중 상당수가 이미 죽어서 자연적으로 약해진 상태라는 것이다. 바이러스는 기하급수적으로 증식하기 때문에 처음 감염될 때 바이러스 입자 수가 적으면 질병의 심각성도 낮을 수밖에 없다. 바이러스 입자 수에 따른 사망률 차이는 극적일 정도다. 자연적으로 감염된 환자의 치사율은 30%인 반면, 마른 고름집을 접종한 환자의 치사율은 1~2%밖에 되지 않는다.

17세기에는 중국과 인도에서 인두법이 널리 퍼졌다. 중국 의사들은 인두법을 설명하는 책을 출간했고, 100년 후 이는 유럽에도 전해졌다.

그러나 천연두를 직접 접종하는 형태의 인두법은 문제점도 많았다. 만약 의사가 접종에 적절하지 않은 고름집을 사용하면 환자는 온전한 강도의 천연두에 걸릴 수도 있었다. 더 심각한 것은 접종한 환자의 면역체계가 질병과 싸우는 동안 그 환자는 일반적인 천연두 환자만큼이나 치명적인 전염력을 가진다는 것이었다. 실제로 인두법이 오히려 천연두 창궐을 일으키는 경우가 자주 발생했다.

천연두의 종결은 1796년 5월 14일, 에드워드 제너Edward Jenner 박사가 어느 시골 의사의 보고서를 확인하면서부터 시작됐다. 그 의사는 시골 농부 몇 명이 인두법을 접종하고도 아무런 증상이 나타나지 않았다고 기록했다. 이들은 지금까지 천연두에 걸린 적이 한 번도 없었다고 맹세했지만, 다만 최근에 우두라고 불리는 소의 수두 바이러스에 걸린 적이 있었다. 우두는 사람에게도 옮을 수 있는 바이러스였다. 그 증상이 다소 불쾌하긴 하지만, 인간에서 인간으로 전파되지는 않았고 치사율 또한 극히 낮았다.

의사의 보고서를 본 제너는 새로운 아이디어를 떠올렸다. 자신의 이론을 시험하기 위해 8살 된 제임스 핍스James Phipps에게 우두의 고름집을 희석한 것을 접종해보았다. 그랬더니 핍스는 팔에 고름집 하나만 생기는 정도로 증상이 극히 약한 우두에 걸렸다가 금세 나았다. 이후 제너는 다시 핍스에게 정상적인 강도의 베리올라를 접종했다. 놀랍게도 핍스는 이에 아무런 반응도 보이지 않았다.

베리올라를 직접 접종하는 인두법과 달리, 우두를 접종하는 방식은 치사율이 0에 가까웠다. 다른 사람에게 천연두를 옮길 위험도 없으며, 일주일간 병원에서 심하게 앓는 대신 고름집 하나만 생길 정도로 증상도 가벼웠다. 이후 의사들을 천연두 예방을 위해 더 나은 수두 바이러스를 발견하여 백시니아 바이러스Vaccinia virus라는 이름을 붙여주었고, 이를 접종하는 형태의 예방 접종을 종두법이라고 불렀다.

그러나 종두법의 등장에도 불구하고 베리올라는 집요하게 계속됐다. WHO가 18년간 세계적인 규모로 천연두 사냥을 나서고 마침내 알리 마우 말린의 몸에 바이러스를 고립하기까지, 20세기만 해도 천연두는 무려 5억 명의 목숨을 앗아갔다. 다행히 말린의 면역체계는 바이러스와 싸워서 조금씩 우위를 점했다. 그보다 더 다행인 것은 말린이 접촉한 91명의 사람 중 단 한 명도 천연두에 옮지 않았다.

그리고 마침내 1977년 11월 1일 말린의 면역체계는 거의 4천 년간 인류의 골칫거리였던, 마지막 베리올라 바이러스를 파괴하는 것에 성공했다.

추신: 그러나 현재도 베리올라 바이러스를 담고 있는 바이알 병이 최소 두 병은 남아 있는데 하나는 조지아 애틀랜타의 생물학 실험실에, 다른 하나는 러시아 노보시비르스크에 있다. 바이올라를 무기로 개발하는 것을 승인한 국가는 하나도 없지만, 1971년 소비에트에서 현장 테스트한 천연두 생물무기가 아랄스크의 어선으로 흘러 들어가서 세 명이 사망하는 일이 있었다. 그리고 자연적으로 천연두에 걸린 사람은 말린이 마지막이었지만, 1978년에는 잉글랜드의 버밍엄대학교 실험실에서 베리올라 바이러스가 환기 시스템을 통해 위층 사무실로 빠져나가는 바람에 자넷 파커Janet Parker라는 이름의 의료사진사가 사망하는 사건이 발생했다. 1973년부터 천연두는 정기 백신 접종을 멈췄으므로 현재 세계 인구의 대부분은 베리올라 바이러스에 면역력이 없는 상태이다.

16장
기록된 최초의 농담을 한 사람은 누구였을까?

만약 우리 종이 지구에 있었던 시간을 24시간으로 본다면,
이는 자정이 되기 19분 전에 일어났다(4천 년 전).

4천 년 전 / 문자로 기록된 최초의 농담

1872년 11월 오후, 영국 박물관British Museum의 한구석에서 아시리아학자 조지 스미스George Smith는 고대 설형문자 점토판을 들여다보면서 천천히 기호를 해석하고 있었다. 작업은 수고로웠다. 설형문자는 수백 가지 기호로 이루어졌고 문장부호도 없었으며, 2천 년 이상 부식된 탓에 기호도 거의 희미해졌다. 그렇지만 그는 계속해서 집중하며 읽어나갔다. 손상된 점토판에 중요한 비밀이 담겨 있을 것이라고 그는 추측하고 있었기

때문에 박물관의 복원 전문가가 그것을 읽을 수 있게 작업해줄 때까지 도무지 기다릴 수가 없었다. 마침내 스미스의 손가락이 마지막 기호에 도달했을 때 그는 함성을 질렀다. 의자에서 벌떡 일어나 방 안을 마구 뛰어다니던 그는, 전해지는 이야기에 따르면 옷까지 벗어 던졌다. 10년간을 찾아 헤맨 끝에 스미스는 마침내 구약성서의 가장 위대한 이야기를 확인해줄 점토판을 발견한 것이다.

스미스는 세계적인 아시리아 학자라는 타이틀에 그리 어울리지 않는 교육을 받았다. 그는 14세 때 학교를 중퇴하고 브래드버리 앤 에반스 출판사에서 지폐 조판을 배우는 수습공으로 일했는데, 직장에서 걸어갈 수 있는 거리에 영국 박물관이 있었다. 스미스는 점심시간마다 그곳에서 시간을 보내기 시작했고, 섬세함을 알아보는 그의 눈은 메소포타미아의 고대 도시에서 나온 설형문자 점토판을 복원한 것으로 그를 이끌었다. 그는 독학으로 점토판을 읽고 해석할 수 있을 정도로 실력을 쌓은 후 박물관에 취업했다. 얼마 지나지 않아 세계 최고의 아시리아 학자 중 하나로 자리매김했다.

1867년 스미스는 점토판에서 과거 일식을 묘사한 기록을 발견했다. 천문학자들의 계산에 따르면 그것은 기원전 763년 6월 15일 메소포타미아에서 일어난 것이었다. 이로써 그 점토판은 구체적인 날짜가 확인된 가장 오래된 기록 중 하나가 됐다.

그러나 고대 점토판을 해석할수록 스미스에게는 새로운 집착이 생겼다. 그는 구약성서에서 다루고 있는 사건, 특히 노아의 방주 사건을 직접 확인할 수 있는 이야기를 찾기 시작했다. 그렇게 엄청난 천재지변이 일어났는데 그에 대한 기록이 없을리가 없다고 생각한 것이다. 그리고 수색 끝에 스미스는 마침내 자신이 애타게 찾던 기록을 발견했다. 오토만 고고학자 호무즈드 라삼Hormuzd Rassam이 발굴한 그 점토판은 창세기보다 훨씬 이전에 쓰였으며, '대홍수'와 거대한 배를 만들어서 온 세계의 동물을 구한 남자 이야기가 적혀 있었다. 스미스는 기쁨과 흥분으로 옷을 벗어 던지지 않을 수 없었다.

대홍수 이야기는 가장 오래된 소설로 알려진 『길가메시 서사시The Epic of Gilgamesh』의 한 부분이었다. 이름을 알 수 없는 아시리아인이 당시 전해지던 대홍수 이야기를 적어도 2,700년 전에(그러나 얼마나 오래전부터 구전되어 온 것인지는 언급하지 않았다) 점토판에 새긴 것이다. 이야기는 소설이었지만, 노아의 방주와의 유사성은 우연이 아니었다. 학자들 대부분은 그 이야기가 성경에 영감을 준 것으로 보고 있다.

길가메시 서사시는 문자의 마지막 진화 단계에 해당한다. 처음 1천 년 동안 메소포타미아의 문자는 회계원들만의 배타적인 영역으로, 대개 빚을 기록하고 세금을 매기는 역할을 했다. 즉 메소포타미아 버전의 신용평점과 세금 서식과 다름없었다. 이에 학자들은 한 가지 의문을 떠올렸다. 그토록 융통성 없는 회계 도구가 도대체 어떻게 전 세계에서 가장 널리 알려진 이야기를 기록할 수 있을 만큼 유연하고 끝없는 잠재력을 가진 도구로 변화할 수 있었을까?

그것은 아마도 서기 학교에서 쓰인 몇 가지 우스갯소리 때문이었을 것이다.

농담과 우스갯소리는 거의 4천 년 전, 학생들이 따라 쓰기 연습을 할 수 있도록 선생님들이 간단한 이야기를 점토판에 옮겨 적으면서 처음 등장했다. 아시리아 학자 제이나 마츠작 Jana Matuszak이 내게 설명한 바에 따르면, 이는 당시 사장된 수메르 언어를 가르쳐주고 고대 버전의 이솝 우화처럼 도덕적인 교훈을 전하기 위한 목적이었다. 처음에는 간단한 문장으로 시작했지만, 점점 더 복잡한 이야기로 발전했다. 설형문자 점토판이 쓰인 시기를 날짜까지 정확하게 추적할 수는 없으므로 그중에서도 어떤 농담 또는 이야기가 가장 오래된 것인지를 알아내는 것은 거의 불가능한 일이다. 하지만 예일대학교 아리시아학 교수 벤자민 포스터Bemjamin Foster는 4천 년 전에 쓰인, 다음의 한 줄짜리 문장이 세계에서 가장 오래된 농담의 유력한 후보라고 생각한다고 대답했다.

사자가 양 우리에 다가오자, 개는 자기가 가진 최고 좋은 가죽끈을 목에 둘렀다.

이게 뭐지 싶을 정도로 아무 재미도 없는 농담이다. 그러나 아무리 웃긴 이야기도 때로는 며칠만 지나면 재미없어지기도 한다는 사실을 생각해보면, 그리 놀라운 일은 아니다. 오늘날의 감성으로 봤을 때 이 글이 웃긴지 아닌지는 중요하지 않다. 진짜 중요한 것은 이 창작자가 쓴 글에 당시 사람들이 웃었다는 것, 또는 적어도 그러길 바라는 마음에서 이 글을 썼다는 것이다.

이와 같은 글 덕분에 인류의 가장 창의적인 발명이 회계원의 고리타분한 도구에서 벗어나 완전히 새로운 무엇인가로 바뀐 것이다. 이렇게 간단한 문장으로 시작한 문자는 이후 이야기, 정보, 그밖에 음성 언어로 전할 수 있는 모든 것을 소통하는 도구로 발달했다. 우리가 보기엔 그저 재미없는 농담이지만, 이는 문자가 딱딱한 세금 신고의 도구에서 희극 대본이나 고대 홍수에 관한 서사적인 이야기를 전달하는 매개체로 변화하는 혁명이 시작됐음을 뜻한다.

그렇다면 이러한 글을 적음으로써, 문자가 의사소통의 도구가 되는 데에 이바지한 사람은 누구였을까?

이번에는 문자를 가장 위대하게 사용한 사람 중 하나인 윌리엄 셰익스피어의 이름을 따서 그의 이름을 윌Will이라고 부르겠다. 학자들의 의견에 따르면 초기에 문자로 적힌 이야기는 대부분 남성의 관점에서 쓰였으므로 나는 윌이 남자였던 것으로 가정한다.

윌은 거의 4천 년 전 바그다드에서 남쪽으로 대략 160km 떨어진, 지금의 이라크 중부에 있었던 고대 도시 니푸르Nippur에서 태어났다. 니푸르는 대략 7천 년 전부터 유프라테스강의 축축한 강둑 근처에 세워졌으며, 기원후 1천 년 즈음 쇠퇴하기까지 세계에서 가장 오랫동안 유지된 도시 중 하나였다. 윌이 태어날 무렵에는 강이 변화하여 한때는 수시로 범람했던 평원이 많이 건조해졌고, 니푸르 시민들은 갈대로 집을 짓는 대신 메소포타미아 방식에 따라 진흙 벽돌로 지은 집에서 생활했다.

니푸르는 대형 신전이 있는 종교적 중심지였다. 고고학자들이 이 도시에서 복원한 4만 개의 수메르 점토판 중 대부분이 신전 관리, 공무원 임금, 시민들의 세금 부과, 곡물에 대한 회계 등을 다루었다. 그러나 그중 몇몇은 신전 관리자들이 젊은 학생들에게 수메르 언어를 가르쳤던 니푸르 서기 학교에서 나온 것이었다. 윌은 이들 교사 중 하나였다. 그 말인즉슨 윌이 아카드 사회에서 비교적 높은 지위를 갖고 있었으며, 어느 정도 힘 있는 가문에서 자랐을 가능성이 크다는 것을 의미한다. 어쩌면 그는 부유한 상인의 아들이었을지도 모른다.

아카드 사람들은 다신교도였다. 그들은 서로 다른 신들이 일상의 여러 사소한 측면을 통제한다고 믿었다. 예를 들어 빛이 있으면, 우투Utu 신에게 빚을 없애달라고 빌었다. 복수를 꿈꿀 때는 니누르타Ninurta에게 도움을 구했다. 가게 주인이 어떤 서비스를 판매하면, 그 주인은 이른 시일 내에 그 서비스를 반드시 제공할 것이라고 엔키Enki에게 맹세했다. 그러나 윌 자체는 엄청나게 독실한 사람은 아니었을지도 모른다. 벤트 알스터는 저서 『고대 수메르의 지혜Wisdom of Ancient Sumer』에서 초기 형태의 우스개 이야기들이 "사회적 행동에 대해 완전히 세속적인 태도"를 보였다고 적었다. 학자들 사이에서는, 윌과 같은 수메르 서기들이 지금으로 치면 '주일 예배만 참석하는 기독교인'과 같이 얼마든지 타협이 가능한 수준의 종교적 신념을 가진 남자 또는 여자였다는 의견이 지배적이다.

어렸을 때는 윌 자신도 서기 학교의 학생이었을 것이다. 서기 학교는 현대 버전의 초등 교육과 놀라울 정도로 비슷한 점이 몇 가지 있었다. 비슷한 나이에 입학해서, 숙제가 있었고, 시험을 치렀으며, 일정 부분 공통된 커리큘럼에 따라 수업이 진행됐다. 설형문자에는 문장부호가 없었으므로 문법은 좀 더 쉬웠겠지만, 그래도 공부는 지겨웠을 것이다. 당시 수메르 언어는 거의 죽은 언어였기 때문에 몇 가지 심각한 실수가 나타나기도 했다고 알스터는 말했다. 한 학생은 '절뚝거리는'을 뜻하는 기호를 쓰려다가 '개구리'를 뜻하는 기호를 새겼는데, 이는 원어민이라면 할 수 없는 실수였다. 그런 의미에서 수메르 언어는 오늘날의 라틴어처럼 교육을 많이 받은 엘리트들만 읽고 쓸 수 있었다.

학자들은 서기 학교가 회계 부기 이상을 가르쳤다고 추측하고 있다. 월은 학교에서 에티켓과 도덕성, 그리고 훌륭한 메소포타미아 남성 또는 여성은 어떻게 행동해야 하는지를 배웠다. 주로 전형적인 바보와 그의 악행과 멍청함을 조롱하는 고대의 구전설화를 통해 교훈을 얻었다. 이러한 농담과 우스개 이야기는 제이와 마츠작이 내게 "모욕의 기술"이라고 표현한 풍자와 해학의 한 부분이었다. 고대 메소포타미아에서 발달해서 수 세기 동안 구전으로 전해지다가 마침내 월이 그 문장들을 점토판에 새긴 것이었다. 그때는 물론 월 외에도 많은 서기들이 그러한 이야기를 기록했을 것이다. 이후 많은 점토판이 복원됐는데, 마츠작이 번역한 문장 몇 가지를 예로 들면 다음과 같다.

…원숭이의 지혜로움!

돼지우리는 그녀의 집이었다. 오븐은 그녀의 연회장이었다.

당신의 남편은 입을 옷이 없다. 당신 또한 누더기를 입고 있다. / 찢어진 옷 사이로 엉덩이가 삐져나왔다!

서기 학교 선생님들이 이렇게 해학적으로 사람들을 조롱하는 이야기를 전한 데에는 웃음을 끌어내기 위한 것도 있지만 학생들에게 교훈을 주려는 목적도 있었다. "수메르의 교훈적 문학은 단순히 농담이나 웃긴 이야기나 하려는 것이 아니었음이 점점 분명해졌다"고 마츠작은 말했다. 진짜 목적은 다음과 같이 바보 같은 인물을 제시함으로써 학생들을 교육하는 것이었다.

집에(빨리) 갈 수 있게 내 밭이 작았으면 좋겠다!

이 '농담'을 현대식으로 옮기면 다음과 같을 것이다. "나는 월급을 적게 받고 싶어. 그러면 세금을 많이 내지 않아도 되잖아!"

윌이 학생일 때는 아마도 이렇게 풍자적인 이야기와 농담을 그냥 구두로 들었을 가능성이 크다. 그는 틀림없이 훌륭한 학생이었을 것이다. 결국에는 선생님이 되어 새로운 수업 방식을 만들어내기까지 했으니 말이다. 그는 학생들에게 보리를 계산하고 세금을 매기는 등의 지루한 내용보다는 좀 더 흥미로운 이야기를 담은 쓰기 숙제를 내주고자 이러한 농담과 우스개를 점토판에 새겼다. 그리고 그가 선택한 농담들이 바로 '사자가 양 우리에 다가오자, 개는 자기가 가진 최고 좋은 가죽 끈을 목에 둘렀다'와 같은 것들이었을 것이다.

이제 윌이 왜 이것을 웃긴 이야기라고 생각했는지 따져보자. 개가 한 말을 좀 더 풀어서 쓰면 이런 뜻이다. "나는 양을 지키는 개지만, 지금 저기서 사자가 오고 있으니 그냥 애완용 개가 될래." 해석하는 과정에서 유머는 사라졌지만, 이 농담 속에 담긴 메시지는 놀라울만큼 세월을 초월한다.

기록된 역사에서 가장 오래된 농담이 오늘날의 유머와 많은 공통점을 가진다는 사실은 심리학자들의 이목을 끌었다. 이는 마치 호모 사피엔스의 뇌 속 어딘가에, 유머에 대한 어떤 기본적인 공식이 쓰여 있는 것처럼 보인다. 많은 학자, 철학자, 코미디언, 작가들이 웃음과 유머에 대한 보편적 설명을 찾기 위해 고심해왔다.

로마의 작가이자 박식가 플라이니 디 엘더Pliny the elder는 피부 바로 밑에 뻗어있는 횡격막에 자극을 주면 웃음이 나온다고 믿었다. 겨드랑이의 얇은 피부를 간지럽혔을 때 사람들이 웃는 이유도, 배에 칼이 찔린 로마 검투사들이 웃으면서 죽었던 것도 이 때문이라고 생각했다. 좀 더 최근에 심리학자들은 넓은 의미에서 웃음은 갑작스럽게 '기분 좋은 정서적 전환'이 일어난 결과라고 정의했다. 실질적으로 봤을 때, 이는 플라이니의 횡격막 이론보다 아주 약간의 설명을 더 담고 있을 뿐이다. 이와 같이 기분 좋은 정서적 전환을 가져오기 위해 농담이 작용하는 방법은 일반적으로 다음 세 가지로 나뉜다.

양치기 개 농담은 학자들이 유머의 '부조화 이론incongruity theory'이라고 부르는 것에 기반을 둔 것이다. 마치 '지그'가 나올 것처럼 설정한 후 '재그'를 내놓는 방식이다. 예를 들어 "목사, 랍비, 그리고 … 오리가 술집으로 들어갔다"는 문장이 그러하다. 매튜 헐리Mattew Hurley가 이끄는 MIT 연구원 3인방에 따르면, 사람들이 이 같은 부조화에서 즐거움을 느끼는 이유는 자기가 가정한 것에서 오류를 발견하면 보상으로 뇌에서 도파민이 소량 분비되기 때문이라고 한다. 이 부조화 이론은 "흰개미가 술집에 들어가서 '여기 바텐더 있어요?'라고 물었다"와 같이 간단한 농담을 읽었을 때 바로 웃음이 나오지 않고 잠시 멈칫한 후에야 웃게 되는 이유를 설명한다.

두 번째 이론은 아리스토텔레스가 말한 '우월성 이론superiority theory'이다.

사람들은 갑자기 자신의 처지가 남들보다 더 낫다고 느껴질 때 즐거움을 느낀다고 우월성 이론은 말한다. 이러한 유형의 유머는 일반적으로 다른 사람의 경험, 대개는 고통스러운 경험을 다룬다. 멜 브룩스Mel Brooks는 "내가 손가락을 다치면 그것은 비극이지만, 당신이 뚜껑 열린 하수구에 빠져서 죽으면 그것은 희극이다"라는 말로 아리스토텔레스의 이론을 요약했다. 우월성 이론을 수학 공식으로 옮기면 '희극 = 고통 + 고통을 당한 사람과 나와의 정서적 거리'로 표현할 수 있을 것이다.

마지막으로, 그리고 가장 근본적인 것으로 '완화 이론relief theory'이 있다. 미국 철학자 존 듀이John Dewey는 완화 이론을 "갑작스러운 긴장 완화"로 인한 유머라고 정의했다. 깜짝 장난감 상자나 술래잡기 등과 같이 무섭거나 불안하게 느껴졌던 상황이 갑자기 안전한 것으로 바뀌었을 때 재미를 느낀다는 이론이다. 이러한 완화 이론은 종을 초월해서 작용한다. 인간의 아이만큼이나 침팬지도 서로를 뒤쫓는 놀이를 즐기는데, 이는 공포가 갑자기 안도로 변할 때 느끼는 즐거움이 아주 오래전부터 있어왔다는 것을 의미한다.

유머는 종종 청자나 독자의 기대를 뒤엎는 구조로 이루어진다. 그리고 사람들이 뒷이야기를 기대하는 방식은 시대와 문화에 따라 매우 다양하다는 측면에서 농담은 사회적 구조를 드러낸다. 누가 농담의 표적이 되는가? 변호사? 야만인? 대지주? 회계원? 그 대상의 인종이나 성별, 신체적 특징은 어떤가? 우월성 이론 탓에 유머는 종종 사회의 가장 취약 계층을 표적으로 한다. 설형문자 유머에서는 노예와 여성들이 거의 일방적으로 조롱을 받았다. 마츠작이 제시한 다음의 농담은 고고학자들이 발견한 가장 오래된 농담 중 하나로, 당시 아카드 제국에서는 여성을 무시하는 사회적 분위기가 나타났었음을 짐작하게 한다.

그녀의 (너무나도) 순결한 자궁은 "끝났다." (다시 말해서) 그녀의 가족에게 이는 엄청난 경제적 손실이다.

마츠작은 여기서 나오는 '너무나도 순결한'이라는 표현이 문자로 남겨진 것 중에 가장 오래된 반어법 중 하나라고 말했다. 이러한 기록들은 아카드의 사회적 구조에 대해 많은 정보를 제공한다. 벤자민 포스터의 설명에 따르면 당시에는 계급이 낮은 공무원과 상인들이 자주 표적이 됐으며, 왕족은 건드리지 않았다. 겁쟁이거나, 야망이 있거나, 예의 바르지 않거나, 이성을 밝히거나, 자만하는 사람들 또한 표적이 됐다. 그러나 "품위를 평가하는 고대의 기준에 대해 알려진 바가 많지 않은 탓에, 설형문자 기록 중에서 무엇이 욕설인지를 구분하기는 어렵다"고 포스터는 내게 설명했다.

욕설 등과 같이 품위를 어기는 말이나 행동은 예나 지금이나 희극에 자주 등장한다. 욕설 그 자체는 언제나 존재해왔을 확률이 높다. 그러나 안타깝게도, 문화적 금기를 판단하는 기준은 대개 수명이 짧은 편이다. 우리는 윌이 발등에 돌을 떨어뜨렸을 때 실제로 어떤 욕설을 내뱉었을지는 알기 어렵다. 어떤 문화에서는 너무나도 모욕적이고 불쾌한 말이 다른 문화에서는 전혀 그렇지 않은 경우가 많기 때문이다. 예를 들어, 현대 영국에서 욕으로 쓰는 말 중 상당수는 생리현상이나 성과 관련이 있다. 그러나 비교적 멀지 않은 과거인 중세 시대까지만 거슬러 올라가도, 당시 영국에는 사생활 개념이 거의 드물어서 사람들 대부분이 개방된 공간에서 생리현상을 해소했었다. 따라서 대소변을 가리키는 단어가 욕설에 쓰일 만큼 문화적으로 불쾌감을 주는 말이 아니었다. 중세 유치원 선생님들은 수업 중에도 일상적으로 'piss'[24]와 같은 단어를 썼을 것이다. 대신에 중세 영국인들은 '신의 뼈'나 '신의 피'와 같은 욕설로 상대방을 화나게 했다. 그렇다면 윌이 살았던 시대의 욕설도 종교적인 것과 관련이 있었을까? 아니면 인종이나 대소변, 또는 아예 새로운 무언가였을까? 학자들도 알지 못한다.

그러나 펀치라인을 포함해서, 유머와 이야기의 기본 구조는 크게 달라지지 않았다. 전혀 변하지 않은 것들도 있다. 다음은 4천 년 전 아카드의 우스개 이야기로, 문자로 남은 것 중에서 가장 오래된 이야기 중 하나다.

늑대 아홉 마리가 양 열 마리를 잡았다. 양이 한 마리 더 많

---

24 원래는 '오줌을 누다'라는 뜻이지만 현재는 '몹시 열 받게 하다,' '꺼져' 등과 같은 비속어에 사용된다.

앉기에 늑대들을 양을 어떻게 나눠 가질지 고민했다. 그때 여우가 와서 말했다. "내가 나눠줄게. 너희는 아홉 마리니까 한 마리를 가져. 나는 한 마리니까 아홉 마리를 가질게. 이렇게 나누면 좋을 것 같아."

이 이야기에 등장하는 여우는 인류학자들이 말하는 트릭스터trickster의 전형에 딱 들어맞는다. 트릭스터는 깡패나 건달만큼 나쁜 사람은 아니지만, 개인의 이익을 위해 사회적 규범을 어기는 사람들을 가리키는 용어다. 지금까지 연구된 사실상모든 문화의 민담에 등장한다. 아메리칸 원주민의 이야기에서는 코요태가, 아프리카 문화에서는 토끼가, 헐리우드에서는 짐 캐리나 혹은 능청스럽고 영리한 토끼 벅스 바니가 주로 트릭스터 역할을 맡는다. 이는 호모 사피엔스의 뇌에 언제 어디서나 웃음과 재미를 보장하는 흥행 보증 수표인 듯하다.

유머, 비속어, 트릭스터의 전형이 시간, 장소, 문화를 불문하고 계속해서 이어져온 것을 근거로, 인류학자들은 윌이 점토판에 이야기를 새기기 한참 전부터, 즉 호모 사피엔스의 출현이래 모든 문화에서 이 같은 전형이 사용됐을 것이라고 추측했다. 그러나 이러한 농담을 처음으로 점토판에 새긴 것은 윌이다. 윌이 남긴 시답잖은 농담과 우스개는 문자 체계가 역사상 처음으로 회계와 관련 없는 내용을 기록하는 데 쓰이는 사례 중 하나가 됐다. 학생들에게 설형문자를 좀 더 쉽게 가르치고자 했던 그의 애정이 문자 체계 그 자체를 바꿔놓은 것이다. 월 이후에도 수 세기 동안, 서기 학교 선생님들은 점토판에 새긴 우스개 이야기를 수업 도구로 활용했다. 그리고 점점 더 많은 선생님이 고대 수메르 이야기와 교훈 문학을 문자로 기록했다. 그들은 기본적인 그림문자에 머물렀던 문자 체계를 언어의 모든 소리를 구현할 수 있는 도구로 발전시켰다.

처음에는 한 줄짜리 단순한 글에서 시작한 것이 글쓰기 활동을 통해 발전을 거듭한 끝에 이야기, 신화, 서사시, 노래, 전기, 의학 논문이 됐다. 아카드 서기 학교의 어느 창조적인 선생님이 제공한 작지만 사소하지는 않은 공헌으로, 인류의 역사시대가 열린 것이다.

안타깝게도 월의 무덤은 아마도 영원히 사라졌을 것이다. 그러나 그가 남긴 점토판 덕분에, 그의 유머 감각이 보통은 됐다는 증거만큼은 앞으로도 영원히 사라지지 않을 것이다.

만약 우리 종이 지구에 있었던 시간을 24시간으로 본다면,
이는 자정이 되기 5분 전에 일어났다(1천 년 전).

1천 년 전 / 하와이에 최초 상륙

한 가지 관점에서 봤을 때, 현대 호모 사피엔스가 아프리카 대륙을 벗어난 것은 세계적인 규모의 확장과 탐험의 하나였다. 이는 거슬러 올라가면 약 5만 5천 년 전 호모 사피엔스가 아프리카에서 시나이 반도를 가로질러 중동으로, 그리고 유럽과 아시아로 뿔뿔이 흩어지면서 시작됐다.

인간의 턱뼈 화석 증거에 따르면, 아프리카를 떠난 호모 사피엔스 중 일부는 유럽 대륙을 통과해서 북쪽으로 이동하여 약 4만 1천 년 전에 (육로를 통해) 영국에 도착했다. 다른 무리는 남쪽으로 내려갔다. 그들은 인도를 지나 동남아시아를 거쳐서, 지금은 물밑으로 가라앉았지만 당시에는 인도네시아의 수마트라, 자바, 발리를 연결했던 육로를 건넜다. 월리스선Wallace Line이라고 불리는 보르네오 동쪽 해구에 도달해서야 이동을 멈췄다. 당시 해수면이 지금보다 거의 90m가량 낮긴 했지만 그래도 월리스선을 건너려면 배가 필요했다. 그러나 플로레스Flores섬에서 발견된 호모 사피엔스의 치아를 조사한 고고학자들은 적어도 4만 6천 년 전에는 배를 탄 호모 사피엔스들이 월리스선을 넘었으며, 4만 년 전 무렵에는 오스트레일리아를 통과해서 가장 아래쪽에 있는 태즈메이니아까지 닿았다고 말했다.

또 다른 무리는 동쪽으로 이동했다. 이들은 아시아를 가로질러 4만 년 전쯤에는 일본까지 도달했고, 북위 60도(이 이상으로는 그 어떤 호미닌도 생존한 적이 없다)까지 이동한 후 서부 시베리아를 거쳐, 약 3만 2천 년 전 베링기아의 광활한 땅덩어리를 건넜다. 캐나다의 거대한 빙상이 남쪽으로 내려가는 길을 막고 있었으나 1만 6천 년 전 지구가 따뜻해지면서 얼음이 녹았다. 일단 캐나다를 넘어간 최초의 아메리카 사람들은 1천 년이 지나기도 전에 남아메리카 최남단에 도착했고, 4천 년 전쯤에는 캐나다 북극의 동쪽 끝과 그린란드에도 사람들이 거주했다.

이로써 지금으로부터 3천 년 전, 현대 인류는 인간이 살 수 있는 환경을 갖춘 거의 모든 지역을 차지했다. 남은 것은 저 멀리 고립된 남태평양의 섬들뿐이었다.

약 4만 5천 년 전, 배를 타고 월리스선을 넘은 사람들은 계속해서 동쪽으로 이동했다. 항해 초반에는 섬들이 가까운 거리에 모여 있어서, 해변에 서서 이웃 섬을 볼 수도 있을 정도였다. 이처럼 빽빽하게 모인 섬들은 오클랜드 대학교 고고학 교수 제프리 어윈Geoffrey Irwin의 표현을 빌리면, "항해의 요람"이 되어주었다. 덕분에 사람들은 드넓게 펼쳐진 군도가 주는 상대적인 안전함 속에서 자신의 배와 항해 기술을 발달시키며 계속해서 나아갈 수 있었다.

초기 탐험가들은 기본 범선을 타고 섬에서 섬으로 이동하여 파푸아뉴기니 바로 동쪽에 있는 솔로몬 제도에 닿았다. 그러나 솔로몬 제도를 지나면서부터는 섬과 섬 간의 거리가 엄청나게 멀어졌다. 다음 섬인 바누아투Vanuatu와 솔로몬 제도 사이에는 무려 483km에 달하는 바다가 가로막고 있었다.

이 때문에 인류는 이후 수천 년 동안 태평양 동쪽으로는 더이상 나아가지 않다가 약 3천 년 전, 고고학자들이 라피타Lapita 문화라고 부르는, 아마도 인류 역사상 모험심이 가장 왕성한 탐험가들이 대만에서부터 남쪽으로 뻗어 나가기 시작했다. 라피타의 배에 관한 증거는 거의 남지 않았지만, 그들은 아마도 아웃리거outrigger 카누를 발명해서 바람에도 안정적으로 균형을 유지하고 항해 성능도 개선된 배를 사용했을 것으로 추측된다. 라피타인들은 아웃리거 카누[25]를 타고 솔로몬 제도를 통과해서 바누아투를 발견했고, 이후로도 계속해서 나아가 400년 이내에 피지, 서폴리네시아, 통가, 사모아까지 퍼졌다. 이들이 섬에서 섬으로 이동하는 속도가 어찌나 빨랐는지 그들의 움직임을 이해할 수 있는 유일한 설명은 그만큼 탐험하고자 하는 욕구가 컸다는 것뿐이라고 고고학자들은 말한다. 어원의 표현에 따르면, "그들이 앞으로 나아간 이유는 그저 수평선 너머에 무엇이 있는지 보고 싶었기 때문이다."

마침내 머나먼 태평양의 광활함에 라피타인들마저 이동을 멈추었다. 사모아를 넘어서부터는 뉴질랜드, 쿡 제도, 타히티, 마르키즈 제도, 이스터섬, 하와이, 그리고 마지막으로 남아메리카 해변이 서로 멀찍이 떨어져서 흩어져 있었다. 섬과 섬 간의 거리가 수천 수만km에 달했으므로, 이를 건너려면 몇 달간을 항해할 수 있는 거대한 선박과 전문 항해사가 필요했다. 그리고 1천 2백 년 전 무렵, 폴리네시아 문화는 끝없이 펼쳐진 망망대해를 극복하는 데에 성공했다.

남쪽으로 항해한 폴리네시아 사람들은 쿡 제도, 그리고 이어서 뉴질랜드를 발견했다. 동쪽으로 간 사람들은 순서대로

---

25 외양항해용 카누로 한쪽 또는 양쪽에 통나무로 된 플로트를 매단 것.

타히티, 마르키즈 제도, 이스터섬을 발견한 후 마지막으로 남아메리카의 칠레 해안에 도달했다. 뉴질랜드에서 고구마가 자라는 것도 바로 이 때문이다. 고구마는 아메리카에서만 자라는 토착 식물이었으므로, 뉴질랜드의 폴리네시아 농장에 고구마가 있다는 것은 적어도 한 무리의 폴리네시아 탐험가들이 남아메리카에 방문했을 뿐만 아니라 거의 9,600km에 이르는 넓은 바다를 사이에 두고도 거래 관계를 유지했음을 뜻한다.

그러나 이 중에서도, 폴리네시아 사람들이 하와이를 발견한 것이야말로 인류의 항해 역사상 가장 위대한 위업이 아닐까 한다.

하와이는 세계에서 가장 고립된 군도이다. 아무것도 없는 망망대해가 끝없이 펼쳐지다가 문득 땅이 딸꾹질이라도 한 것처럼 덩그러니 솟아있다. 어디에서 봐도 너무 멀리 떨어져 있어서 처음 하와이에 상륙한 유럽 탐험가들은 이미 그 땅에 다른 사람들이 사는 것을 보고 최초 원주민들이 조난을 당해서 하와이에 들어오게 된 것이 틀림없다고 믿었다. 그러나 컴퓨터 시뮬레이션, 고고학적 발견, 항해 경로의 재현 등을 통해 연구한 결과, 그것은 잘못된 생각임이 입증됐다. 그러한 가설을 뒷받침하는 증거도 없을 뿐더러, 고고학자 스콧 피츠패트릭 Scott Fitzpatrick이 태평양의 무역풍과 해류를 시뮬레이션한 결과에 따르면, 출발지가 어디든지 간에 일부러 목표를 설정해서 가지 않는 한 우연히 사고로 하와이에 도착할 가능성은 근본적으로 0이었다. 따라서 하와이가 우연히 발견됐다는 초기 가설은 바로 배제됐다. 하와이의 고립은 하와이가 사고로 발견될 수밖에 없는 이유가 아니라, 오히려 사고로 발견되는 것이 불가능한 이유에 해당했다.

피츠패트릭의 계산에 의하면 하와이는 초가을 무렵, 가장 유력하게는 아마도 마르키즈 제도에서 정확히 하와이를 목표로 한 항해에 의해서만 발견될 수 있었다.

다시 말해서 남태평양의 개척자들은 대서사시와 같은 항해를 하는 탐험가들이었으며, 하와이를 발견한 사람은 그중에서도 단연 으뜸이었음을 뜻한다.

그렇다면 그는 과연 누구였을까?

나는 그를 위대한 〈스타트렉Star Trek〉의 탐험가 이름을 따서 커크 선장Captain Kirk이라고 부르겠다.

커크는 거의 1천 년 전, 마르키즈 제도에서 태어났다. 마르키즈 제도 자체도 매우 고립된 섬으로, 하와이에서는 남동쪽으로 3,700km가량 떨어져 있었다. 커크가 살았던 시대의 동폴리네시아는 문자를 사용하지 않았던 데다가, 18세기에 유럽 선교사들이 들어오면서 퍼트린 질병(주로 천연두) 때문에 원주민의 98%가 사망했다. 그렇기 때문에 인류학자들이 이 고대의 항해 문화에 대해서 알아낸 것은 고고학적 증거, 이곳에 처음

방문한 유럽인들이 남긴 글, 이웃 폴리네시아 문화, 섬 자체의 지형에서 얻은 퍼즐 조각들을 조금씩 합친 것이다.

마르키즈 섬사람들은 수렵 채집인이 아닌 목축민과 어부였다. 커크는 가축화한 돼지와 닭을 키웠고, 빵나무와 타로와 얌을 경작하고, 마르키즈의 풍부한 암초를 따라 물고기를 잡거나 조개를 모았다. 옷은 단순했다. 일 년 내내 날씨가 따뜻한 열대지방이었으므로 나무껍질을 두드려서 만든 옷감으로 엉덩이만 가린 식이었다. 그러나 몸치장은 좋아했다.

1774년 그 유명한 제임스 쿡이 남태평양을 항해할 때 선원으로 있었던 찰스 클러크Charles Clerke는 마르키즈 사람들이 "머리부터 발끝까지, 할 수 있는 한 가장 화려하게 문신을 하고 있었다"고 기록했다. 마르키즈 사람들은 문신을 자신의 문화적, 종교적 신념을 표현하는 도구로 중시 여겼으며, 평생 문신을 새겼다. 문신 예술가들은 온종일 뼈바늘과 망치로 피부에 숯잉크를 새겨넣는 일만 하는 전문 직업인이었다. 문신을 받은 사람들은 그 대가로 음식, 물건, 서비스 등을 지급했고, 그들의 예술적 기교는 비싸고 고통스러웠다. 마르키즈 말로 문신은 '타-투ta-tu'였으며, 고향으로 돌아간 선원들은 이들의 예술과 단어를 함께 가져가서 소개했다.

그러므로 커크 역시 온몸에 문신을 새기고 귀에는 상아로 만든 피어싱을 달고 있었던 것이 거의 확실하다. 특별한 날에는 수탉 꼬리를 단 머리 장식이나 꽃, 또는 알락돌고래 이빨로 만든 왕관을 썼는데, 특히 왕관은 만드는 데만 몇 주가 걸릴 정도로 매우 정교했다. 또한 커크는 자기가 사용하는 모든 것을 꾸몄다. 마르키즈 사람들에게 이러한 예술은 단지 심미적인 것에서 그치는 것이 아니라, 그들이 믿는 여러 신과 소통하기 위한 수단이기도 했기 때문이었다.

어쩌면 커크는 악기를 연주했을지도 모른다. 마르키즈 사람들은 코로 부는 피리를 연주했다고 한다. 유럽 탐험가들의 이야기에 따르면 마르키즈 남자들은 마치 사랑에 빠진 10대처럼, 그러나 카세트 플레이어와 기타 대신 코로 부는 피리를 불면서 여자네 집 창문 밖에서 세레나데를 불렀다.

커크가 또한 전사였음은 의심할 것도 없다. 마르키즈 제도는 산들이 솟아올라서 가파른 벽이 골짜기를 지키고 있는, 높고 건조한 섬이다. 대개 지대가 높은 섬에 사는 사람들은 폭력적이기로 악명이 높았다. 높은 산에 가로막혀서 무리 간의 소통이 제대로 이루어지지 않았고, 고립된 공동체 내에서는 쉴 새 없이 살인과 복수가 이어졌다. 20세기 유럽에서 일어난 국가 간의 조직적인 전쟁에 비교하면 그들의 전투는 훨씬 규모도 작고 사상자도 적었다. 그러나 인류학자들은 이렇게 끊임없이 일어나는 작은 규모의 폭력이 1인당 살인율을 살펴보면 오히려 20세기 유럽보다 5배나 높은 수치를 기록하는 때도 적지 않다는 사실을 발견했다.

폭력의 결과로 커크는 아마도 인간을 제물로 바쳤으며, 어쩌면 식인까지 했을지도 모른다. 인류학자들의 초기 기록을 보면 마르키즈 제도에서는 이 두 가지가 모두 일어났던 것으로 보인다. 정치과학자 제임스 페인James Payne은 인간 제물이 만성적인 폭력의 당연한 결과라고 지적했다. 일반적인 고정관념과 달리, 인간 제물은 남태평양이나 그들의 종교에서만 나타나는 고유한 문화와는 거리가 멀었다. 사실상 모든 주요 종교가 한때는 종교적 의식의 하나로 살인을 저질렀다. 이는 인간 제물이 특정 종교의 가르침과는 거의 상관이 없으며, 그보다는 만성적인 폭력으로 인해 나타나는 증상이기 때문이라고 페인은 설명했다. 잦은 폭력은 두 가지에 영향을 미친다. 첫째, 생명의 가치를 낮춘다. 둘째, 폭력이 어디에나 만연하므로 사람들은 자신의 신이 폭력을 좋아한다고 믿게 된다. 따라서 생명의 가치가 그리 큰 것이 아니니 신을 기쁘게 하려고 목숨 하나쯤을 내놓는 것은 얼마든지 가능한 일이 되는 것이다.

그러나 무엇보다도 커크는 뱃사람이었다.

1779년 쿡 선장이 하와이에 도착했을 무렵에는 동폴리네시아 사람들이 이미 장거리 항해를 대체로 그만둔 상태였기 때문에 커크가 어떻게 항해를 배웠는지 알 수 있는 자료는 거의 없었다. 그러나 쿡 선장의 엔데버Endeavour호에 탔던 타히티 출신 항해사 투파이아Tupaia가 들려준 이야기, 그리고 1932년 미크로네시아[26]의 사타왈Satawal섬에서 태어난 전통 항해사 마우 피아일루그Mau Piailug의 이야기와 경험을 토대로 학자들은 개연성 있는 시나리오를 종합할 수 있었다.

피아일루그가 할아버지에게 남태평양의 항구, 바람, 해류를 배웠던 것처럼 커크도 아버지나 할아버지에게 항해하는 법을 배웠을 가능성이 크다. 커크는 별을 보고 길을 찾는 법을 배웠다. 투파이아의 경험담으로 미루어 짐작건대, 커크가 받은 교육은 모닥불 옆에 앉아 별자리를 익히는 것보다는 천문학 박사 과정을 밟는 것에 더 가까웠다.

쿡 선장의 엔데버호를 타는 동안 투파이아는 소시에테 제도, 오스트랄 제도, 쿡 제도, 사모아, 통가, 피지의 방위, 항해시간, 위험한 암초의 위치, 항구, 족장 등에 대한 정보를 전부 알려주었다. 투파이아는 1,000만 제곱마일에 달하는 남태평양과 130개의 섬을 다 기억하고 지도를 그리거나 구술했다. 엔데버호의 해군 사관 생도였던 조셉 마라Joseph Marra는 투파이아를 두고 "진짜 천재"라고 묘사했는데, 외국 문화에 그다지 개방적이지 않았던 무리에서 나온 말이라는 점을 고려하면 이는 어마어마한 칭찬이었다.

---

26 서태평양 적도 북쪽에 흩어져 있는 섬들을 가리킨다. 멜라네시아, 폴리네시아와 함께 오세아니아를 삼등분하는 지역적 명칭이다.

폴리네시아 문화에는 문자도, 지도도 없었기 때문에 커크는 엄청난 양의 정보를 머릿속에 담아야 했다. 별의 정체와 움직임을 알고, 어떤 계절에 그 별들이 나타나는지, 언제 사라지는지, 그리고 어떤 별이 어느 섬 위에서 제일 높이 뜨는지도 알아야 했다. 폴리네시아 사람들의 항해 능력에 대해 쿡 선장은 다음과 같이 기록했다.

그중에서도 똑똑한 사람들은 어떤 달에, 어떤 별이, 하늘의 어디에서, 언제 수평선 위로 떠 오를 것인지를 말할 수 있었다. 또한 일 년 중 어느 때에 각각의 별이 언제 뜨고 지는지를 꽤 정확하게, 유럽의 천문학자들이라면 듣고도 믿을 수 없을 정도로 정확하게 알았다.

커크가 어느 정도 항해술을 익히고 나면 나이 많은 항해사들이 커크를 시험했다. 혼자서 바다로 나가 항해를 해야 했으며 길을 잃으면 죽을 수밖에 없었다. 마르키즈 제도의 이웃 섬들까지 자주 항해했는데, 타히티까지 1,368km 거리를 가로질렀을 가능성도 크다. 그의 배는 때때로 '카누'라고 불리지만, 나는 이것이 영어로 번역하는 과정에서 생긴 오류라고 생각한다. 그 때문에 서양 사람들이 폴리네시아 사람들의 항해 능력을 얕잡아 보았으며, 그들이 하와이에 간 것은 우연한 사고였을 뿐이라는 추측이 퍼진 것이라는 생각이 들었다. 영어로 '카누'는 잔잔한 호수에서 하루쯤 나들이나 할 때 타는 것이지만 커크의 배는 그것과는 전혀 달랐다.

지붕이 없는 고대의 선체와 구두로 전해지는 역사를 토대로 보면, 커크의 이른바 '카누'는 길이 24.4m짜리 이중 선체의 쌍동선 범선으로, 난로와 최소 둘 이상의 돛, 그리고 갑판 위에는 쉼터까지 완벽하게 갖춘 가히 위력적인 배였다. 나는 그것을 엔터프라이즈Enterprise호[27]라고 부르겠다.

커크는 거대한 타마누 나무로 엔터프라이즈호의 선체를 짓고, 나무판을 깊게 해서 배의 적재 능력을 높였다. 코코넛 껍질로 돛을 지지하는 밧줄을 엮었고, 야자나무 잎사귀로는 거대한 돛을 만들었다. 이렇게 거대한 배를 만드는 데 엄청나게 많은 자원이 필요했기 때문에 섬 탐험은 단지 폴리네시아 문화의 소일거리가 아니라 조직 차원의 원칙이었을 것이라고 학자들은 생각한다.

완성된 엔터프라이즈호는 사람 40명과 수개월을 버틸 수 있는 음식과 코코넛 껍데기에 담은 물을 실을 수 있었다. 물 무게만 해도 4,536kg이 넘었을 것이다. 또한 새로운 섬을 발견했을 때 필요한 고구마, 얌, 빵나무, 씨앗, 번식 가능한 돼지, 닭 등으

---

27 영화 〈스타트렉〉 시리즈에서 커크 선장과 승무원들이 타고 우주를 탐사하는 우주선.

로 이루어진 스타터 키트도 실을 수 있었다. 하지만 커크의 초기 탐험이 워낙 자주 실패해서 처음에는 아마도 탐색을 완료하는 데에 필요한 최소한의 선원과 물품만 챙겼을 확률이 높다.

중년에 이른 커크는 경험이 많은 항해사로 발전했다. 그는 이미 동쪽으로는 이스터섬, 서쪽으로는 타히티와 쿡 제도까지 항해한 경험이 있었을 것이다. 이제 그는 북쪽으로 가보기로 했다. 폴리네시아 사람들이 북쪽에는 아는 땅이 하나도 없다는 사실이 미지의 세계를 향한 그의 호기심을 자극했다. 고고학자 패트릭 커치Patrick Kirch가 저서 『내륙으로 향하는 상어가 나를 이끌었다A Shark Going Inland Is My Chief』에서 제안한 것처럼, 하늘을 나는 검은가슴물떼새Pacfic golden plover의 비행이 그의 시선을 끌었을지도 모른다.

몸집이 작고 갈색과 노란색이 체크무늬처럼 털이 난 검은가슴물떼새는 해변과 갯벌을 따라 먹이를 찾는다. 6개월간 마르키즈 제도에서 지내다가 4월이면 북쪽으로 날아가고, 6개월 후에 다시 돌아온다. 1778년 쿡 선장은 그의 배 위를 나는 검은가슴물떼새를 관찰한 후 다음과 같은 일기를 썼다. "이 새들의 존재가 곧, 저 북쪽에 땅이 있음을, 새들이 적절한 계절에 물러나서 새끼를 낳을 수 있는 땅이 있음을 뜻하는 것은 아닐까?" 쿡 선장보다 약 1천 년 전, 커크도 이와 똑같은 의문을 떠올렸을지도 모른다.

그러나 사실 검은가슴물떼새의 목적지는 하와이가 아니라 알래스카 해안이었다. 가는 길에 하와이가 있었던 것이 커크에게는 천만다행이었다. 어쨌든 철새의 비행이 저기 멀리에 땅이 있을지도 모른다는 희망으로 항해를 부추겼을 가능성은 충분하다.

피츠패트릭의 날씨 모형으로 커크의 항해를 시뮬레이션해본 바에 의하면, 커크가 하와이를 발견한 데에는 엄청난 운이 따라줬다. 11월에 항해를 시작했다면 무역풍의 도움을 받아 하와이를 발견할 수 있었겠지만, 만약 가을이 아닌 다른 시기에 출발했다면 끝까지 도달하지 못하고 도중에 방향을 돌려야 했을 것이기 때문이다.

커크는 자신의 위도와 경도를 추적하면서 항해했다. 위도 계산은 상대적으로 간단했다. 그저 별이나 달이 가장 높이 떴을 때 수평선으로부터 얼마나 멀리 떨어져 있는지를 측정하기만 하면 됐다. 그러나 경도를 예측하는 것은 완전히 다른 문제였다. 그는 아마도 선원들이 일명 추측 항법이라고 부르는 방법으로 바람의 방향, 큰 너울, 철새들의 비행경로, 별의 위치, 태양의 움직임, 해류 등을 고려해서 추측한 항해 속도로 자신의 위치를 계산했을 것이다. 이 모든 요소를 잠시도 놓치지 않고 추적해야 하니 그는 잠을 잘 수가 없었다. 오늘날에도 추측 항법을 쓰는 사람들은 자신의 속도와 해류를 추측하기 위해서 하루 24시간 내내 키를 잡고, 그렇게 하지 못하는 시간에는 믿을 만한 동료에게 맡긴다.

항해하는 동안 커크는 근처에 섬이 있음을 나타내는 신호가 있는지를 신중하게 살폈을 것이다. 해안 근처에 사는 새, 너울의 굴절, 바다거북이, 바다 위를 떠다니는 쓰레기나 잔해, 수평선 위에 층층이 쌓인 구름 등은 섬의 존재를 알려주는 신호였다. 컴퓨터 시뮬레이션에 의하면, 일반적인 조건에서 커크는 평균속도 3노트로 항해했을 것이다. 따라서 마르키즈를 떠난 지 24일 후쯤에 갈매기, 너울 각도의 변화, 대략 해발 4,267m의 마우나케아Mauna Kea산 때문에 구름이 쌓인 모습 등을 발견했을 것이다.

커크가 정확히 어느 위치에 상륙했는지는 아무도 알지 못한다. 쿡 선장은 첫 번째 항해에서는 카우아이의 와이메아Waimea만을, 두 번째는 빅 아일랜드의 케알라케쿠아Kealakekua만을 선택했다. 커크의 상륙 지점이 어디였든 간에 그는 놀라운 에덴동산을 발견했을 것이다. 접시만큼 커다란 소라고둥이 바위에 가득했고, 크고 날지 못해서 쉽게 사냥할 수 있는 새들이 가득했다. 그러나 아마도 그는 오래 머무르지는 못했을 것이다. 학자들 대부분은 폴리네시아의 초기 항해가 그저 탐사 목적이었을 것으로 생각한다. 따라서 커크는 하와이에서 물품을 다시 채우고 그곳이 거주할 만한 섬이라는 것을 확인한 후에 다시 집으로 돌아갔을 것이다.

항해의 관점에서는 커크가 집으로 돌아오는 길이 오히려 더 위험했다. 한 달간의 항해 끝에 그는 적절한 위도에 도달하는 데에 성공했다. 그러나 다음이 문제다. 그는 마르키즈 제도의 동쪽에 있었을까, 아니면 서쪽에 있었을까?

17세기 후반까지도 선원들은 커크가 겪은 딜레마를 '경도의 문제'라고 일컬었다. 이는 일몰과 일출 시각의 감지하기 어려울 만큼 사소한 차이를 제외하고는 동-서 위치에 관한 천체 실마리가 부족한 상황을 뜻한다. 만약 커크가 자신의 속도나 해류를 계산하는 과정에서 작은 실수라도 했다면, 또는 거센 폭풍우 때문에 배가 경로에서 벗어나기라도 했다면, 그는 잘못된 선택으로 배와 선원들 전체를 죽음으로 몰아넣을 수도 있었다. 그들의 목숨은 그가 항해하면서 관찰한 모든 것에 달려 있었다.

그로부터 700년 후, 영국인 군인 조지 앤슨George Anson은 센추리온호Centurion를 이끌던 중에 커크와 같은 곤경에 처했다. 티에라델푸에고 아래에서 맞이한 폭풍우는 그의 방향 감각을 방해하고 배를 가로막았다. 설상가상으로 선원들까지 괴혈병으로 죽어 나가자, 그는 후안페르난데스 제도에서 잠시 쉬면서 재정비를 하기로 했다. 그러나 위도는 파악했지만, 경도는 확신할 수 없었던 그는 동쪽으로 가야 할지, 서쪽으로 가야 할지 결정할 수 없었다. 칠레 해안을 지그재그로 항해했고, 마침내 그가 항구를 찾았을 때는 이미 선원 80명이 사망한 후였다.

마르키즈 제도를 찾을 때 쿡 선장은, 1595년 그곳에 도착한 최초의 유럽인 선장 알바로 데 멘다냐Álvaro de Mendaña가 이전에 관측한 정보에 의존했다. 그러나 멘다냐가 언급한 마르키즈 제도의 위도는 비교적 정확했지만 경도는 약 1,100km나 차이가 났다. 이는 대략 텍사스주의 너비에 해당하는 거리였다. 다행히 쿡은 자신이 마르키즈 제도의 동쪽에서 출발한 것을 알고 있었으므로 섬이 시야에 나타날 때까지 그저 올바른 위도를 향해 서쪽으로 나아가기만 하면 됐다.

그러나 커크는 북쪽에 갔다가 돌아오는 길이었기 때문에 쿡 선장과 같은 방법은 선택지가 될 수 없었다. 그가 올바른 위도에 도달했을 때는 이미 바다로 나온 지 시간이 꽤 흐른 후라서 텍사스 규모의 오차를 여유롭게 항해할 시간 같은 건 없었을 것이다. 따라서 커크는 동쪽인지, 서쪽인지 반드시 맞게 선택할 필요가 있었다.

유럽의 선원들도 1761년 영국의 존 해리슨John Harrison이라는 시계 장인이 몇 달간 정확한 시간을 유지할 수 있는 시계를 만들기 전까지는 경도를 측정할 줄 몰랐다. 따라서 커크가 어떻게 방향을 찾았는지는 여전히 수수께끼이다. 학자들은 그가 수천 년에 걸친 섬 탐험을 통해 발달한, 그러나 지금은 사라져서 알지 못하는 고유의 기술로 자신의 경도를 측정하는 방법이 있었을 것으로 추측한다. 어윈이 『항해와 정착Voyaging and Settlement』에서 쓴 것처럼, "이 위대한 항해사들은 많은 섬의 머리 위에 뜨는 별을 알아볼 수 있었고, 선원들이 두려움 없이 고향 땅인 서쪽을 향해 항해할 수 있는 알고리즘을 세울 수 있었기에 가능했다."

마르키즈 제도에 돌아온 커크는 하와이를 개척하기 위해 다시 선원들을 꾸려서 항해에 나섰을 가능성이 크다. 아마도 이번에는 여러 척의 배에 각각 40명의 사람을 태우고, 새로운 땅을 개척할 때 필요한 동물과 씨앗도 챙겼을 것이다. 탄소 기록에 따르면 그들은 다시 하와이에 도착한 후 농장을 만들기 위해서 엄청나게 넓은 숲을 태웠고, 한 세대 만에 날지 못하는 대형 조류를 멸종시켰다. 아무도 살지 않았던 영토와 비옥한 땅은 폭발적인 인구 증가에 불을 지폈다. 약 800년 후 쿡 선장이 도착했을 무렵에는 대략 50만 명으로 추정되는 사람들이 하와이 제도에 살고 있었다.

이후로도 커크는 항해를 계속했을 것이다. 수 세기 동안 동폴리네시아 제도는 계속해서 서로 교류했다. 폴리네시아의 구전 역사는 타히티와 하와이를 항해한 고대 항해사들의 이야기를 전했고, 타히티에서는 하와이 돌로 만든 고대 석기 도구가 발견되기도 했다. 그러나 마침내는 전통이 사라졌다. 어쩌면 커치의 의견처럼, 일단 하와이 인구가 일정 지점에 도달하자 그들은 다시 섬과 섬 간의 항해로 관심을 돌렸을지도 모른다. 쿡 선장이 카우아이에 상륙했을 때 수십 척의 배가 그를 반겨줬지만, 그중 어떤 것도 엔터프라이즈호와 같은 규모는 아니었다. 고대의 쌍동선 범선은 사라졌지만, 쿡 선장은 폴리네시아 사람들의 항해술을 의심하지 않았다. 쿡 선장은 그들의 섬 탐험이 우연이 아니라 그들의 의지였다고 믿었다.

2014년 고고학자들은 이스라엘의 어느 동굴에서 5만 5천 년 된 작은 두개골 조각을 발견했다. 이 작은 뼛조각은 현대 호모 사피엔스가 거주지를 찾아서 지구 이곳저곳을 탐험하기 시작했음을 뜻했다.

그리고 그로부터 5만 4천 년 후, 커크가 하와이를 발견하면서 호모 사피엔스의 대탐험은 막을 내렸다.

참고문헌

1장 인류 최초의 발명가는 누구였을까?

Byrne, Richard. *The Manual Skills and Cognition That Lie Behind Hominid Tool Use*. Cambridge, UK: Cambridge University Press, 2004.

Currier, Richard. *Unbound: How Eight Technologies Made Us Human and Brought Our World to the Brink*. New York: Arcade Publishing, 2015.

DeSilva, Jeremy M. "A Shift Toward Birthing Relatively Large Infants Early in Human Evolution." *Proceedings of the National Academy of Sciences* (January 2011).

Falk, Dean. "Prelinguistic Evolution in Early Hominins: Whence Motherese?" *Behavioral and Brain Sciences* (August 2004).

Goodall, Jane. *The Chimpanzees of Gombe: Patterns of Behavior*. Cambridge, MA: Harvard University Press, 1986.

Henrich, Joe. *The Secret of Our Success: How Culture Is Driving Human Evolution, Domesticating Our Species, and Making Us Smarter*. Princeton, NJ: Princeton University Press, 2015.

Rosenberg, Karen, et al. "Did Australopithecines (or Early Homo) Sling?" *Behavioral and Brain Sciences* (August 2004).

Stringer, Chris. *Lone Survivors: How We Came to Be the Only Humans on Earth*. New York:

Times Books, 2012.

Scheffler, Cara- Wall, et al. "Infant Carrying: The Role of Increased Locomotory Costs in Early Tool Development." *American Journal of Physical Anthropology*(June 2007).

Taylor, Timothy. The Artificial Ape: How Technolog y Changed the Course of Human Evolution. New York: St. Martin's Press, 2010.

Walter, Chip. *The Last Ape Standing: The Seven- Million- Year Story of How and Why We Survived*. New York: Bloomsbury, 2013.

Wong, Kate. "Why Humans Give Birth to Helpless Babies." *Scientific American*, August 28, 2012.

2장 누가 불을 발견했을까?

Aeillo, Leslie, and Peter Wheeler. "The Expensive- Tissue Hypothesis." *Current Anthropology* (April 1995).

"Bonobo Builds a Fire and Toasts a Marshmallow." *Monkey Planet*, BBC One. 2014.

Bramble, Dennis, and Daniel Lieberman. "Endurance Running and the Evolution of Homo." *Nature* (November 2004).

Carmody, Rachel N., and Richard W. Wrangham. "The Energetic Significance of Cooking." *Journal of Human Evolution*(2009).

Hoberg, E. P., et al. "Out of Africa: Origins of the Taenia Tapeworms in Humans." *Proceedings of the Royal Society Biological Sciences* (April 2001).

McGee, Harold. *On Food and Cooking: The Science and Lore of the Kitchen*. New York: Scribner, 1984.

Plavcan, J. Michael. "Body Size, Size Variation, and Sexual Size Dimorphism in Early Homo." *Current Anthropology* (December 2012).

Pruetz, Jill D., and Nicole M. Herzog. "Savanna Chimpanzees at Fongoli, Senegal, Navigate a Fire Landscape." *Current Anthropology* (August 2017).

Raffaele, Paul. "Speaking Bonobo." *Smithsonian Magazine*, November 2006.

Salzberg, Hugh. *From Caveman to Chemist: Circumstances and Achievements*. Washington, DC: American Chemical Society, 1991.

Sorensen, A. C. et al. "Neanderthal Fire- Making Technology Inferred from Microwear Analysis." *Scientific Reports* (July 2018).

Theunissen, Bert. "Eugène Dubois and the Ape- Man from Java." Dordrecht, The

Netherlands: Kluwer Academic Publishers Group, 1988.

Wade, Nicholas. *Before the Dawn: Recovering the Lost History of Our Ancestors*. New York: Penguin Press, 2006.

Wrangham, Richard. *Catching Fire: How Cooking Made Us Human*. New York: Basic Books, 2009.

3장 누가 처음으로 굴을 먹었을까?

Caspari, Rachel, and Sang- Hee Lee. "Older Age Becomes Common Late in Human Evolution." *Proceedings of the National Academy of Sciences*(July 2004).

Frisch, Rose, and Janet McArthur. "Menstrual Cycles: Fatness as a Determinant of Minimum Weight for Height Necessary for Their Maintenance or Onset." *Science* (October 1974).

Kelly, Robert L. *The Lifeways of Hunter Gatherers: The Foraging Spectrum*. Cambridge, UK: Cambridge University Press, 2013.

Klein, Richard, with Blake Edgar. *The Dawn of Human Culture*. New York: John Wiley, 2002.

Lee, Richard Borshay. *The !Kung San: Men, Women, and Work in a Foraging Society*. Cambridge, UK: Cambridge University Press, 1979.

Marean, Curtis, et al. "Early Human Use of Marine Resources and Pigment in South Africa During the Middle Pleistocene." *Nature* (October 2007).

National Cancer Institute. "Age and Cancer Risk." Cancer.gov. April 2015.

Shea, John. "The Middle Paleolithic of the East Mediterranean Levant." *Journal of World Prehistory* (January 2003).

Trinkaus, Erik, et al. "Anatomical Evidence for the Antiquity of Human Footwear Use." *Journal of Archaeological Science* (August 2005).

4장 누가 옷을 발명했을까?

Brown, Donald E. *Human Universals*. New York: McGraw- Hill Humanities/ Social Sciences/ Languages, 1991.

deMenocal, Peter, and Chris Stringer. "Climate and the Peopling of the World." *Nature* (October 2016).

Gilligan, Ian. "The Prehistoric Development of Clothing: Archaeological Implications of a Thermal Model." *Journal of Archaeological Method and Theory* (January 2010).

Hayden, Brian. "Practical and Prestige Technologies: The Evolution of Material Systems." *Journal of Archaeological Method and Theory* (March 1998).

Hogenboom, Melissa. "We Did Not Invent Clothes Simply to Stay Warm." BBC Earth. September 19, 2016.

Kittler, Ralf, Manfred Kayser, and Mark Stoneking. "Molecular Evolution of Pediculus Humanus and the Origin of Clothing." *Current Biology* (August 2003).

Papagianni, Dimitra, and Michael A. Morse. *The Neanderthals Rediscovered: How Modern Science Is Rewriting Their Story.* New York: Thames & Hudson, 2013.

Pinker, Steven. *The Blank Slate: The Modern Denial of Human Nature.* New York: Penguin, 2003.

Rodgers, Alan, et al. "Genetic Variation at the MC1R Locus and the Time since Loss of Human Body Hair." *Current Anthropology* (2004).

Ruddiman, William. *Earth's Climate: Past and Future.* New York: W. H. Freeman, 2003.

St. Clair, Kassia. *The Golden Thread: How Fabric Changed History.* London: John Murray, 2018.

Toups, Melissa, et al. "Origin of Clothing Lice Indicates Early Clothing Use by Anatomically Modern Humans in Africa." *Molecular Biolog y and Evolution* (January 2011).

Wales, Nathan. "Modeling Neanderthal Clothing Using Ethnographic Analogues." *Journal of Human Evolution* (December 2012).

Zinsser, Hans. *Rats, Lice and History.* Boston, MA: Little, Brown and Company, 1934.

5장 누가 처음으로 활을 쐈을까?

Alexander, Gerianne, and Melissa Hines. "Sex Differences in Response to Children's Toys in Nonhuman Primates (Cercopithecus aethiops sabaeus)." *Evolution and Human Behavior* (November 2002): 464–79.

Backwell, Lucinda, et al. "The Antiquity of Bow- and- Arrow Technology: Evidence from Middle Stone Age Layers at Sibudu Cave." *Antiquity* (April 2018).

Churchill, Steven. "Weapon Technology, Prey Size Selection, and Hunting Methods in Modern Hunter- Gatherers: Implications for Hunting in the Palaeolithic and Mesolithic." *Archaeological Papers of the American Anthropological Association* (January 1993).

Churchill, Steven, et al. "Shanidar 3 Neandertal Rib Puncture Wound and Paleolithic Weaponry." Journal of Human Evolution (August 2009).

Farmer, Malcolm. "The Origins of Weapon Systems." *Current Anthropology* (December 1994).

Kennett, Douglas. "Sociopolitical Effects of Bow and Arrow Technology in Prehistoric Coastal California." *Evolutionary Anthropolog y Issues News and Reviews* (May 2013).

Kratschmer, Alexandra Regina, et al. "Bow- and- Arrow Technology: Mapping Human Cognition and Perhaps Language Evolution." The Evolution of Language: The Proceedings of the 10th International Conference. 2014.

Kroeber, Theodora. *Ishii in Two Worlds: A Biography of the Last Wild Indian in North America*. Berkeley and Los Angeles: University of California Press, 1961.

Lombard, Marlize. "Indications of Bow and Stone- Tipped Arrow Use 64,000 Years Ago in KwaZulu- Natal, South Africa." *Antiquity* (September 2010).

Lombard, Marlize, and Miriam Noël Haidle. "Thinking a Bow-and-Arrow Set: Cognitive Implications of Middle Stone Age Bow and Stone-Tipped Arrow Technology." *Cambridge Archaeological Journal* (June 2012).

Sisk, Matthew, and John Shea. "Experimental Use and Quantitative Performance Analysis of Triangular Flakes (Levallois Points) Used As Arrowheads."*Journal of Archaeological Science* (September 2009).

Wadley, Lyn, et al. "Traditional Glue, Adhesive and Poison Used for Composite Weapons by Ju/'hoan San in Nyae Nyae, Namibia. Implications for the Evolution of Hunting Equipment in Prehistory." *PLoS ONE* (October 2015).

Yu, Pei- lin. "From Atlatl to Bow and Arrow: Implicating Projectile Technology in Changing Systems of Hunter- Gatherer Mobility." *In Archaeolog y and Ethnoarchaeolog y of Mobility*, edited by Pei- lin Yu. Gainesville, FL: University of Florida Press, 2006.

6장 누가 세계 최초로 걸작을 그렸을까?

McAuliffe, Kathleen. "If Modern Humans Are So Smart, Why Are Our Brains Shrinking?" *Discover* (September 2010).

Cave of Forgotten Dreams. DVD. Directed by Werner Herzog. Orland Park, IL: MPI Media Group, 2011.

Chauvet, Jean- Marie, Eliette Brunel Deschamps, and Christian Hillaire. *Dawn of Art: The Chauvet Cave*. New York: Harry N. Adams, 1996.

Clottes, Jean. *Cave Art*. New York: Phaidon Press, 2010.

Conard, Nicholas. "New Flutes Document the Earliest Musical Tradition in Southwestern Germany." *Nature* (August 2009).

Curtis, Gregory. *The Cave Painters: Probing the Mysteries of the World's Prehistoric Artists.* New York: Random House, 2008.

Franses, P. H. "When Do Painters Make Their Best Work?" *Creativity Research Journal* (2013): 457– 62.

Fu, Qiaomei, et al. "The Genetic History of Ice Age Europe." *Nature* (June 9, 2016).

Lotzof, Kerry. "Cheddar Man: Mesolithic Britain's Blue- Eyed Boy." Natural History Museum website, February 7, 2018, updated April 18, 2018. https:// www .nhm.ac.uk/ discover/ cheddar- man- mesolithic- britain- blue-eyed-boy.html.

Robinson, John. "Return to the Chauvet Cave." Bradshaw Foundation website, 2001.

Théry- Parisot, Isabelle, et al. "Illuminating the Cave, Drawing in Black: Wood Charcoal Analysis at Chauvet- Pont d'Arc." *Antiquity* (April 2018).

Thurman, Judith. "First Impressions," *New Yorker*, June 23, 2008.

7장 누가 처음으로 아메리카 대륙을 발견했을까?

Abbott, Alison. "Mexican Skeleton Gives Clue to American Ancestry." *Nature* (May 2014).

Bourgeon, Lauriane, et al. "Earliest Human Presence in North America Dated to the Last Glacial Maximum: New Radiocarbon Dates from Bluefish Caves, Canada." *PLoS One* (January 2017).

Cinq-Mars, Jacques, and Richard E. Morlan. "Bluefish Caves and Old Crow Basin: A New Rapport." *In Ice Age Peoples of North America. Environments, Origins, and Adaptations of the First Americans*, edited by Robson Bonnichsen and Karen L. Turnmire. College Station, TX: Texas A& M University Press, Center for the Study of the First Americans, 1999.

Erlandson, Jon, et al. "The Kelp Highway Hypothesis: Marine Ecology, the Coastal Migration Theory, and the Peopling of the Americas." *Journal of Island and Coastal Archaeology* (October 2007).

Fagundes, Nelson, et.al., "How Strong Was the Bottleneck Associated to the Peopling of the Americas? New Insights from Multilocus Sequence Data." *Genetics and Molecular Biology* 41 (2018): 206– 14.

Goebel, Ted. "The Archaeology of Ushki Lake, Kamchatka, and the Pleistocene Peopling of the Americas." *Science* (2003).

Graf, Kelly E., Caroline V. Ketron, and Michael R. Waters. Paleoamerican Odyssey. College Station, TX: Texas A& M University Press, 2014.

Lesnek, Alia, et al. "Deglaciation of the Pacific Coastal Corridor Directly Preceded the

Human Colonization of the Americas." Science Advances (May 2018).

Potter, Ben A. "A Terminal Pleistocene Child Cremation and Residential Structure from Eastern Beringia." *Science* (February 2011).

Pringle, Heather. "Welcome to Beringia." *Science* (February 28, 2014).

Ruhlen, Merritt. *The Origin of Language: Tracing the Evolution of the Mother Tongue*. New York: John Wiley, 1996.

Sikora, Martine, et al. "Ancient Genomes Show Social and Reproductive Behavior of Early Upper Paleolithic Foragers." *Science* (November 2017).

Skoglund, Pontus, and David Reich. "A Genomic View of the Peopling of the Americas." *Current Opinion in Genetics & Development* (December 2016): 27–35.

Tamm, Erika, et al. "Beringian Standstill and Spread of Native American Founders." *PLoS ONE* (September 2007).

8장 누가 처음으로 맥주를 마셨을까?

Bostwick, William. *The Brewer's Tale: A History of the World According to Beer*. New York: W. W. Norton, 2014.

Braidwood, Robert J., et al. "Did Man Once Live by Beer Alone?" *American Anthropologist* 55, no. 4 (October 1953).

Gallone, Brigida, et al. "Domestication and Divergence of Saccharomyces cerevisiae Beer Yeasts." *Cell* (September 2016).

Hayden, Brian, et al. "What Was Brewing in the Natufian? An Archaeological Assessment of Brewing Technology in the Epipaleolithic." *Journal of Archaeological Method and Theory* (March 2013).

Hobhouse, Henry. *Seeds of Change: Six Plants That Transformed Mankind*. Los Angeles, CA: Counterpoint, 2005.

Katz, Solomon, and Mary Voigt. "Bread and Beer: The Early Use of Cereals in the Human Diet." *Expeditions* 28, no. 2 (1986): 23–35.

Legras, J. L., et al. "Bread, Beer and Wine: Saccharomyces cerevisiae Diversity Reflects Human History." *Molecular Ecology* (May 2007).

Moore, A. M. T., et al. "The Excavation of Tell Abu Hureyra in Syria: A Preliminary Report." *Proceedings of the Prehistoric Society* (1975).

National Geographic. "What the World Eats." National Geographic website, April 2019.

https:// www.nationalgeographic.com/ what- the- world- eats.

Paulette, Tate, and Michael Fisher. "Potent Potables of the Past: Beer and Brewing in Mesopotamia." *Ancient Near East Today* 5, no. 4 (April 2017).

Rodger, N.A.M. The Command of the Ocean: A Naval History of Britain 1649– 1815. New York: Penguin Books, 2006.

Smalley, John, and Michael Blake. "Sweet Beginnings: Stalk Sugar and the Domestication of Maize." *Current Anthropology* (December 2003).

Standage, Tom. *A History of the World in 6 Glasses.* New York: Bloomsbury, 2005.

Yaccino, Steven. "For Its Latest Beer, a Craft Brewer Chooses an Unlikely Pairing: Archaeology." *New York Times,* June 17, 2013.

9장 누가 처음으로 뇌수술을 했을까?

Albanèse, J., et al. "Decompressive Craniectomy for Severe Traumatic Brain Injury: Evaluation of the Effects at One Year." *Critical Care Medicine* (October 2003).

Alt, Kurt W., et al. "Evidence for Stone Age Cranial Surgery." *Nature* (June 1997).

Butterfield, Fox. "Historical Study of Homicide and Cities Surprises the Experts." *New York Times,* October 23, 1994.

Faria, Miguel A. "Neolithic Trepanation Decoded: A Unifying Hypothesis: Has the Mystery As to Why Primitive Surgeons Performed Cranial Surgery Been Solved?" *Surgical Neurology International* (May 2015).

Henshcen, Folke. *The Human Skull: A Cultural History.* Santa Barbara, CA: Praeger Publishers, 1965.

Hershkovitz, I. "Trephination: The Earliest Case in the Middle East." *Mitekufat Haeven: Journal of the Israel Prehistoric Society* (1987): 128– 35.

Lv, Xianli, et al. "Prehistoric Skull Trepanation in China." *World Neurosurgery* (December 2013): 897–99.

Meyer, Christian, et al. "The Massacre Mass Grave of Schöneck-Kilianstädten Reveals New Insights into Collective Violence in Early Neolithic Central Europe." *PNAS* (September 2015): 11217–222.

Olalde, Iñigo, et al."A Common Genetic Origin for Early Farmers from Mediterranean Cardial and Central European LBK Cultures." *Molecular Biology and Evolution* (December 2015): 3132– 42.

Petrone, Pierpaolo, et al. "Early Medical Skull Surgery for Treatment of PostTraumatic Osteomyelitis 5,000 Years Ago." *PloS One* (May 2015).

Prioreschi, Plinio. *A History of Medicine: Primitive and Ancient Medicine*. N.p.: Horatius Press, 2002.

Rudgley, Richard. *The Lost Civilizations of the Stone Age*. New York: Free Press,1999.

Sigerist, Henry. *A History of Medicine Volume 1: Primitive and Archaic Medicine*. Oxford, UK: Oxford University Press, 1951.

Verano, John. *Holes in the Head: The Art and Archaeology of Trepanation in Ancient Peru*. Cambridge, MA: Harvard University Press, 2016.

Watson, Traci. "Amazing Things We've Learned from 800 Ancient Skull Surgeries." *National Geographic*, June 30, 2016.

10장 누가 처음으로 말을 탔을까?

Anthony, David. *The Horse, the Wheel, and Language: How Bronze- Age Riders from the Eurasian Steppes Shaped the Modern World*. Princeton, NJ: Princeton University Press, 2007.

Anthony, David, and Dorcas Brown. "Horseback Riding and Bronze Age Pastoralism in the Eurasian Steppes." *In Reconfiguring the Silk Road*, edited by Victor Mair and Jane Hickman. Philadelphia, PA: University of Pennsylvania Press, for the Museum of Archaeology and Anthropology, 2014.

Chang, Will, et al. " Ancestry- Constrained Phylogenetic Analysis Supports the Indo-European Steppe Hypothesis." *Language* (January 2015).

Diamond, Jared. *Guns, Germs, and Steel: The Fates of Human Societies*. New York: W. W. Norton, 1999.

Haak, Wolfgang, et al. "Massive Migration from the Steppe Is a Source for IndoEuropean Languages in Europe." *Nature* (June 2015).

Olsen, Sandra. "Early Horse Domestication on the Eurasian Steppe."*Documenting Domestication: New Genetic and Archaeological Paradigms* (2006): 245– 69.

Outram, Alan K., et al. "The Earliest Horse Harnessing and Milking." *Science* (March 2009).

11장 누가 바퀴를 발명했을까?

Anthony, David. *The Horse, the Wheel, and Language: How Bronze- Age Riders from the Eurasian Steppes Shaped the Modern World*. Princeton, NJ: Princeton University Press, 2007.

Anthony, David W., and Don Ringe. "The Indo- European Homeland from Linguistic and Archaeological Perspectives." *Annual Review of Linguistics* 1 (2015): 199– 219.

Bouckaert, Remco, et al. "Mapping the Origins and Expansion of the IndoEuropean Language Family." *Science* (2012).

Callaway, Ewen. "Bronze Age Skeletons Were Earliest Plague Victims." *Nature* (October 2015).

Charnay, Désiré. *The Ancient Cities of the New World*. Cambridge, UK: Cambridge University Press, 2013.

Hassett, Janice, et al. "Sex Differences in Rhesus Monkey Toy Preferences Parallel Those of Children." *Hormones and Behavior* (August 2008): 359– 64.

Rasmussen, Simon, et al. "Early Divergent Strains of Yersinia pestis in Eurasia 5,000 Years Ago." *Cell* (October 2015).

Reinhold, Sabine, et al. "Contextualising Innovation: Cattle Owners and Wagon Drivers in the North Caucasus and Beyond." *In Appropriating Innovations: Entangled Knowledge in Eurasia*, 5000– 150 BCE. Oxford, UK: Oxbow Books, 2017.

Vogel, Steven. *Why the Wheel Is Round: Muscles, Technolog y, and How We Make Things Move*. Chicago, IL: University of Chicago Press, 2016.

Williams, Christina, and Kristen Pleil. "Toy Story: Why Do Monkey and Human Males Prefer Trucks?" *Hormones and Behavior* (May 2008).

12장 최초의 살인 미스터리에서 살인자는 누구였을까?

Bowles, Samuel, et al. "Did Warfare Among Ancestral Hunter- Gatherers Affect the Evolution of Human Social Behaviors?" *Science* (June 5, 2009): 1293– 98.

Brennan, Bonnie, and David Murdock. *Nova*: "Iceman Reborn." Produced and directed by Bonnie Brennan. Arlington, VA: PBS, February 17, 2016.

Bulger, Burkhard. "Sole Survivor." *New Yorker*, February 14, 2005.

Butterfield, Fox. "Historical Study of Homicide and Cities Surprises the Experts." *New York Times*, October 23, 1994.

Feltman, Rachel. "What Was Otzi The Iceman Wearing When He Died? Pretty Much the Entire Zoo." *Washington Post*, August 18, 2016.

Hanawalt, Barbara A. "Violent Death in Fourteenth and Early Fifteenth Century England." *Comparative Studies in Society and History* 18, no. 3 (July 1976): 297– 320.

Müller, Wolfgang, et al. "Origin and Migration of the Alpine Iceman." *Science* (2003): 862–66.

Nordland, Rod. "Who Killed the Iceman? Clues Emerge in a Very Cold Case."*New York Times*, March 26, 2017.

Oeggl, Klaus, et al. "The Reconstruction of the Last Itinerary of 'Ötzi'" the Neolithic Iceman, by Pollen Analyses from Sequentially Sampled Gut Extracts." *Quaternary Science Reviews* 26 (2007): 853– 61.

Pinker, Steven. *The Better Angels of Our Nature: Why Violence Has Declined*. New York: Viking Press, 2011.

United Nations Office on Drugs and Crime. *Global Study on Homicide 2013* (2014).

Wrangham, Richard W., et al. "Comparative Rates of Violence in Chimpanzees and Humans." *Primates* (January 2006).

13장 우리가 이름을 아는 최초의 사람은 누구일까?

Alster, Bendt. *Proverbs of Ancient Sumer: The World's Earliest Proverb Collections*. Potomac, MD: Capital Decisions, University Press of Maryland, 1997.

Bohn, Lauren E. "Q& A: 'Lucy' Discoverer Donald C. Johanson." *Time*, March 4, 2009.

Devlin, Keith. *The Math Gene: How Mathematical Thinking Evolved and Why Numbers Are Like Gossip*. New York: Basic Books, 2000.

Fischer, Steven Roger. *A History of Writing*. London: Reaktion Books, 2001.

Graeber, David. *Debt: The First 5000 Years*. Brooklyn, NY: Melville House, 2014.

Harari, Yuval Noah. *Sapiens: A Brief History of Humankind*. New York: Harper Perennial, 2015.

Haub, Carl. "How Many People Have Ever Lived on Earth?" Population Today (February 1995).

Nissen, Hans, Peter Damerow, and Robert Endlund. *Archaic Bookkeeping*. Chicago, IL: University of Chicago Press, 1994.

Renn, Jürgen. "Learning from Kushim About the Origin of Writing and Farming: Kushim—Clay Tablet (c. 3200– 3000 BCE), Erlenmeyer Collection," (2014).

Sagona, Tony. "The Wonders of Ancient Mesopotamia: How Did Writing Begin?" The Wonders of Ancient Mesopotamia Lecture Series, University of Melbourne. Presented by Museum Melbourne, 2012.

Schmandt-Besserat, Denise. *How Writing Came About*. Austin: University of Texas Press, 1997.

Scott, James C. *Against the Grain: A Deep History of the Earliest States*. New Haven, CT: Yale University Press, 2017.

Shoumatoff, Alex. *The Mountain of Names: A History of the Human Family*. New York: Kodansha International, 1985.

Stadler, Friedrich. *Integrated History and Philosophy of Science: Problems, Perspectives, and Case Studies*. New York: Springer, 2017.

14장 누가 제일 처음 비누를 만들었을까?

Adams, Robert. *Heartland of Cities: Surveys of Ancient Settlement and Land Use on the Central Floodplain of the Euphrates*. Chicago, IL: University of Chicago Press, 1981.

Bhanoo, Sindya. "Remnants of an Ancient Kitchen Are Found in China." *New York Times*, June 28, 2012.

Curtis, John. "Fulton, Penicillin and Chance." *Yale Medicine* (Fall/ Winter 1999/ 2000).

Curtis, V., and S. Cairncross. "Effect of Washing Hands with Soap on Diarrhoea Risk in the Community: A Systematic Review." *Lancet Infectious Diseases* (May 2003): 275– 81.

Dunn, Robb. *Never Home Alone: From Microbes to Millipedes, Camel Crickets, and Honeybees, the Natural History of Where We Live*. New York: Basic Books, 2018.

Konkol, Kristine, and Seth Rasmussen. "An Ancient Cleanser: Soap Production and Use in Antiquity." *Chemical Technology in Antiquity* (November 2015): 245– 66.

Luby, Stephen, et al . "The Effect of Handwashing at Recommended Times with Water Alone and with Soap on Child Diarrhea in Rural Bangladesh: An Observational Study." *PLoS Medicine* (June 2011).

— — —. "Effect of Handwashing on Child Health: A Randomized Controlled Trial." *The Lancet* (July 2005): 225– 33.

Levey, Martin. "Dyes and Dyeing in Ancient Mesopotamia." *Journal of Chemical Education* (December 1955).

— — —. "The Early History of Detergent Substances: A Chapter in Babylonian Chemistry." *Journal of Chemical Education* (October 1954).

Nemet- Nejat, Karen Rhea. Daily Life in Ancient Mesopotamia. Westport, CT: Greenwood Press, 1998.

— — — . "Women's Roles in Ancient Mesopotamia." *In Women's Roles in Ancient Civilizations: A Reference Guide*, edited by Bella Vivante. Westport, CT: Greenwood Press. 1999.

Sallaberger, Walther. "The Value of Wool in Early Bronze Age Mesopotamia. On the Control of Sheep and the Handling of Wool in the Presargonic to the Ur III Periods (c.2400 to 2000 BC)." In *Wool Economy in the Ancient Near East and the Aegean: From the Beginnings of Sheep Husbandry to Institutional Textile Industry*, edited by Catherine Breniquet and, Cécile Michel (Hg). Oxford, UK: Oxbow Books, 2014.

Saxon, Wolfgang. "Anne Miller, 90, First Patient Who Was Saved by Penicillin." *New York Times*, June 9, 1999.

Tager, Morris. "John F. Fulton, Coccidioidomycosis, and Penicillin." *Yale Journal of Biolog y and Medicine* (September 1976): 391– 98.

Wright, Rita. "Sumerian and Akkadian Industries: Crafting Textiles." In *The Sumerian World*, edited by H. E. W. Crawford. New York: Routledge Press, 2013.

15장 누가 처음으로 천연두에 걸렸을까?

Abokor, Axmed Cali. *The Camel in Somali Oral Traditions*. Mogadishu, Somalia: Somali Academy of Sciences and Arts, 1987.

Babkin, Igor, and Irina Babkina. "A Retrospective Study of the Orthopoxvirus Molecular Evolution." *Infection, Genetics and Evolution* (2012): 1597– 1604.

Barquet, Nicolau. "Smallpox: The Triumph over the Most Terrible of the Ministers of Death." *Annals of Internal Medicine* 128 (1997).

Broad, William J., and Judith Miller. "Report Provides New Details of Soviet Smallpox Accident." *New York Times*, June 15, 2002.

Bulliet, Richard W. *The Camel and the Wheel*. New York: Columbia University Press, 1990.

Esposito, J. J. "Genome Sequence Diversity and Clues to the Evolution of Variola (Smallpox) Virus." *Science* (2006): 807– 12.

Foege, William H. House on Fire: *The Fight to Eradicate Smallpox*. Berkeley and Los Angeles: University of California Press, 2011.

Goldewijk, Klein, et al. " Long- Term Dynamic Modeling of Global Population and Built- Up Area in a Spatially Explicit Way." *Holocene* (2010): 565– 73.

Gubser, Caroline, and Geoffrey Smith. "The Sequence of Camelpox Virus Shows It Is Most Closely Related to Variola Virus, the Cause of Smallpox." *Journal of General Virology* (2002): 855– 72.

Henderson, D. A. Smallpox: *The Death of a Disease*. Amherst, NY: Prometheus Books, 2009.

Needham, Joseph. *China and the Origins of Immunology*. Hong Kong: Centre of Asian Studies, University of Hong Kong, 1980.

Prankhurst, Richard. *The Ethiopian Borderlands: Essays in Regional History from Ancient Times to the End of the 18th Century*. Trenton, NJ: Red Sea Press, 1997.

Wilson, Bee. *Consider the Fork: A History of How We Cook and Eat*. New York: Basic Books, 2012.

Wolfe, Nathan. *The Viral Storm: The Dawn of a New Pandemic Age*. New York: Times Books, 2011.

16장 최초의 농담을 기록한 사람은 누구였을까?

Alster, Bendt. *Proverbs of Ancient Sumer: The World's Earliest Proverb Collections*. Potomac, MD: Capital Decisions, University Press of Maryland, 1997.

Beard, Mary. *Laughter in Ancient Rome: On Joking, Tickling, and Cracking Up*. Berkeley and Los Angeles: University of California Press, 2014.

Foster, Benjamin. "Humor and Cuneiform Literature." *Journal of Ancient Near Eastern Literature* (1974).

Friend, Tad. "What's So Funny?" *New Yorker*, November 11, 2002.

George, Andrew, trans. *The Epic of Gilgamesh*. New York: Penguin Classics, 2003.

Hurley, Matthew, Daniel Dennett, and Reginald Adams Jr. Inside Jokes. Boston, MA: MIT Press, 2011.

Matuszak, Jana. "Assessing Misogyny in Sumerian Disputations and Diatribes." *Gender and Methodology in the Ancient Near East* (2018): 259–72.

Mohr, Melissa. *Holy Shit: A Brief History of Swearing*. Oxford, UK: Oxford University Press, 2013.

Weems, Scott. *Ha!: The Science of When We Laugh and Why*. New York: Basic Books, 2014.

17장 누가 하와이를 발견했을까?

Bae, Christopher J., et al. "On the Origin of Modern Humans: Asian Perspectives." *Science* (December 8, 2017).

Buckley, Hallie R. "Scurvy in a Tropical Paradise? Evaluating the Possibility of Infant and

Adult Vitamin C Deficiency in the Lapita Skeletal Sample of Teouma, Vanuatu, Pacific Islands." *International Journal of Paleopathology* (2014).

Callaghan, Richard, and Scott M. Fitzpatrick. "Examining Prehistoric Migration Patterns in the Palauan Archipelago: A Computer Simulated Analysis of Drift Voyaging." *Asian Perspectives* 47, no. 1 (2008).

— — — . "On the Relative Isolation of a Micronesian Archipelago During the Historic Period: The Palau Case- Study." *International Journal of Nautical Archaeology* (2007): 353– 64.

Collerson, Kenneth, and Marshall Weisler. "Stone Adze Compositions and the Extent of Ancient Polynesian Voyaging and Trade." *Science* (2007).

Fischer, Steven Rodger. *A History of the Pacific Islands*. London: Palgrave Macmillan, 2002.

Fitzpatrick, Scott M., and Richard Callaghan. "Examining Dispersal Mechanisms for the Translocation of Chicken (*Gallus gallus*) from Polynesia to South America." Journal of Archaeological Science 36 (2009): 214– 23.

— — — . "Magellan's Crossing of the Pacific." *Journal of Pacific History* 43, no. 2 (2008): 145– 65.

Hershkovitz, Israel, et al. "Levantine Cranium from Manot Cave (Israel) Foreshadows the First European Modern Humans." *Nature* (2015).

Howe, K. R., ed. *Vaka Moana, Voyages of the Ancestors: The Discovery and Settlement of the Pacific*. Honolulu: University of Hawaii Press, 2007.

Kirch, Patrick Vinton. *A Shark Going Inland Is My Chief: The Island Civilization of Ancient Hawai'i*. Berkeley and Los Angeles: University of California Press, 2012.

Montenegro, Alvaro, et al. "From West to East: Environmental Influences on the Rate and Pathways of Polynesian Colonization." *Halocene* 24, no.2 (2014): 242– 56.

National Geographic Learning. "Beyond the Blue Horizon." *In Archaeology: National Graphic Learning Reader Series*. Boston, MA: Cengage Learning, 2012.

O'Connell, J. F., et al. "Pleistocene Sahul and the Origins of Seafaring." *In The Global Origins and Development of Seafaring*, edited by Katie Boyle and Atholl Anderson. Cambridge, UK: McDonald Institute for Archaeological Research, 2010.

Reich, David. *Who We Are and How We Got Here: Ancient DNA and the New Science of the Human Past*. New York: Pantheon Books, 2018.

Sobel, Dava. *Longitude: The True Story of a Lone Genius Who Solved the Greatest Scientific Problem of His Time*. New York: Bloomsbury, 2007.

Wayfinders: *A Pacific Game*. Produced and directed by Gail Evenari. Arlington, VA: PBS, 1999.

감사의 글

내게 끝없는 인내로 시간과 연구 자료를 공유해준 여러 학계의 너그러움이 없었다면 나는 이 같은 아이디어를 고민하지도 심지어 떠올리지조차 못했을 것이다. 일일이 나열하기에는 너무나도 많은 사람들의 도움을 받았으나, 그중에도 특히 더 의지한 사람들이 있다. 본문에 실수나 오류가 있었다면 그것은 온전히 내 탓이지만, 다음에 나열한 사람들의 도움이 없었다면 나는 지금보다 더 많은 실수를 했으리라 확신한다.

이 책이 그저 아이디어 단계에 있을 때 영감과 소개와 지침을 주었던 빌 더람에게 감사를 전한다. 자기 생각을 나눠주고, 내 글을 논평하고, 바로잡아준 카라 월셰플러와 테이트 폴레트에게 감사한다. 케이트 데블린, 존 릭, 세트 라스무센, 리차드 클레인, 로버트 시걸과 그의 학생들에게도, 그들이 베푼 시간과 인내에 감사 인사를 전한다. 외치의 수수께끼를 해결하는 데에 도움을 준 패트릭 헌트, 아주 오래된 한 줄짜리 우스개 이야기를 소개해준 자나 마츠작에게도 고마운 마음을 전한다.

원고를 읽고 의견을 나눠준 여러 가족과 친구들에게도 고맙다는 말을 하고 싶다. 지도와 시간 계산에 도움을 준 케빈 플로트너와 끊임없는 지침과 격려로 북돋아 준 알리아 한나 하빕에게도 고마운 마음뿐이다. 샤논 켈리를 비롯한 펭귄북스 팀의 팀원들에게, 이 책이 만들어지기까지 모든 과정을 안내해준 데에 감사를 전한다. 그리고 마지막으로, 이렇게 멋진 책이 나올 수 있도록 능숙하게 이끌어준 나의 훌륭한 편집자 메그 레더에게 깊은 감사의 뜻을 표한다.

제일 처음 굴을 먹은 사람은 누구일까

초판 1쇄 발행 2021년 11월 30일

지은이 | 코디 캐시디
옮긴이 | 신유희
펴낸이 | 조미현

책임편집 | 박이랑
디자인 | 디스커버

펴낸곳 | 현암사
등록 | 1951년 12월 24일 (제10-126호)
주소 | 04029 서울시 마포구 동교로12안길 35
전화 | 02-365-5051 | 팩스 02-313-2729
전자우편 | editor@hyeonamsa.com
홈페이지 | www.hyeonamsa.com

ISBN 978-89-323-2182-0 03900